劳马作品集

限制与自由：美国著名政治家传

〔美〕亨利·托马斯　黛娜·莉·托马斯　著
劳马　等译

江苏凤凰文艺出版社
JIANGSU PHOENIX LITERATURE AND ART PUBLISHING, LTD

目——录
CONTENTS

罗杰·威廉斯

Roger Williams

（1604—1683）

一

孩童时，他生活在地处伦敦城中心的史密斯费尔德（Smithfield）。向西一英里，便是白厅（Whitehall）[①]，那里坐着一位暴君和一群精心选拔出来的法官。再往西，泰晤士河自由地流着。距白厅和以暴虐专横著称的星法院不远处，国会里自由的英国人聚在一起，为了人民的利益在商讨、争论着。在新门（Newgate）监狱[②]的大墙外，一个男孩由于某种可怕的诱惑力而在墙边玩耍。墙内，躺着王国的政治和宗教的激进分子。罗杰听过许多有关这些持不同政见者的故事。一次，在教区，他目睹了一幅令人毛骨悚然的场面，戴着枷锁的老莱顿当着一大群围观者遭受鞭挞。刽子手割去了他的一只耳朵，并撕裂了他的一边鼻翼。他的脸上打着烙印，烧焦的皮肉显出两个字母——S.S.，“煽动叛乱者”的缩写。从此以后，罗杰经常在梦里

---

① 白厅，英国政府所在地。（本书注释皆为译者所加）

② 新门监狱，伦敦旧城的一座监狱，1902 年废除。

看见这字母在燃烧——“煽动叛乱者”。

他的天地逐渐扩大了。在离教区很远的地方，有一块广阔的新大陆，一天，约翰•罗尔弗上尉从美国回到了伦敦，并带回了他年轻的妻子——印第安人波凯奥特兹。所有的英格兰人都被他的“朝圣的收获”搞得头晕目眩。

但是罗杰还听到了其他朝圣者的故事——男男女女，离开了英国和荷兰，漂洋过海。这些人像罗杰一样，属于中上层的有产阶级，由于他们是憎恶现实的殉道者和新生的美好事物的预言家……，所以遭到了流放。

罗杰天性聪慧、认真，不满十三岁时，他就结识了著名的清教徒律师爱德华•科克爵士（Sir Edward Coke）。律师雇佣他为抄写员。年轻的罗杰在星法院从事审判记录期间掌握了速记的技能。在那里，爱德华为反对王权的罪犯进行辩护。从爱德华渊博的学识中，罗杰获得了关于国会政治原则的知识及一般法律常识。稍大一些，他便同许多有影响的人物交上了朋友。

他进入剑桥大学，并与清教徒社会的知名人士“来往密切”。有一段时间，他虚度光阴，“越轨超矩，偷读禁书，养狗斗鸡，参加拳击比赛，酗酒”。但渐渐地，罗杰变得冷静自制了，他学会了控制自己的物质欲望。他的思想转到了更广阔的领域。

二

二十六岁时，罗杰以威廉•马萨姆爵士的随身教士的身份住在奥茨（Oates）。他出入于都式（Tudor）庄园的大厅、意大利式的花园和狩猎场，与英国傲慢的贵族阶层打成一片。在一个“芬芳四溢的春日早晨”，他爱上了春天里最美丽的一朵鲜花——简•莱丽小姐。但他遭到了来自远方的女方舅母的轻蔑的拒绝。她礼貌而残酷地要求他统计一下自己的全部财产。年轻的传教士、理想主义者答道：“一间小图书室。”于是，关于年轻小姐的爱情的谈判就此结束了——至少就年轻小姐这方面来说是这样的。

然而罗杰并没有丧失希望，热情如同春天变成了夏日。经过激烈的思想斗争，他给莱丽小姐写了一封热血沸腾的长信，信封印有玫瑰花的标记并用法国的皇家纹章封好，但毫无用处。

不久，年轻的牧师病倒了。金秋阳光的沐浴，加上威廉•马萨姆的女儿朱狄丝的陪伴照顾，他的身体逐渐得以恢复。人们称朱狄丝为“朱格”，管她的女仆叫玛丽。当朱狄丝小姐为罗杰弹钢琴时，他的精神重新进入了和谐的境界。玛丽陪着他沿河边散步，以无言的同情抚慰着他。自己的牧师被一个贵族小姐抛弃的消息，对奥茨教区的居民来说无异于晴天霹雳，他们大为震惊。十二月的一天，在距奥茨村不远的高莱一个教堂里，罗杰•威廉斯牧师同朱狄丝的女仆玛丽•伯纳德举行了婚礼。

冬天已渐渐过去，春天又回到了英国。

三

当罗杰握着玛丽•伯纳德的手，起誓永远相爱、至死不渝时，就等于握住了全世界地位最卑微的人们的手。他是一个白手起家的中产阶级的牧师——同简•莱丽不般配！太好了，他要用平等的庄重的态度回报她的居高临下的拒绝；他会以沉重的铁拳，击碎上层阶级的神话，把他们的虚伪撕成碎片。但等待他的却是一个严酷的流放警告——一个漂泊天涯的流放。罗杰紧紧地握住玛丽的手，为了在人们中间建立一个更美好的社会，流放又算得了什么！这位失恋的流亡者寻找到了新的爱情。

他曾组织暴动，反对查理二世[①]的统治。舆论呼吁他返回滨海的伯瑞斯特镇（Bristol）。在喧闹的酒店里，罗杰遇到了约翰•温兹诺普的儿子，他曾到美洲去建立了一个新团体。同此人会晤后，罗杰的心思转向了西部的马萨诸塞（Massachusetts）海湾。带着妻子到一个人人都重新开始的新天地，难道不是一个好主意吗？……

在艰难的冒险季节里（1630 年 12 月 1 日），他从里昂上了船。第二年二月份，载满了人的轮船抵达了波涛汹涌的马萨诸塞海岸。罗杰•威廉斯的目光掠过海湾，投向岸上的荒野。他的运气似乎不错，一切事物都“以其饱经风霜的面貌”注视着他。这里是一片福地[②]。

四

他离开英国，开始了新的生活。但在美洲他又发现了与旧日相

---

① 查理二世：英国国王，在任期为 1660—1685 年。

② 福地（The Promised Land）：《圣经》里上帝给亚伯拉罕的土地即迦南，喻福地、希望之地。

同的情景，同样的暴政、迫害、偏见、仇恨。为了良心而逃离英国教会，来到美洲大陆的圣洁的清教徒们，正用有力而残酷无情的手写下他们自己的禁欲主义信条，并残酷无情地迫害那些违背信条的人们。在这里，国王和劳德（Laud）大主教的偏狭与顽固只是以另一种形式表现出来。新的天空下，仍然是陈旧的奴隶制度。

起初，罗杰保持着缄默。但不久，他便开始无所顾忌地议论。他在讲道坛上传教，栽种马铃薯，慨叹人类头脑的奇想和人类心灵的恶毒。马萨诸塞的人们播种了万物，却唯独没有自由。作为他们中间的客人，罗杰无论何时只要看到了不公正的行为，都会毫不犹豫地控告他的主人们。当他在自己的土地上耕种时，他总是紧握铁铲，迈着坚定的步子。新英格兰政府奉行的是神权政治。为什么在这块乐土上人们的政治权利要受其宗教信仰的支配？他自问道。罗杰拒绝把教会辖区的屈从习惯送给教堂的高官显贵们。他打算发起一场摇撼这个“圣徒社会”基础的论战。

他开始以雄辩的口才鼓动人们，基督教会的王族们——约翰•温兹诺普和约翰•科顿开始怀着敌意对待他。科顿•马瑟（Cotton Mather）愤怒地写道，“借助于这位特别人物头脑中的风势，大火会烧遍美洲大陆的全部田野”。当局纠集了他们的势力，阻止这个“特别人物”的宣传。

因为随着罗杰•威廉斯将个人的不满情绪激化成一个熊熊灼人的热浪，他制定的宗教教旨也像敲响了的钢铁铸成的警钟一样回响在天地之间。是谁强迫万民去按照少数人随心所欲制定的戒律去生活、信仰、思索并受到审判？罗杰•威廉斯断言：唯一正确无误的裁判就是人的良心。“我肯定，政府把一种宗教、信仰、等级强加于人民的灵魂中，这同上帝的旨意是相违背的……我认为，这种政府应把自由和绝对的良心判断还给人民”。

马萨诸塞的加尔文教统治者们宣称，这是前所未闻的异端邪说！他们准备把这个煽动人们造反的灾星、瘟神铲除掉。科顿•马瑟怀着含有讽刺意味的恭敬之情思考着：“倘若人民是统治者，那么被统治者会是谁呢？”对他来说，这个纠缠不清的问题是无法回答的。他手里捧着《圣经》，嘴里嘀咕着祈祷词，走进新城（Newton）法院，目的是看看世界是否能够忍受另一种苦难。

五

罗杰•威廉斯被指定在新城的托马斯•胡克（Thoma Hooker）教堂接受审判。教堂是一座木质结构的建筑，外形凄凉阴森，令人触目惊心。里面四壁灰暗，地板上落着厚厚的灰尘。当局的五十多位身穿黑色长袍的法官默默地坐着，他们是不苟言笑、敬畏上帝的人，“圣徒戒律”的维护者。到场的还有一百多名百姓，他们心惊肉跳地坐在那里期待着。但他们不能参与审判，只能默不作声地旁听。

在审判庭里，既没有陪审团，也没有书面起诉。马萨诸塞州的总督作为五十名审判者的首领，同时也是起诉人和最后的裁决者。被告既不允许为自己辩解，也不准指定辩护人。在令人窒息的沉寂中，马萨诸塞州的统治者提出起诉：“危言妖语蓄意颠覆王国和欧洲共和国的统治。”但是，假如罪犯能承认自己的罪过，就可以撤回起诉。

罗杰•威廉斯直视着法官们："我决不屈服，先生们，我准备接受监禁或流放。如果需要，我愿为我的观点而献出生命。"

总督宣读判决结果，"罪行深重……剥夺其权利……流放……从文明社会中驱逐出去"。

朋友们同他默默地走在冰冻的街上。周围的森林人迹罕至，覆盖着齐腰深的积雪，对生者来说，这里是冰冷的坟墓。

"看在上帝的分上，你应告诉法官，你的妻子怀有身孕，你也身体虚弱、精神疲惫。应向他们求情，把流放推迟到春天……"

法官接受这一请求。"好，如果他发誓，保证今后不再传播他的观点，我们同意把执行的日期推迟到春天。"

罗杰•威廉斯回绝了。在宣传真理的时候，一个季节与另一个季节没有什么不同。对一个失去自由的人来说，春天也是严酷的季节。

法院迅速派一个上尉带着十四名士兵押送犯人，但罗杰•威廉斯却比他们提前三天到达流放地。

迎着暴风雪，罗杰步履坚定，妻子紧紧地跟在丈夫的后面，她要同他患难与共，还有他们刚出生的孩子——他们给他起名为"伏里鲍恩"（Freeborn），是"自由降生"的意思。

北风呼号，像鞭子一样抽打在人们的脸上，疼痛难忍。暴风雪肆虐，吹得他头昏眼花。离开了塞勒姆（Salem），他赶了九十英里的路，终于在好客的印第安人的棚屋里找到了安身之处。罗杰同印第安人一道吃着海獭肉，在火堆旁烤着手，他与命运的嘲弄——"上帝的孩子们迫害着上帝的孩子们"——做斗争。他悲哀地凝视着火焰，同时思索着，"在这个世界上我们不能友好地相处，难道死后就能一起共同生活在天堂里？”

他朝着指南针指示的正确方向，一里又一里地跋涉着。穿过冬天的荒野，经过血迹斑斑的九十英里的艰苦路程，他来到了濒海的苏维姆（Sowam）的印第安岛。在纳拉甘西特（Nartagansett）地区，红种人举手向他问候——“你好吗，朋友？”他在“此区的东北部，靠近一座森林茂密的小山”处，建立了普罗维登斯城（Providence）。他决心建设一个新的殖民地，在这里人人都可以用自己的方式崇拜上帝。

六

十二位追随者帮助他建筑新的自由的圣堂。他们用加工平整的石块铺好了地基，砍伐桉树的枝条作为木材，建起了花园、果园，并开垦了土地，修建了街道。然后，当他们厌倦这种建设时，就挖掘了坟墓，作为自己长眠地下的寓所。这里的每个人都拥有五英亩用以耕作和休息的土地，彼此的土地占有量完全相同。第一批移民相聚在一起，奠定了建立共同政府的基础。“我们将在下面签上我们的名字……我们彼比将遵守自由而共同的誓言，为了我们共同的和平与繁荣，我们将永远服从于由大多数居民制定出来的规则和契约。”

当他们为自己的“民主政府”签名时，罗杰•威廉斯向他的志同道合的自由民们说：“我要求的那种自由，就是能公正地分给所有人的自由……在殖民地里，我们应敞开大门，这样，散居于新英格兰各地的所有羸弱、贫困的人就会从迫害中解脱，找到避难所。”

用这种简单的方法，罗杰•威廉斯开始了争取自由的第一次公开的试验。一大批逃亡者为摆脱迫害来到了罗得岛（Rhode Island）。他们中有再洗礼教徒、唯信仰论者、知识渊博者、家庭主义者、无神论者、探索者，都是些表达各种政治、社会、宗教学说的清教徒。

安妮•哈奇逊（Anne Hutchinson）来到罗得岛。她由于宗教“邪说”，从波士顿流放至此。在罗杰•威廉斯看来，她似乎是一个极端狂热的宗教徒。“上帝仁慈地把她从妄想中拯救出来，”他说，“我非常高兴有这样的邻居。”尼古拉斯（Nicholass）和他的同伴贵格会教徒玛丽•迪尔（Mary Dyer）也步履艰难地来到这里，按照“波士顿公约”，玛丽侥幸被免除绞刑。罗杰•威廉斯公开和贵格会教徒们辩论他们的教义。他不同意贵格会教义，并要求他们应像其他公民一样交税和履行公民的职责。但罗杰从不迫害他们。

由于荷兰人禁止犹太教徒入境，所以他们便从新阿姆斯特丹（New Amsterdam）和库拉索（Curasao）岛来到此地。在罗得岛，他们可以建筑犹太教堂，并可以遵照他们教义的要求，举行葬礼。新英格兰和旧英格兰的所有“文明”社会，迅速而公开地把这块“卑贱的受害者和流浪汉聚集的瘟疫区”驱除出去。

“民主政体！”马萨诸塞殖民地的约翰•温兹诺普咆哮道。“在公民国家里，民主政体被认为是最卑劣、最邪恶的政权形式。”“良心的自由！”英格兰王国政府的一位官员说，“良心的自由如此的不虔诚，以至于虔诚的国会都憎恶这种说法。”

在以后的几年里，这位先知时常对自己的实验感到失望。随着罗得岛的日益繁荣，这里的一些居民忘记了他们经受苦难的传统，相互之间开始为玉米、牲畜及土地的分配而发生口角。罗杰•威廉斯徒劳地呼吁他们结束这种斤斤计较的争吵。人们似乎是由于缺少大片土地而陷入了纷争和危险的境地里，罗杰用温和的方式警告他的人民："我们建成罗得岛靠的是爱，绝非金钱。"

一些肆无忌惮的煽动者，利用他们的公民自由的信条鼓动市民放纵，这些人拒绝和其他人的通力合作。他们借口"个人权益"，拒绝交税和履行公民的任何责任、义务，并拒绝承认这个社会。

罗杰•威廉斯用一个寓言回答了这些持不同政见者。"有时，罗马天主教徒与新教徒、犹太人和土耳其人碰巧乘坐在同一条船上。他们中间也许没有一个人被强迫去做启航祈祷。但是，如果一些船员拒绝履行自己的工作职责，或者乘客拒绝购买船票……如果人们拒绝遵守船上必要的有关规定，甚至一些人发动暴乱反对指挥者和管理人员……我认为，对于这些违法者应按照其情节轻重给予审判和惩罚，制止他们这种行为，迫使他们服从。"

虽然罗得岛的绝大多数人民的语言和思想不同，但具有共同的精神。他们决不让这首伟大的国际主义史诗夭亡，"当我们长眠地下时，我们的后世子孙一定会阅读我们的城志、信件和成功的故事。"

统治者已行将就木。在英格兰，他的旧主人——爱德华•科克爵士和他的清教徒伙伴们终于推翻了查理二世的政府和劳德主教。荒野中的布道者意识到，如果他的罗得岛政府的理想要想合法地生存下去，必须从伦敦的朋友那里获得许可。罗杰乘船去了英国。在返回美洲大陆之前，他同奥利弗•克伦威尔（Oliyer Cromwen）[①]的

① 克伦威尔（1599—1658），英国将军、政治家。

私人秘书——约翰•密尔顿（John Milton）[1]一起长途散步。《失乐园》的作者热情洋溢满含赞赏地倾听着这位创造天堂的梦想家的介绍。

七

罗杰积劳成疾，但他的双目炯炯有神，如同黑夜里的路灯，为夜行的人们指明道路。尽管他已两鬓苍苍，但没有敌人敢同他辩论或接受他的挑战，用“绞刑或火刑”扼住他的喉咙。

他虽然具有辩论者的气魄，却是一个温和、宽容的人。罗杰•威廉斯竭尽全力维持与印第安人的和平相处，他几次三番前往印第安人部落，竭力平息他们反对马萨诸塞海湾殖民地的怒火。

马萨诸塞海湾的殖民者一边享受罗杰无私奉献的面包，一边以石头回敬他。他们与普利茅斯（Plymouth）和康涅狄格（Connecticut）的殖民者组成军事联盟，抵抗印第安人的袭击，却让罗得岛处于无防御和孤立状态，不给它提供任何弹药。

但罗杰•威廉斯对此毫不介意，因为他拥有比黑色火药更有威力的武器。印第安人愿意听他优雅的谈吐，并深深地爱着他。罗杰照料着他们，供养着他们，当战争结束时，又为他们的勇士合上双眼。上帝以其无穷的智慧，赐予了这小小的殖民地两件宝贝：“一个是自由，另一个是和平。”

不久，当罗杰•威廉斯要度过他生命的最后几年时，和平在新英格兰突然暴死了。印第安人的菲力普（Philip）酋长发誓要进行一

① 密尔顿（1608—1674），英国诗人，代表作是《失乐园》。

场反对白人的战争，“和新英格兰的白种人同归于尽！”

新英格兰人不顾一切，尽力和纳拉甘斯特人结成联盟。纳拉甘斯特部落与罗杰•威廉斯关系友好，马萨诸塞海湾殖民地派来代表，央求他为了他们的利益出面调停此事。

因此，罗杰•威廉斯拖着沉重的步子，前往纳拉甘斯特领地，拜见他的酋长朋友们，他们曾多次聆听过他的演说。他们称他为“我们烈火的扑灭者”，并怀着良好的愿望向他保证，让他放心地回去。

正当罗杰等待同纳拉甘斯特人调停成功的回报时，却传来了印第安人袭击白人殖民者的消息。这位年逾古稀的维护和平的老人拿起了武器。他曾说过，“战争是野蛮人的生意”，但不包括自己的战争。他过去努力地想成为一位先知，现在却想做一名战士。“无论冬夏，我们都要追击敌人，直到这群蚊子和响尾蛇无力咬人为止。”

他来到普罗维登斯议院前面，命令妇人和儿童撤退。他率领三十个男人走在后面。罗杰•威廉斯列出了殖民地的财产清单，结果发现那个对自卫起着关键作用的新港（Newport）只有三桶黑色炸药、一千镑铅、二十四支滑膛枪和十二支标枪。他把手下的这群人组成一支武装力量，进行操练，直到年龄最小的士兵精疲力竭地倒下。老头还设置了一个围桩（作为防御工事），并开始募捐作战所需的军费。他交出了自己的全部积蓄——五十美元，这是捐款中最高数额。从此，罗杰•威廉斯变成了一个穷人。

三月，敌人渐渐逼近了殖民地。根据参谋的意见，罗杰自己潜伏在城北的山丘里，准备同前来袭击的敌人讲道理。上千名年轻的勇士，高举着燃烧的火把，默默地站着，等着这位老人走到队前。

他警告印第安人的勇士们："如果你们杀死了马萨诸塞的战士们，英格兰王国就会立即占领你们的殖民地。"

"但我们会同样迅速地杀死他们，"一个酋长反驳道，"但你除外，威廉斯兄弟，你是个好人，对我们有恩情，我们绝不会碰你一根毫毛。"

这位先知、勇士默默地回到了同伴中间，他觉得还是同他们一块儿死去好。

印第安人放火烧了普罗维登斯城。罗杰•威廉斯的家同别人的一样，淹没在火海中。最后，殖民地的联军胜利地粉碎了菲力普的反叛，但也付出了血的代价，十二座城镇遭到损毁，普利茅斯、马萨诸塞、罗得岛的六百多处房屋被破坏；五百名英国人献出了生命，十万英镑在战争中付诸东流。当市民们返回他们已化为灰烬的家园时，罗杰•威廉斯安慰着大家，"让我们重新努力吧，"他说，"自由不会像雨露那样从天而降，正像不付出任何代价、不遭受任何痛苦就获得丰收和美酒一样，是不可能的……"

八

不久，罗杰•威廉斯的一切痛苦都结束了。他很有远见地放弃了自己的全部土地，只为自己在果园的树荫下留下一棺之地。这里，躺着他的很多邻里朋友。一天清晨，苹果格外红，胜过天边的朝霞，老人躺下了，身旁是他的朋友们。覆盖着他的大树的根须向四周竭力地延伸着，把他的骨灰与同伴们融在一起，直到这些坟墓合为一体。

罗杰·威廉斯生平大事简表

1604年——生于伦敦。

1627年——毕业于彭布洛克学院。

1629年——担任牧师，成为威廉•玛塞姆爵士的随军牧师。

1631年——移居到马萨诸塞湾殖民地。

1635年——“因为异端的煽动言论”被驱逐出马萨诸塞湾殖民地。

1636年——在普罗维登斯建立第一个崇拜自由的殖民团体。

1643年——去英国取得罗得岛的法律特许证。

1654年——被选为罗得岛殖民地的总督。

1672年——与清教徒展开有关宗教原则的公开辩论。

1676年——拿起武器参加保卫殖民地，反抗“菲力普国王”发动的印第安人战争。

1683年——死于普罗维登斯。

威廉·佩恩

William Penn

（1664—1718）

一

他的父亲是一个“臭名昭著的海盗”，具有胜人一筹的本事。据他的助手和朋友塞缪尔·佩皮斯透露，这些出众的本事主要表现在三个方面：打架斗殴、坑蒙拐骗和阿谀奉承。由于这种实干的才能和对道德的不屑一顾，他使自己成为一个有钱人和查理二世的亲信。至于佩恩的母亲，她是一个爱虚荣、粗俗、平庸的小玩偶。塞缪尔·佩皮斯又一次为我们提供了权威性的证据。他在日记中写道，一天晚上，“我去波伦夫人家中做客，看见她和许多女人待在卧室里，十分快活……佩恩夫人也在其中，当佩恩夫人把我摔倒在床上时（佩皮斯身材矮小），她还有其他的人都压在了我的身上，我们玩得非常开心”。这只是日记的一段，在这里佩皮斯先生自称是佩恩夫人寻欢作乐的当事人和目击者。

威廉·佩恩出身普通，但他抛弃了这个血统中的庸俗成分。他那天赋的品德是生命的不可思议的奥秘之一，如同莎士比亚超群出众的智力一样令人费解。因为莎士比亚是一个目不识丁的手套商的儿子，还是一个低能儿的父亲。

年轻的时候，威廉•佩恩喜欢喝酒、打架。他粗心、英俊、乐观、强壮，可以算得上一个中产阶级小人物的绝妙的样本。这些小人物构成了十七世纪英国军队的骨干。威廉爵士让儿子去参军，佩恩接受了这个建议。

他被学院开除后，在巴黎浪荡了一年左右，又在反对爱尔兰人的运动中虚度了一年时光。他秉承了父亲的喜欢冒险的精神，威廉爵士非常高兴地看着儿子重蹈自己的足迹。

但是，让父亲感到不安的是，年轻的佩恩遇上了贵格会教徒，参加了一场新的运动。他应召入伍，成了和平战斗部队（Fighting Army of Peace）的一名战士。

二

贵格会的教徒们生活于世界上大多数有隔阂的人民中间。像其他反叛组织一样，他们早期确实是些极端主义者。这个组织里的一些神秘的成员光着脚，有时竟然赤身裸体地走过大街。其中一位居然全身涂满了牛马的粪便，以此作为国家肮脏的象征。倘若这些人寻找最后的归宿，无论如何也应把他们托付给精神病院。贵格会的士兵们与众不同，正像人们常认为的那样，他们不属于乏味而憎恶流血的和平主义者之类，那些和平主义者由于惧怕战争的伤害而临阵逃脱。相反，贵格会教徒们总是属于历史上那些勇敢的战士之列。

他们鼓吹并发动了一场终其一生的战争来反对一切邪恶。这是一个无所畏惧、勇往直前的群体，同敌人屡次决战。然而他们是赤手空拳地进行正义的战斗，虽然猛烈出击，却不见战绩；身陷囹圄，却不抵抗，毙命丧生，却不杀人。

因为他们要传播一个充满生机的思想——正义的思想——他们公开地、无畏地积极为它而战。这些人步入宫殿，郑重宣告，国王的“神权”必须让位给他的臣民们的“人权”。他们信仰人的机会和尊严的平等，声称全人类都是一个上帝的孩子。在上帝的眼睛里，乞丐与国王同等重要。为了实现全人类的平等，教徒们扶济底层穷人，不肯向达官贵人卑躬屈膝，即使在王族面前也绝不脱下帽子。他们强调说：“只有奴隶才在主人面前脱帽致敬。”而在贵格会教徒看来，世界上既无主人也无奴隶。

由于他们坚持向世俗的君主表达这些无视权贵的思想，结果遭到了鞭挞、监禁、屠杀，还有恐吓。这些教徒们坚信，他们在许多方面都同一些不可思议的超自然力量结为一体。一次，他们的领袖乔治·福克斯（George Fox）被捕时，一个卫兵把守在壁炉旁，以防他从烟囱里“飞”出去！

正是这个令人敬畏的“超自然”力量给他们起了个“贵格会”的教名，“因为他们使人们在这个名字前惊惧发抖”[①]。贵格派教徒自称是“光明的孩子”，称他们的组织为“公谊会”。

威廉·佩恩二十三岁时加入“公谊会”（1667 年），那时国王查理二世在位。这位查理国工把他的王宫变成了镀金的妓院，他整

① 贵格会的“Guaker”一词有“发抖的人”的意思。

日在情人的怀抱中寻欢作乐，无暇关心人民的幸福。当他过着花天酒地的生活时，他那成千上万的臣民却正饥渴难耐。如果他们胆敢抱怨，他就派人到街上把这些人抓起来，发配到海军服役。为了杀一儆百，让人民服从于国王的奇思怪想，他把违法者的人头挂在泰晤士河两岸的栅栏上，并将这种惩罚定为常规。

偶尔，他还和他的臣民们开点玩笑。一天，威廉·佩恩在公园里遇见了国王，和通常一样，佩恩不肯脱帽敬礼。相反，这位兴致勃勃的君主摘下自己的帽子，站在了年轻教徒的面前。

“您为何要摘下帽子？”威廉·佩恩问道。

“因为无论我在何处，只能有一个人不脱帽子。”国王答道。

他虽然很幽默地对待贵格会的教徒们，却没有宽恕他们，而是把他们送进监狱，直到牢房里再也找不到立锥之地。说到十七世纪的英国监狱，“上帝保佑我，那是怎样一幅可怕的景象啊！”监狱里潮湿、黑暗、霉烂，老鼠、害虫泛滥，单人牢房的屋顶失修，只要天降大雨，囚犯们就泡在雨水之中。空气中弥漫着犯人的粪便和腐烂尸体的气味，散发着令人作呕的恶臭——以至于无法呼吸。“我们第一次住进新门监狱时，”佩恩的贵格会里的一位朋友托马斯·埃尔伍德写道，“牢房的附近躺着三具被肢解了的犯人的尸体。他们是几天前被处决的……当他们被抬出去煮烂时，我看到了他们的脑袋。刽子手用一个肮脏的沾满尘土的篮子把三个脑袋盛了回来……把它们放在重罪犯中间……抓住头发提起来，肆意嘲笑、戏弄、侮辱他们……如此疯狂之后，又把脑袋放进锅里，加上盐、茴香种子，煮得半熟……以防腐烂……真是一幅令人毛骨悚然而又恶心的情景。”

年轻的威廉•佩恩几次三番进出的监狱也是如此。正像政府所说的那样，把佩恩监禁起来，是“为了平息他的激情”。一次，他被判处去新门监狱服刑时，法官命令一名警察押送。“谢谢你的护送，”佩恩说，“现在我已知道去新门监狱的路。”

对佩恩的犯罪起诉极为稀奇古怪——如不肯“脱帽”，保护穷人，宣传上帝是仁慈的而不是残忍的，等等。有时不经任何起诉，也不经任何审判，就把他关进监狱。但这位海军上将的儿子是一位勇士。一天，他被逮捕，押往监狱，因为他在贵格会开会时“搞阴谋”。佩恩要求审判时应有陪审团出席——他如愿以偿了。当他在法庭上竭力为自己申辩时，却又被胁迫出去，关到“隔离牢房”里——这个地方，佩恩告诉我们，连“猪都待不下去”。趁着囚犯不在场，伦敦市长命令陪审团想方设法替罪犯找一个“反对国王的罪名”作为判决。

陪审团退庭，经过慎重的商议之后，宣布“罪行”的判决——不论从哪个角度讲，都不是“谋反”，仅仅是在“慈善教堂大街上演说”。

“我坚持我在起诉中的指控。”伦敦市长大发雷霆，并让陪审团退庭重新审议。半小时之后，陪审团带着完全相同的判决结果回来了——“在慈善教堂大街演说罪”。

于是，市长狂怒地转向陪审团的主席，“如果你不能胜任这个职责，你这家伙，我会割开你的鼻子！”

“我的先生，”陪审团主席答道，“我会尽我的责任。”

陪审团又一次退庭。他们被监禁了两天两夜，不许吃喝。终于，陪审团主席传出话来，说他们改变了判决。

陪审团列队进入法庭。法官转向陪审团主席：“你做出了新的判决？”

“是的，先生。”

“什么判决？”

“无罪。”

三

二十八岁那年，他娶了古列勒码•斯普林特，一个信奉贵格教的姑娘，妩媚迷人、性格温柔。在以后的九年里，佩恩全身心地投入宣传贵格会教义的活动中，撰写有关文章，并因此而进了监狱。1681 年，他提出了一个伟大的设想——在美利坚建起了一个联合同志会，作为人类联合同志会的典范。

他称自己在美利坚的计划是“神圣实验”。为实现这个愿望，他接受国王查理赐予的一大片土地，地处大西洋海岸。国王的这种恩赐有两个原因：其一，偿清他曾欠下佩恩父亲的一万六千英镑的债务；其二，“摆脱佩恩和他那些叫人头痛的伙伴们”。

那个时期，欧洲的国王和贵族对美利坚毫不在意，他们认为这块土地是一片废弃的场所，用来接纳“不受欢迎的人和人类的渣滓——清教徒、天主教徒、贵格会教徒、乞丐和囚犯”。所以“愉快的国王”送给佩恩大片土地和执照，还有“摆脱”佩恩的希望。

然后，国王松了口气，重新回到情人的怀抱中。

在国王的一再坚持下，威廉•佩恩的土地被命名为宾夕法尼亚（Pennsylvania）——并非向威廉表示敬意；而是作为他父亲的纪念碑。他的父亲是国王的朋友，查理尊重他，认为他是一个与自己臭气相投的恶棍。

1682年10月，威廉•佩恩来到美利坚，接管了草原、矿产、河流，土地等一切实物，它们是新领地的主人地位的标志。

他立即颁布了一项“伟大的法律”——其内容是：人人都具有以自愿的方式崇拜上帝的合法权利。接着，他继续努力筹建手足情谊之城（费城）以及和平文明的政府。

威廉•佩恩不太注重政府的外部形式，而着眼于内在的实质——各项法律的健全和公正。他强调，“任何政府都是自由的……那里实行法制，人民同它们发生关系”。他说，一个好总督比一个好政府重要。他信仰自由，却不信仰放纵。“没有服从的自由，将混乱不堪”，佩恩写道。并且服从绝不是盲从，因为“没有自由的服从是奴隶制度”。换言之，他的自由思想，在总督方面说，是对法律的明智应用，从人民的角度而言，是对法律的感受经验。他不能完全脱离“神权”思想，但他修改、纯化这种思想，使之成为某种新的东西。佩恩认为，任何权力都具有双重的神性，它不仅有进行统治的神权，还具有公正统治的神圣责任。如果总督是公正的，人们就必须服从他；倘若总督是不公正的，人们就应当批评和纠正他。为了概括他的政治思想，佩恩把政府比做一架钟表，它要由自己的人民来调准。“政府依靠人民而绝非人民仰仗政府。”如果人民是好的，那么政府就不会很坏。

以这个政治理论为基础，他建立了一个半民主主义和半温情主义的“国家”。它由一个总督、总督议会和自由民议会构成。由于威廉•佩恩亲身经历了可怕的铁窗生活，所以他废除了旧世界的刑罚制度，以美利坚的教养院代替了英国式的监狱。他对惩罚罪犯不感兴趣，而乐于改造他们。在英格兰有二百种罪行被判处死刑，佩恩只保留了两种——谋反罪和杀人罪。

他的恩威并施的策略也应用于他和印第安人的关系上。普雷斯顿（Prestone）夫人写道，“他深受印第安人的爱戴……因为他尊重他们的愿望。”也由于他的友爱的民主主义精神，他同他们“并肩散步，同桌共餐，吃着印度安人的烤栎子和烤玉米饼”。印第安人尊敬他，不光是因为佩恩品德的高尚，还因他自身的本领。普累斯顿夫人写道，一天，印第安人“正表演跳高比赛，威廉•佩恩来到了比赛场上，他打败了所有选手，赢得了第一名”。他们给他起了个亲昵的绰号，叫“奥那斯”（Onas）——印第安语里一种轻若羽毛的东西。印第安人断言，这个人尽管是白种人，但他的内心深处闪动着印第安人伟大精神的火花。“您的皮肤是白色的，但你的心却是红的。”

佩恩也尊敬他的“印第安人兄弟们”。他认为欺骗一个印第安人既是不道德的，也是违法的。他在美利坚最先实行的正式措施之一，就是拟定了一个伟大的“公约”——白种人和印第安人之间相互友爱的协议。伏尔泰（Voltaire）说：“这是近代史上唯一未被通过宣誓而得到认可，也从未被废除的条约。在贵格会对宾夕法尼亚拥有主权的七十年里，没有一个印第安人受到白人的欺骗，也没有一个白人遭到印第安人的杀害。”我们再次援引伏尔泰的论述：“世界黄金时代序幕的拉开应归功于威廉•佩恩。”

四

尽管威廉•佩恩已得到查理二世的恩准，可以接受美利坚的大宗财富，但他还是花钱把土地从它的真正主人印第安人那里重新买回。在办完了法律手续之后，他邀请那些受压迫、受欺侮的人到这里安家落户。他们来自英格兰、德意志、苏格兰、瑞典、爱尔兰、荷兰、法国等地；贵格会教徒也成群结队地来到这个避难所。对于所有这些“外国人”，他都赋予他们与英格兰人平等的权利。这是他建立在宾夕法尼亚的原始的民族联盟，佩恩本人就是民族联盟的道德和政治指导。他戴着蓝绶带——这位文静的小教徒对自己的形象颇为得意，这是从他母亲那里继承的外表特征——四处奔走，在宾夕法尼亚实施正义，谴责邪恶，铲除其“坚固的社会基础”。威廉•佩恩在给英格兰的家信中写道，他对他的“领地和财富”感到“非常满意”，“土地肥沃……空气清新，水源充沛，丰衣足食……总而言之，亚伯拉罕（Ab-Jaham）①、以赛亚（Isaac）②和雅各布（Jacob）③也会满意这块土地，它是“迦南”乐土，足够用来供奉上帝……这

① 亚伯拉罕：《圣经》中犹太人的始祖。

② 以赛亚：亚伯拉罕和萨拉的儿子。

③ 雅各布：这里指《圣经》中犹太人的祖先之一。

片土地多么安宁与甜蜜啊！它使人们摆脱了欧洲的焦虑、厌倦和困苦”。

在宾夕法尼亚待了几年之后，他返回了欧洲。佩恩的生活从此揭开了令我们难以理解的一页。在这一页里，一个坚强不屈的贵格会教徒变成了阿谀奉承的献媚者。他步入了英格兰新国王詹姆斯二世的宫廷，找到跻身于国王的朋友的核心小圈子的门路，并允许自己同帝国政治的纠缠不清的关系网相瓜葛。于是，诋毁他的人把“变节”的恶名送给他；甚至在贵格会的教徒们中间，也有一些人管佩恩叫叛徒。威廉•佩恩则一再表白，无论他做什么，都是为了贵格会教徒们的利益。众说纷纭，时至今日人们还在争论着。事情的真相似乎存在于两个争论的派别之间。佩恩是一个虔诚的贵格会教徒和一位卓越的政治家。他是芸芸众生中的一个优秀的榜样，而不是一个超人。他既有优点又有缺陷。他爱人类，但有着自己的爱的标准。他喜欢浮华与排场，也不反对享有个人荣誉——只要这种荣誉是他从事正义事业而得到的报酬。成为国王的心腹是佩恩的一大胜利，但从另一方面来说，他意识到了自己同国王的交情意味着贵格会教徒们的自由。一次又一次，佩恩反复劝说国王释放关押在监狱里的教徒。他的工作就是保证良心的自由。他向国王献殷勤，目的是使国王能追求正义。

威廉•佩恩具有讲求实际的头脑和一颗高尚的心灵。他是一位由两种角色——政治家和先知构成的稀世怪人。作为贵格会教徒们的领袖，他既是一个微笑的献媚者，又是一位真诚的朋友，这对他们来说真是一件幸运的事情。幸亏他对国王的影响，他才从国王那里，为他的“光明的孩子”领到了一张信教自由的特许证。在佩恩的所谓“变节”过程中，他的功劳要大于他的罪过。

五

干涉英格兰的政治是一件危险的事情，佩恩因此差一点丢了性命。国王詹姆斯二世是个天主教徒，已被人民从英格兰驱逐出去，新教教徒威廉三世继位。佩恩出于对友情的珍视，轻率而又固执地坚持给流亡国王写信。由于他的部分信件被人私自拆开偷看。结果遭到逮捕，罪名为“祖国的叛徒、伪装的天主教徒”。

威廉•佩恩否认对他的指控，但直言不讳地承认了自己和不幸的流亡国王的交情。“他在顺境中时，我曾爱过他，”他供认说。“他在危难之际，我也不能憎恨他。我爱他，是因为他曾施恩惠与我，我要竭尽全力报答他的恩情，但这种努力只限于我对政府的责任允许的范围之内……我从未敢自不量力，认为自己能够复辟旧主。”

贵格会教徒的敌人们趁火打劫，要求处死佩恩。但国王下令释放了他，“我钦佩他的诚实，我相信他是无辜的”。

威廉•佩恩重返美洲，这是和平牧歌的另一首插曲。他说：“神圣的喜悦只存在于自由自在的独处之中。”他享受着宽敞的佩恩斯堡庄园，六桨的平底船，偶尔喝一杯马德拉岛（Madeila）产的葡萄酒，也享受着他和白人及印第安人之间的深厚友谊。印第安人说：“我们都是‘奥那斯’的孩子。”他们身着羽饰，肤涂油彩，前来参加佩恩的宴会。主人热情地招待他们，把他们奉为贵宾。

同往常一样，佩恩仍然喜欢浮华和排场。在所有的公共集会上，总有一个人手里举着一支象牙做成的权杖走在他的前边。他的门前，侍立着一个男仆，举着一根顶端用银制成的长杆。

这种和平的盛况持续了几年之后，命运的强有力的手又一次攫住了他。他的妻子去世了，不久，他的一个儿子也随着母亲去了，另一个儿子则变成了挥金如土的败家子。佩恩经受着痛苦的打击。虽然从新夫人汉娜（Hannah）的爱情中得到了慰藉，但现在生活落魄，厄运的风暴又把他吞没了。“神圣实验”的成功受到国王的威胁，国王要求佩恩离开总督的职位，结束宾夕法尼亚的独立，把它改造成“皇家的种植园”之一。佩恩携领着全家返回英格兰，为了宾夕法尼亚的利益，祈求国王的庇护。

他回到伦敦后不久，威廉国王就死了。安妮（Anne）王后着手援救宾夕法尼亚，“佩恩先生，我保证……使你及你的朋友都受到我的保护。”

佩恩的领地平安无事了，但佩恩自己却恰恰相反。他在美利坚殖民地的利益损失惨重，还要偿还儿子欠下的巨额赌债——一万英镑。接着，又一个厄运落到了他的头上。佩恩把所有剩余财产交给他的管家菲力普•福德管理，这位管家精干却不诚实，而佩恩对他过于信任。在管家每次送请主人签署有关文件时，佩恩连文件的内容都不看就签上了自己的名字。有一天，管家递给他一张一万四千英镑的索款单时，佩恩大吃一惊，他已经稀里糊涂地把自己的所有财产签字送给了这个图谋钱财的无赖菲力普•福德。

由于无力偿付这些敲诈的债务，威廉•佩恩最后只好到监狱里周游一番。他在那里被关了九个月后，朋友们替他还清了债务，并追回了部分财产，他才得以释放。

他的晚年是一场和债权人捉迷藏的游戏。为了能在进门之前就知道来者是谁，佩恩请人在他门上挖了一个窥视孔。一天，一位讨债人报上了自己的名字，一刻钟、半小时过去了，还是没有动静，最后他敲门叫仆人，“难道你的主人不想见我吗？”他问道。

“朋友，”仆人答道，“我的主人已经看到你了，他不喜欢你的尊容。”

六

佩恩的健康状况日益恶化。一天，他正给朋友写信，突然中风。他的脑子变得一片空白。马克•吐温（Mark Twain）[①]在《神秘的陌生人》中告诉我们，诸神把他们喜欢的人变成疯子，通过这种方法可以把这些人从人类相互之间野蛮行为所造成的丑恶悲惨境况中拯救出来。

几年来，随着精神黄昏的到来，佩恩在暗淡的余晖中推延着生命最后时光，接着他默默地踱进了黑夜。

印第安人听到他们可爱的“奥那斯”去世的消息后，用温暖的兽皮缝制了一件斗篷，作为礼物送给了他的遗孀，“现在你失去了向导，还要孤独远行，这件斗篷将保护你穿过寒冷的荒野”。

① 马克•吐温（1835—1910），美国作家。

威廉·佩恩生平大事简表

1644年——生于伦敦。

1666年——被牛津大学开除，到爱尔兰经营父亲的产业。

1668年——由于坚持贵格教派的原则被投入监狱。

1671年——在新门监狱写作《良心的自由的伟大事业》。

1682年——来到美洲，建立宾夕法尼亚殖民地。

1692年——回到英国，进入宫廷的政治圈子，同时失去了对他的殖民地所保有的权利。

1694年——他对殖民地的权利得到恢复。被自己的代理人欺骗，破产。

1708年——因债务被投入弗里特监狱。

1712年——受到中风的折磨，记忆力受到损害。

1718年——死于英国柏克夏的拉斯考姆。

本杰明·富兰克林

Benjamin Franklin

（1706—1790）

一

这位美国佬是“雷电的主人”，现在，他正因公访问英国。到处围满了英国人，他们目瞪口呆地望着这位魔术大师。他用一根带电的短杖，从天堂里劫取了雷电。他被归为历史上著名的妖人巫士之列——摩西（Moses）①、默林（Merkin）②、所罗门王（King Solomon）、魔鬼。刚才，他提议要表演一个即使魔鬼也力不能及的戏法，“我会重现出《圣经》里的奇迹，”他微笑着说，“我能用这根手杖使波浪起伏的湖水平静下来。”

他们站在鲍伍德（Bowood）湖边，它属于赛尔伯恩勋爵的领地。客人们中有著名的科学家、牧师、诗人、政治家、学者，还有几位“以怀疑为信条的愤世嫉俗者”。其中一位转向富兰克林博士：“您不过是在欺骗我们，是吗，先生？”

---

① 摩西，《圣经》中率领希伯来人出埃及的领袖。

② 默林，亚瑟王传说中的预言家、魔术家。

“正相反，我非常严肃认真，”富兰克林一边回答，一边把手杖举过头顶，“看！”

疾风吹过，水面上泛起层层波浪。他把手杖在水上搅动三遍，嘴里念叨着“魔咒”。那些愤世嫉俗者看着他孩童般的滑稽表演时，放声大笑。但瞬息之间，他们的笑声变成了惊呼怪叫，“天哪！他真的做出来了。”随着手杖的移动，富兰克林平息了波动的湖水，尽管风还像刚才一样起劲地吹着。

“您这是怎样弄的？”几分钟后，当他和莫诺莱特神父单独在一起时，神父问道。

“我的手杖里装满油，”富兰克林解释说，“我只是把油洒到水上，水就变得平静下来。”接着，他眼睛里闪着亮光，补充道：“只要您找到解决问题的窍门，任何问题差不多都可以解决。”

这就是富兰克林成功的秘诀。纵观他的一生，他的工作始终就是在寻找解决问题的窍门。

二

富兰克林生来就具有健康的体魄和聪颖的头脑。他的祖辈世代都是铁匠出身，从他们那里，富兰克林继承了钢铁般强壮的体格。外祖父是个诗人，从他那里，富兰克林又获得了对优美词句的高雅的鉴赏力。至于他的幽默，可能得益于故土的熏陶，因为它夹杂着松树油脂的辛辣味道，就像燃烧的松林一样发出噼噼啪啪的声音。

1706 年冬天，他骑在东北风的翅膀上，来到了这个世界。要想在早期的波士顿的小城市里生存下去，必须有一个强健的身体，“这座小城挤在大西洋和沼泽地中间”。但小富兰克林能够忍受这些，“用冻僵了的脚趾学会了走路”。他喜欢那些拌嘴、打架的伙伴们——他的兄弟姐妹们，共有十六个人。从幼时起，他就在与别人的友好交往中培养了自己的交际能力。

他的父亲，蜡烛制造商乔西亚（Josiah），在所有的孩子中，最宠爱富兰克林。富兰克林是个早熟的小顽皮鬼。五岁时，他能阅读《圣经》；七岁时便能根据自己的理解解释《圣经》。一次，他在餐桌旁问道：“爸爸，为什么总在要吃饭的时候进行祷告？为什么不一次把全部或大部分祷告作完？我想如果按我的说法去做，既会节省您的时间，也会节省上帝的时间。”他会成为一个好牧师，乔西亚暗自想到。

于是，乔西亚把儿子送到波士顿古典文科学校接受古典教育。过了一段时间，父亲意识到，纵容儿子过“绅士”的生活，会掏空自己的钱包。所以，他又把富兰克林转入乔治•布朗奈尔（George Brownell）学校就读。但即使在这里，对乔西亚来说，也算是相当奢侈了。当家里有许多富兰克林张着嘴嗷嗷待哺时，乔西亚却试图培养出一个富兰克林来，这显然是无济于事的。要想让本杰明做一名辛勤劳动的工人，而不是一个空谈者的话，两年的学校教育已经足够了。乔西亚把儿子领出校门，带进了他的制蜡作坊。

但本杰明非常厌恶兽脂的气味。他四处转悠，想找一个更为合适的职业。最后，他来到了哥哥詹姆斯的印刷厂。

早在十二岁时，本杰明便个性初露。他写诗，并印刷出来，到波士顿的大街上叫卖。他和男孩子们一起玩耍，在比赛中总能把他们打败。他同比自己年长的人谈论书籍，常把他们驳得张口结舌。本杰明•富兰克林是一位优秀的游泳健将、熟练的机械工人、博览群书的好学者和无神论者。他凡事总一爱争论，从不把任何事情视为当然。他礼拜天不再上教堂，因为他要花费整天的时间读书。他说，一本好书比一场糟糕的布道更有教育意义。富兰克林并非不信仰宗教，在他的整个生命里，他对上帝——世界之创造者、人类之慈父——表示了深深的敬意。

在哥哥的印刷厂里，本杰明•富兰克林的学徒工作一直很忙，没有时间胡闹。因为，根据他和哥哥签订的合同，他要把自己的身心全部倾注于这里的工作——不仅在工作时间内，而且包括工作时间之外。合同这样规定："不能常去酒馆、客店甚至啤酒店，不能去玩纸牌、掷骰子，也不能坐在游戏台旁，或者参与其他任何违法活动。"并且——合同正文上奇怪地写着——"不能订立婚约"。

作为对这些禁令的报答，哥哥保证他在印刷厂里工作到二十二岁，"并教他印刷技术"。在合同执行期间为他提供"肉食、饮料、洗漱、住宿及所有其他必需品"。至于薪水，分文不发。

但富兰克林想要现金。不久，他机灵的脑袋想出了一个两全其美的妙计，这不仅能为他提供必需的现钱，而且能给哥哥增加额外的收入。他哥哥有个习惯，和工人们一起在邻居的木板房里吃饭，本杰明对哥哥说："你让我独自用餐，我就只要现在饭钱的一半。"

他的哥哥，像一个正统的富兰克林一样，欣然接受了这个建议。这样哥儿俩都着手攒钱——詹姆斯暗暗得意自己捡了便宜，本杰明则依靠自己的节俭。年轻的学徒工为了积蓄一些精致的便士留待以后使用，改变了先前每顿吃烤牛肉和苹果汁的惯例，而制定了吃蔬菜汤的严格的生活标准。

他品尝着清菜汤，津津有味——因为理想以及现实的缘故。口袋渐渐满了，内心也随之得到了安慰。因为，他读过一位叫泰恩的先生写的书，上面说："吃肉是一种犯罪，因为动物有灵魂，你杀死了动物活的肉体，你就伤害了他的灵魂。"终其一生，这个美国蜡烛商的儿子始终坚持两个行动目标：努力追求道德上的纯洁和经济上的稳定。他的座右铭是——过充满了正义行为和富足金钱的生活。他是新英格兰的完美无瑕的孩子。

但他对新英格兰周围的环境还不满意。本杰明不能同哥哥友好相处，"这个地方太小，不足以使我俩共居于此"。于是，在 1723 年 9 月，当波士顿人忙于热情招待印第安人的代表团时，这位年仅十七岁的学徒工悄悄溜出了这座小城，搭乘一只小船，驶向新的天地，投身于新的事业。

本杰明乘船来到纽约。他环顾了这个拥有七千居民的"小村"，感到这里根本不是理想的地方。于是，他只逗留了很短时间，便又前往费城。

他衣衫褴褛，浑身肮脏不堪，腹内饥肠辘辘，口袋里空空如也。但他还有更重要的财富——坚忍不拔、刻苦耐劳的性格和节俭分文的美德。在费城，富兰克林当了几年印刷工人，积蓄了一点钱。又到伦敦，尝试着获得更大的财产和经验。然后再次返回费城，自己开了一家印刷厂。一些朋友竭力劝阻他，"我们正逢上大萧条的高潮时期”，他们说，国家已停滞不前，一切都在走向衰落。当这些人懒散地坐着，叹息境况不佳时，富兰克林却坚持不懈地改变周围环境，精通了他生产中的每一环节——排字、印刷、镌刻、装订，甚至学会了制作铅字。但首先，他学会了结交朋友。他说，友谊是世界上最宝贵的东西，为了它，在精神和金钱上都要付出代价。

他为友谊确实做出了牺牲。富兰克林组织了一个俱乐部，其成员之间彼此交流思想，相互提供生意。他此时事事顺心，有精力考虑个人的婚姻大事了。本杰明和一位迷人的妙龄女郎订了婚约——但因为她无力筹措嫁妆，他毁弃了婚约。不久，富兰克林同一位相貌丑陋，但擅于持家、富有母爱的年轻女人结了婚，他把私生子中的一个送给她作为结婚礼物。他通过合法而自然的途径，继续增加他的家庭成员；继续照看印刷生意，扩大交际圈子。本杰明四十一岁时，才终止了这一生意，此时他已拥有较固定的数目可观的生活收入。

这时，他才真正地开始生活。

三

富兰克林的生意活动反映了他多重个性中的最不重要的方面。他的性格确实是一个色彩绚丽的万花筒。除了本杰明外，十八世纪还创造了另一位多才多艺的楷模——伏尔泰。尽管同伏尔泰相比，富兰克林在智力上略显逊色，但他更加多才多艺。他几乎对人类活动的各个方面都感兴趣。在本杰明进行探究的每一个领域中，他都是一位高手。似乎大自然在对各种类型的美国人经过了观察之后，最后决定把他们所有的特长熔于一体，创造出本杰明•富兰克林。他是一位记者、政治家、慈善家、哲学家、科学家、发明家、幽默家和大使。有一段时间，他甚至郑重其事地想成为一个新宗教的建立者。

富兰克林从事新闻的生涯起始于十六岁，那时，他立约在哥哥的印刷厂里当一名印刷学徒工，并帮助哥哥办《新英格兰报》。一天上午，当哥哥詹姆斯打开办公室的门时，发现有人把一篇文章从门缝塞了进来。文章的署名为赛昂丝•都古特夫人，她把自己描绘成一个行为端正的乡村牧师的寡妇，并在文章的开头写道："先生，这样做可能很合适……告诉您的读者们，通过这张报纸，我每隔两周奉献给他们一首用书信体写的诗歌，我相信这或多或少能给他们增添一份快乐……"

这几句话是所有信的开头。信用一种谦虚的笔调写成，对白天的时事滑稽剧进行巧妙的讽刺。每封信都从门底下塞进办公室里。编辑徒劳地刊登了一份声明，邀请都古特夫人带着稿子亲自光临报馆，那样，他"就可以有幸结识她了"。直到她所有的文章都发表出来时，这位"道貌岸然的老妇人"才露出真相，"她"不是别人，正是年轻的本杰明•富兰克林自己。

"都古特夫人"这些冷嘲热讽的书信，是他那瀑布般的政治和社会讽刺文章的开始。在他的一生中，这种文章不断地从他那充满嬉笑怒骂、爱憎分明、激情洋溢的笔端涌出。

本杰明凭借着自己的笔，步入了政治生涯。他是美国最精明老练的政治家之一，也是其中最高尚的一位。三十岁时，本杰明开始担任公共职务，当选为宾夕法尼亚议会的秘书。几年后，他成为议会的议员。选民们非常欣赏他诚实坦率地公开自己的原则。在美国独立战争爆发前的几年里，他就是美国独立精神的化身。早在 1737 年，富兰克林在一本书中写道："一个天真无邪的庄稼汉比一个道德败坏的王子更有价值"——这在美利坚的庄稼汉和拓荒者的内心深处引起了共鸣。他主张（1753 年），美利坚各殖民地联盟要结成政治上的同盟。他撰写了一篇文章——美利坚殖民地的所有报纸几乎都登载了——把分裂的殖民地比喻成一条被截成数段而停止蠕动了的巨蟒。通过这个象征，他慷慨陈词——"要么联合，要么死亡"。富兰克林不仅要竭力唤起美利坚殖民地的觉醒，而且还要引起新世界的联邦自治领土上的英国政府的注意。但那时，无论美利坚的政治家还是英国的政客们都目光短浅，未能及时地接受这一建议。

富兰克林的民族统一的计划失败之后，这位哲学家兼政治家继续维护他的人民的地方利益。宾夕法尼亚的殖民地正处于一场暴风雨的前夕，税收问题有可能会破坏清教徒们的"神圣实验"。国王命令宾夕法尼亚要上缴与其他殖民地相同数量的税金。宾夕法尼亚的人民愿意纳税，但前提是宾夕法尼亚的地主——这两位地主都是威廉•佩恩的儿子，他们继承了父亲的殖民地，却没有继承他的品质——要贡献出他们应交的税金。这两位地主拒绝这样做。因此，富兰克林担负起惩罚这两位地主的责任。他前往英国，向国王呈上了人民对两位地主的诉讼状，赢得了国王的支持。从此以后，佩恩的儿子和穷人的后代一样，必须缴纳他们应交的税金。作为一名议员和邮政部长，富兰克林仍旧致力于两项事务——提高个人的声誉，发展人民的利益。早年他就认识到了一个至关重要的事实：善良是一种有利可图的投资。“行善是合算的生意”，他仅仅通过增加朋友的简单策略，就积蓄了大笔钞票，同时名声大振。

他的动机不完全是自私自利的，这位注重实际的美国佬的性格里混杂着奇特的理想主义。富兰克林是现代美国人的先驱——多愁善感与通情达理的奇妙结合。他为朋友们谋幸福，因为通过这种方式他自己由衷地感到快慰。他把自己的政治地位作为适宜他慈善行为的肥沃土壤。由于他的职位很有影响，他创立了一支警察部队、一个消防机构、一个街道清洁部门和一所中等学校，这所学校后来发展成为宾夕法尼亚大学。富兰克林还改革了邮政制度；建成了一座讲演厅，让人们在那里自由地议论政治和宗教；创建了最早的殖民地医院和美利坚第一个公共图书馆。他对这些实际的成就感到自豪，尤其是对建立图书馆，通过这一途径对国民进行教育。“这些图书馆，”富兰克林在《自传》里告诉我们，“使平凡的商人和牧民变得同其他国家的绅士贵族一样聪明，或许在某种程度上它为整个殖民地人民在维护自己的利益的斗争方面，做出了一定的贡献。”在整个一生的社会活动中，他都竭尽全力地把消除人类物质和精神上的缺憾当作自己的任务。富兰克林把自己视为一名学徒工——上帝的门徒。上帝创造了世界，而富兰克林则努力地对它加以改造，以便使这部机器能正常地运转。

富兰克林的兴趣既是精神上的又是实际上的。他是当时第一流的哲学家和科学家。尽管他没有通过学校教育获得专业知识，但他从哈佛大学、耶鲁学院及欧洲的几所重要大学获得了荣誉学位。他的俱乐部——是“纯朴的工匠们共同追求自我改造的团体”——后来发展成美国哲学协会。富兰克林在哲学上的成就仅次于伏尔泰。他是一位美国的苏格拉底。同苏格拉底的对话录一样，他的哲学论文具有诚实坦率、素朴单纯的鲜明特性。正像雅典的圣哲们致力于把智慧从天堂带到人间一样，这位美国哲学家对人的问题比对神性更感兴趣。他热衷于探讨人类的需要，而不是上帝的本性。

换言之，富兰克林的哲学思想是功利主义的。它引起了现实的转变。他的基本关注点是把世界改造成为美好的生存场所——无论在物质方面还是在道德上。所以，富兰克林从改造和发展人类生活的角度，对各种科学实践产生了浓厚的兴趣。在他生活的那个时代里，人人都关注那种“新奇而又神秘的物质——电”。一些人撰写了烦琐冗长、矫揉造作的论文，谈论一些玄奥的问题，试图揭示闪电和电是否有共通之处。富兰克林从未拜读这类大作——倘若他读了，也不一定能理解这些希腊语和拉丁语的术语。相反，他去翻阅那篇唯一简洁而直接地揭示疑点的论文——闪电本身。一次，外面雷雨交加，富兰克林走到户外，手里拿着一只风筝，意欲寻找问题的答案。他在风筝顶端绑上一个金属片，这样，答案便带着耀眼的火花，从空中显示出来：闪电和电是同一物质。

富兰克林总是尽力把这些自然的奥秘简化成最简单的方程式。他抛弃了令人费解的专业术语，采用通俗易懂的事实向人们揭示这些神秘的东西，并使这些事实变得生动有趣。当那些卖弄学问的家伙们在他们满是灰尘的房间里交头接耳地议论时，富兰克林邀请朋友们到斯古吉尔（Skuglkill）湖畔，进行“野外电餐”，并宣布：“一丝火花燃成的精神之火将从河水里通过，没有一个传递者比水更能胜任这一工作。我们要杀死一只火鸡作为野餐上的佳肴。在电瓶点燃火堆之前，我们先靠电击把鸡杀死，再用电叉将它烤熟……在电炮鸣放时，我们将用盛满电的酒杯为美国、荷兰、法国和德国的著名电学家们的健康干杯。”

但富兰克林没有把自己局限在电学实验上，他的研究扩展到病理学和解剖学领域。他研究风的特性和速度，还研究了墨西哥的水流和温度。上帝赐予他灵巧的双手和万能的大脑，他把一些实验变成了实际发明。孩提时，他就发明过一对手桨，富兰克林运用它，能比伙伴们游得快。当他成为宾夕法尼亚议会议员时，他发明了一种路灯，同首都伦敦灯光昏暗的大街相比，费城狭窄的街道变成了“大白路”。富兰克林的一言一行，都是为了使人民生活得舒适愉快。他曾发明了一种铁炉，它消耗的燃料少，发热量却很大。而且——这是他个性中的一个有趣的侧面——“这位殖民地时期的伟大发明家”对自己的任何发明都拒绝享受专利权。他说，整个人类都是同胞兄弟，没有人因为赠送兄弟礼物而索取报酬。

富兰克林不仅是殖民地时期的重要科学家，还是这一时期伟大的幽默大师。在幽默方面，他堪称是马克•吐温的先师。像马克•吐温给人们以听觉享受一样，富兰克林口头讲述了许多优秀的故事。即使在他的文字作品里，我们也会时时感到那健康的情趣和无拘无束的笑声。这是一个拓荒者国家的幽默。实际上，富兰克林的所有作品，都表现出他那犀利的警句格调。在《穷理查德的格言历书》中，这一风格表现得淋漓尽致。确实，像莎士比亚戏剧中的许多故事一样，他的《格言历书》集中的许多格言并非独创，富兰克林自己承认，它们“是各个时代，各个民族的思想的……搜集整理”。他吸收了这个全人类的智慧结晶，并将其加工成美国人的东西，用最简洁的词语表达了最深奥的真理。通常，富兰克林通过格言，表达了许多朴实的美德——责任、节俭、勤劳、诚实和通情达理，美国学校里的每个儿童都熟悉穷理查德的古言老语：“诚实是最精明的策略”；“上帝帮助那些善于自助的人们”；“没有不付出痛苦的收获”；“为了取得成功，你必须埋头苦干”。就像味美可口的葡萄干夹在我们每天吃的布丁里一样，这些格言镶嵌于美国人的观念之中。富兰克林的全部格言并非都属于谆谆教诲，属于单纯的建设性美德这一类型；他的许多警句都同伏尔泰或斯威夫特（Swift）[①]的一样，愤世嫉俗，富于摧毁力。他表达了对“朝臣、国王以及那些毫无用途的酒囊饭袋的轻蔑”。富兰克林告诉我们，那些想要在朝廷上得以升迁的人，必须从溜须拍马做起。他对王族无休无止地为一些琐屑小事而彼此争吵感到好笑，他说，只有孩子和王子才会为无聊之事争吵。富兰克林极其仇恨国王滥用臣民财富的奢侈无度的行为。他写道，国王的奶酪一半浪费在削皮上。但是，富兰克林挖苦地补充道，这对国王毫无损失可言，因为他的奶酪是用人民的乳汁制成的。带着美国人的强烈鄙视之情，他嘲笑帝王血统、贵族血统，甚至“古老的祖先”血统。他指出，任何血统都同样的古老。祖先、贵族、王族在富兰克林的美国式幽默的民主哲学中是没有位置的。

① 斯威夫特（1667—1745），英国讽刺作家。

富兰克林蔑视王族和他仇视战争是一致的。对于殖民地的美利坚，战争是讨厌的事情——也许有时很有必要，但仍然遭人唾弃。美利坚的殖民者有更重要的工作要做，他们感兴趣的是建设，而不是破坏。美利坚新开辟的土地必须受到保护——富兰克林首先是一个现实主义者。因此，他积极热情地参加美利坚民兵组织。当布兰道克（Braddock）将军率领军队前来攻打法国人和印第安人，保护这里的殖民地时（1755 年），富兰克林不仅为军队提供了大量资金，而且还向军队供应了枪炮、运货马车等军需品。尽管他是一名文官，但他具有军事家的深谋远虑，他认为用集中兵力的欧洲作战方法会使英军失利。因此，他建议布兰道克将军应像印第安人那样，善于掩蔽在树林、岩石峭壁中，灵活作战。不幸的是，布兰道克并没有采纳他的这一建议，结果导致了惨败。

富兰克林的军事经验不仅仅局限于出谋划策。在法国和印第安人战争的几个月里，他率领一支部队，保卫着西北部的新开辟地。他并没参加真正的战斗，却赢得了士兵的尊敬，维护了军队的纪律。他运用饶有风趣的谈心而不是强硬的铁拳来征服战士。一次，军队里的随军教士抱怨士兵们不参加祈祷会，“我有一个巧妙的补救办法，”富兰克林上校说，“以后祈祷结束后赏给他们酒喝。”这个措施实行了，从此以后，每逢祈祷会时，人员爆满，乐趣盎然。

然而，富兰克林在外交场合比在军营里更加无拘无束。1765 年，他作为美利坚殖民地的非官方使者来到英国法庭上。当时，反对美利坚的《印花税法》刚被通过。这项税法规定：所有的广告、商业票据、法律文件、结婚证书以及其他类似的文件只能写在交了税的印花纸上。美利坚的殖民者对此极为不满，富兰克林向英国国会指出了这一行为的非正义性和愚蠢性。他辩论道，对于美利坚新辟地的人民来说，这是过重的负担，经过一场法国和印第安人的战争，他们已变得穷苦不堪。他坚持道，英国政府在没有征得代表们的同意的情况下无权征收赋税。

“您认为，”有人问道，“假如减低一些印花税额，美利坚人民会驯顺地履行交税的义务吗？”

“绝对不会，”富兰克林答道，“除非受到了暴力强制，否则美利坚人民绝不会屈服。”

英国国会慎重地考虑了富兰克林的忠告，废除了《印花税法》。这样，美国独立战争的时间相应地推迟了。

起初，富兰克林对美国独立战争抱有偏见，态度消极，担心革命会被轻率鲁莽、缺乏头脑的民众掌握。他在《穷理查德的格言历书》里写道，“民众是群穷凶极恶的怪兽——脑袋很大，但没有脑髓”。富兰克林为美利坚设计的蓝图是建立一个联邦，从而成为大英帝国的一个和平、自由的重要组成部分。他仇视战争，但战争违背了他的心愿，终于打响了。接着，富兰克林把自己的全部身心，都倾注于美利坚的事业中去，因为他终于意识到，美利坚不得不在受外国统治和自由二者之间进行选择。富兰克林对自由的酷爱要比对英国的敬意强烈百倍。他又一次号召人民结成联盟——然而，这次不是作为大英帝国的一个重要的组成部分，而是变成一个独立的个体。“如果你们不抱成一团，就会被敌人一个个分散地消灭。”

在美国独立战争期间，富兰克林灵感大发，写出了许多他一生中最辛辣的讽刺作品。尤其在对待英军中黑森人（德国人）指挥官的态度上——“国王乔治三世是德国人，这必须牢牢记住”——本杰明•富兰克林甚至尖刻得超过斯威夫特。他发表了一本讽刺性的小册子，斥责德国王室出卖黑森人士兵给英国军队的禽兽行为。小册子用书信体写成，伪称是一位卑劣的德国王子给在美利坚的黑森人将军的信。信中嘱咐将军不要宽恕他的士兵，因为杀死一名黑森人士兵英国政府将给王子三十畿尼[①]，他需要用这笔钱筹办即将到来的歌腓节。

“我打算再派给你一些新兵，”王子写道，“不要过分经济地使用他们。记住，荣誉高于一切，荣誉是真正的财富。贪恋金钱最能使士兵腐化堕落，你必须只关心荣誉和名声。名声只能在最危险之中获得。被征服的土地下掩埋着自豪的征服者，他们手里握着枪长眠地下。一切战役的胜利没有付出征服者的鲜血，就不是可歌可泣的胜利。你记得三百多名古斯巴达人坚守温泉关，而无一人生还吗？如果我能讲我们黑森林人同样勇敢的故事，我会多么高兴！”

当富兰克林奋笔疾书，声讨这种普鲁士式军事思想的惨无人道时，我正以美国特使的身份在巴黎奉职。后来国会选举他去邮政部任职时，他推辞道：“我年事已高，毫无用场；我只是仓库保管员的剩余面料——一块布头。你们尽可以随意地支派我。”但这位充满个性的“布头”在巴黎成功地完成了两件事情：争取了法国对美国独立战争的劫持；而他则帮助传播法国大革命的种子。幸亏本杰明•富兰克林，新世界才在自治的科学尝试方面成为旧世界的榜样。

在巴黎期间，富兰克林引起了轰动。人们成群结队地前来瞻仰

① 畿尼：旧时英国金币，合 21 先令。

这位美国蜡烛制造商的儿子。他外表看似农民，但说起来话来却像神一样。人们向他欢呼，女士们把他奉为名流，甚至国王都尊敬地向他致意。富兰克林仍同往常一样带着宽容的微笑和古怪的幽默，接受来自四面八方的欢呼、致意。一位感情丰富的老妇人祝贺他的美利坚人民“正奉献给世界一声精彩的表演”，“是的，”富兰克林一本正经地答道，“这确是一场优美的演出，但观众还没有交付入场券钱。”

富兰克林本人，正如他的外表，单纯朴素。只有一次——应邀参加国王的宴会——他屈尊俯就，购买了一套假发，因为在宫廷里戴假发是一种无条件的惯例。但他对佩戴假发根本就不习惯。“这套假发并不是这么小呀，先生，”一个店员说道，“您的脑袋太大了。”

一天，“美利坚的特大脑袋”遇到了“法兰西的巨头”，用当代的一位记者的话说，富兰克林和伏尔泰的相遇是“十八世纪的重大事件”。这两位老哲学家——富兰克林七十一岁，伏尔泰八十四岁——握手后情不自禁地拥抱，旁观的人们“激动地哭了”。富兰克林的孙子此时陪伴着他，伏尔泰抚摸着这孩子的脑袋，声音颤抖，心潮起伏，“我的孩子，把你的生命奉献给上帝和自由吧！”

四

富兰克林回到美国时（1785 年）已年近八十。但他的工作尚未结束，八十二岁时，他参加了制宪大会。此时他已年老力衰，不能长时间站着，这样，他的发言由一位朋友代读，而他坐在旁边，摇动着须发斑白、智慧丰盈的脑袋，以示赞同。

立宪大会结束后，他觉得自己在这个世界里逗留的时间太久了，受到的款待太多了。“我似乎已闯进了后代人的圈子里，”他说，“在这个时候，我本应躺在床上，酣然入眠。”

但在上床前，他还有一件事情要做。在放弃手中颤动不止的笔之前，他必须再发起一场改革运动——一场反对奴役的改革运动。富兰克林集中全部力量写完他的《废除奴隶制度的祷告》——接着，死神的召唤传来了。

富兰克林在弥留之际，受着胸膜炎的折磨，痛苦难忍。仆人费力地帮他侧身躺着，使他顺畅地呼吸。他说：“人到了要死的时候，做点什么事情都不容易。”

老富兰克林至死都很乐观，“这些痛苦很快就会结束。”然后怎么样呢？“我不怀疑灵魂的消亡……但我坚信我会以其他形式永远存在于这个世界上”。

本杰明·富兰克林生平大事简表

1706年——生于马萨诸塞的波士顿。

1723年——脱离他在波士顿的印刷学徒生活，自己去了费城。

1730—1744年——创建《宾夕法尼亚报》、费城图书馆、美洲哲学协会。

1732—1757年——出版《穷理查德的格言历书》。

1746—1752年——研究闪电的本质。

1753年——担任殖民地的邮政总长。

1754年——提出把十三个殖民地联合在一个中央政府之下的设想。

1766年——帮助废止《印花税法》。

1775年——参加大陆会议。

1776年——在起草《独立宣言》的委员会任职。

1776—1785年——作为特使去法国。

1782年——与亚当斯和杰伊谈判，与英国签订和平条约。

1785—1788年——担任宾夕法尼亚州最高议会主席。

1787年——作为代表参加立宪会议。

1790年——死于费城。

乔治·华盛顿

George Washington

（1732—1799）

一

我们从三个不同场景开始讲述乔治·华盛顿的故事。

第一场景，在布兰特威恩战役后不久。华盛顿一整天都在骑马狂奔。暴风雨已经来了，华盛顿来到一座农场避雨。他正准备换上干衣服，传来场主敲门的声音。“原谅我，先生，您穿好衣服后到我客厅里来，可以吗？我的小女儿正焦急地等着亲眼看看我们的伟大客人。”

“乐于从命。”华盛顿笑道。未等脱下湿衣服，他就来到小姑娘面前。

“我亲爱的，你看到的是一个衣衫褴褛、疲惫不堪的老头子。”

第二场景，正好在特伦顿战役之前。

美国人的事业正处在灾难的边缘。费城大会的一个成员正在拜访华盛顿。这位会员写道：“将军好像非常苦恼，他正为他的部队在这艰难的时期军容不整和组织涣散的状况而叹息。我向他保证，大陆会议的决策会支持他……在我们交谈的同时，我发现他捏着笔在几张小纸片上写着什么，其中一张不慎落在地板上，恰巧在我脚边。上面的文字使我怦然心动，那是‘胜利或死亡’。”

第三场景，在福治谷（Valjey Forge）

几个星期以来，衣不蔽体的战士们已没有肉食可吃，费城的国会已无能力给军队提供粮食、衣服和栖身之所。士兵们准备开小差，华盛顿虽不情愿，却只能渐渐承认，现实是不可救药的。他写好了辞去总司令职务的辞呈，一边摆弄着白蜡似的削笔刀，一边与克诺克斯（Knox）将军讨论辞职之事。克诺克斯说：“这个削笔刀是反对你辞职的最好论据。”

华盛顿看着克诺克斯，眼睛里透着疑惑的神情。接着，他想起来了，这把削笔刀是母亲送给他的旧礼物。十五岁时，华盛顿要求参加海军。把装备运走之后，他要出发了。这时，母亲最后一次恳求他留下。作为回报，母亲为他从英格兰订购了一把精致的削笔刀。在把刀送给他时，母亲嘱咐他“永远服从上级”。

华盛顿的朋友们经常从他那里听到这个故事。现在，当他准备从军队辞职时，克诺克斯将军使他想起这件往事，他的刀就是他的责任的象征。永远服从上级。“国会已经命令你领导军队，没有人命令你放弃这个领导职务。”

“你说得非常正确，做出这个决定的不应是我。”华盛顿边说边从桌上拿起辞呈，将它撕成了碎片。

这些插曲再现了华盛顿多重性格中的三个主要方面。当努力拨开那些传说的迷雾时，我们会发现，站在我们面前的是一个单纯、果断、富有责任感的人。但这仅仅是乔治•华盛顿的生活经历中的一些小小的片断。

二

在过去的所有伟人中，也许乔治•华盛顿最难被描绘成有血有肉的人，他像个幽灵一样掠过历史的书页。我们认为，产生误会的原因在于他的两个最早的传记作者：威姆斯牧师和斯巴科斯教授。牧师将他描绘为一大堆主日学校的行为规则，教授则把他塑造为一个光彩夺目的蜡人。两人都怀着愚蠢的企图，想把他奉为神灵，结果只成功地使他失去了人性。后来的大部分传记作家从早期作家那里获得启示，从他的血管中抽去赤热的血液，重新注入防腐液。他们甚至肢解了华盛顿自己的语言，加以篡改，使之失去本来的生动活泼的风格，变成了死气沉沉的回声。

例如：一天，当华盛顿重温爱德蒙得•伦道夫的教导时说："万能之神绝不允许一个该死的无赖玷污人类。"编辑则把这句话改为："一个该死的无赖从不玷污人类。"

还有一次，当讨论由国会提议的拨款方案时，华盛顿说："十万美元不过是一个无关痛痒的小麻烦。"他的传记作家则删改为："十万美元决不够用。"

因此，他的早期作家不仅通过发明华盛顿从未说过的话语而杜撰了一个华盛顿，而且也通过创造一个上帝从未创造过的形象而杜撰出一个上帝。如果我们想了解活生生的华盛顿，首先必须承认一个事实，即他是人而不是神。他既具有人类的伟大，也具有人类的弱点。他不是个道德模范，偶尔也撒谎、骂人、缺乏认真态度、发脾气、赌博，甚至用鞭子抽打不驯服的奴隶。他并非如大多数人所描绘的那样，是一尊身着大陆军服的完美无缺的古老壁像。事实上，由于华盛顿戴着一副不太合适的假牙，下巴略显突出。而且——他的肖像画家和雕刻家竭力掩饰这一点——从青少年时代起，他的面容就由于痘痕密布而损毁。

华盛顿相貌丑陋，口齿不清。“相信”（believe）、“接受”（receive）和“天棚”（ceiling）等词中的“e”音和“i”音，他都不能够发对，他总把“blue”（蓝色）读成“blew”（吹气）。在他的信件中，“lie”全部被写成“lye”。他把伦敦称为伟大的“曼托婆力士”（Matropolis）。一次，华盛顿在爱情上失意，他写道，要通过远离女人而除去（“eliminate”意为除去，但他把这个词错写为“eliviate”）心中的苦恼。

然而，所有这些瑕疵远未贬低我们的国父，只是使他更加平易近人、更加可亲、富有人情味。了解了华盛顿的真实情况之后，我们将不再崇拜一个人体模型，而开始敬佩一个真人。

三

孩童时，华盛顿腼腆羞怯，少言寡语，成熟较早。早年的一个老相识记得他是个长着笨重的鼻子、身材修长的少年。他母亲说过：“他的鼻子的发育速度似乎远远超过身体其他部分。”由于这个缺欠，他在伙伴们中间感到自卑。同时他暗下决心：“总有一天，我要设法使他们喜欢我而不顾忌我的鼻子长得怎样。”

十一岁时华盛顿失去了父亲，从此，他的决心更加坚定。根据当时的遗产继承法，他的大哥劳伦斯接受了父亲的大部分遗产。年轻的乔治只好自谋生路。他愿意这样做，“尽管我有许多不利条件，我也一定要使人们尊敬我。”

但同时，他必须接受教育。对于一个想过实际生活的年轻人来说，实际的教育是必需的，其中包括读书、写字和算术。2 英亩加上 2 英亩等于 4 英亩，4 加 4 等于 8。他长大以后，要把亩数与亩数相加，把房屋与房屋相加，把种植园与种植园相加，他将成为一个有钱人。这就是他获得邻居尊敬的方法。他要仿效他的哥哥劳伦斯。这位比乔治大十四岁的年轻人已是弗吉尼亚最受尊敬的公民之一，是一位土地所有者、贵族和战士。对于害羞但精力充沛、野心勃勃的年轻的乔治来说，劳伦斯是个光芒四射的英雄。

在哥哥的邀请下，乔治与他一起生活。在弗农山庄广阔的种植园里，他结识了弗吉尼亚所有品性优良的绅士。他们把乔治看成他们中间的一员。华盛顿与他们一起骑马追猎狐狸，以危险的速度驰骋，他们为他的骑术喝彩。他很高兴自己已经放弃了到大海上去的瞬间冲动。现在他十分喜爱这块土地，喜欢在茂密的树林里骑马奔跑，陶醉于在绘图室那擦得发亮的地板上跳舞娱乐。

但华盛顿很少有机会参加舞会。他过于笨拙——六英尺多高的身材，脚穿 13 号的鞋，有着“在弗吉尼亚殖民地堪称最大的一双手”。而且他也过于腼腆，他不敢大胆地与姑娘们说话，而是写诗给她们，暗示——其方式足以使现代精神分析学家觉得可笑——他不敢实现的征服与挑逗。

“让我在虚幻的梦乡里合上双眼，
在那狂喜的梦中，我可以
沉沉地安睡，静静地休息，
享受到白天所没有的欢乐。”

然而，他很快就停止写诗，回到了更能发挥其特长的领域——数学。他担任测量工作，作为将来自己拥有土地的准备，他要先学会测量土地。

此时，一个好运气伪装成托马斯•弗尔弗克斯突然降临到他的头上。这位贵族拥有的财产简直令人难以置信，总共达五百万英亩土地。他雇佣年轻的华盛顿为他测量土地。这项工作时断时续，大约持续两年时间。对于一个不名分文的人来说，这段时间的报酬“过于丰厚”了。华盛顿写道：“倘若天气较好，我可以出去正常工作，这样我平均每天赚一达波路恩①，有时甚至赚六皮斯托尔。”

最后他放弃了测量工作，觉得自己“在财产和经验上都受益匪浅”。这项测量工作使他第一次与荒野的艰难困苦打交道。他告诉我们，在出去的第一个晚上，他被安排住在一个农场场房里，他吃惊地发现，毯子里爬满了“相当于毯子本身重量的害虫，如虱子、跳蚤等等”。有几次，“经过整天的长途奔波之后，我躺在火边的小床、草垛或熊皮制品上……旁边还有男人、女人和孩子，就像一窝小猫小狗。我很高兴能够跟火炉靠得最近。”经历了这些事情之后，

① 一达波路恩值七美元，六皮斯托尔值二十一美元。

他“保证在露天地里也能入睡”。

四

1751 年，乔治•华盛顿陪伴他的哥哥劳伦斯去西印度群岛中的巴巴多斯岛。他哥哥已经身患结核病，因此决定到这个“热带的花园”旅行，以便能够摆脱疾病的困扰。

旅行未能给他们两人带来任何好处。劳伦斯返回家后奄奄一息，乔治则成了一个有标志的人。他得了天花，面容损毁，再也没有恢复原样。

劳伦斯死时，把弗农山庄的财产留给年幼的女儿，委托乔治作他的财产管理人。劳伦斯曾表示，如果女儿死去，乔治将继承这份财产。不久，这个女孩死去，乔治成为大片种植园和大批奴隶的主人。

但他并不感到满足。为了赢得人们的尊敬，不仅需要拥有财产，而且需要有所作为。他的哥哥劳伦斯曾经是个战士，乔治也想成为一名战士。他的身体比劳伦斯健壮，实际上，他是殖民地最有力气的人之一。他写信给狄维德总督说：“我的体格强壮得足以经受最严厉的考验。”他喜欢冒险的生活。在做测量员时，有一次，他遇见一群从战场归来的印第安人。用他自己的话说，他没有体验到恐惧，而是感到“一种愉快的惊奇”。华盛顿与他们在一起并请求他们给我们跳场战舞。”乔治•华盛顿对恐惧感觉迟钝。

作为一个无所畏惧的田野测量员，他的名声传到了狄维德的耳中。他任命乔治当信使，去警告法国人离开英国在美洲的领地。他的使命没有成功，但这次经历却使他在驯服冰河方面获得了宝贵经验。他写道："这里无路可走，只好走浮桥。我们用唯一一把不好使的短柄斧子修建浮桥。还未走到半路，我们就掉进冰窟里……迅猛的河流把我抛进十英尺深的水中……"。

这为许多年后渡过德拉瓦（Delaware）河做了预先的排练。

从法国人那里回来后不久，乔治被任命为布兰道克（Braddock）将军的助手。他把这个职位看作一个难得的有利条件，"这能使他在布兰道克将军的才能和经验的指导下获得许多军事知识"。

在目睹了布兰道克将军在美洲打仗所用的欧洲式的作战方式之后，华盛顿对将军的能力和经验感到失望。他徒劳地向将军指出，袭击印第安人必须采取在偏僻的密林中展开战斗的方式——你必须分散军队，利用岩壁和树木隐蔽起来。但"胆大妄为又缺乏常识"的布兰道克鄙视他的美利坚战士们的"躲躲闪闪的怯懦性格"。他要用正规的战斗队形去迎击敌人，面对面地与敌厮杀。

在特托克里克战役中，布兰道克也使用这种队形，结果几乎全军覆没。华盛顿能够从这场大屠杀中逃出来，得以幸存，是历史上的奇迹之一。他的三匹坐骑均中弹身亡，他的军装被子弹穿破，留下几个弹孔，但他的身体却未受伤。

尽管对灾害感到厌烦，但他完全沉浸在战争的欢乐中，他写信给弟弟杰克说："我听到了子弹的呼啸声，相信我，在那声音中有某种迷人的东西。"

他沉迷于子弹的呼啸声中，但却从喝彩声中退缩回来。他尚未克服掉他的腼腆害羞。1759 年，为了回报他在"枪林弹雨中的沉着冷静”，他被选为弗吉尼亚州下院议员。议院议长罗宾孙先生用热情的赞语欢迎这位新议员，为了应答随之而来的欢呼，华盛顿站了起来，清了清嗓子，脸色羞红，然后窘迫地默默坐下了。议长大方地说：“华盛顿先生，我们十分清楚，你的谦逊与你的勇敢一样，两者都难以用语言来表达。”

五

华盛顿由于满脸疤痕，鼻子过长，先后被几位姑娘嫌弃。然而，他终于赢得了玛莎•卡斯蒂斯的爱情。她是一个容貌俊俏的年轻寡妇，拥有大片田产和两个孩子。他们之间的婚姻是殖民地社交史上的大事之一。

现在，华盛顿的时间分为两部分，一部分用来管理他的弗农山庄，另一部分用来照料他妻子的产业。他跻身于弗吉尼亚的贵族阶层中，饲养良马，追猎狐狸，购买奴隶——但不卖奴隶，因为他担心奴隶落入残忍凶恶的主人手中。总之，他似乎是英国托利党人在美洲的可靠而明智的代表。

但是，在他的内心深处，也闪耀着反叛的火花。只是我们不知道这火花于何时何地进入了他的心灵。也许，从青年时期，在拓荒者中间从事测量工作时，他就学会了理解和同情下层人民。也许，在法国人与印第安人的战争中，他逐渐开始轻视在美洲傲慢无礼、残酷无情的英国官员。他是个沉默寡言的人，很少表达自己的感情。然而他不止一次地在与英国人一起反对法国人的战斗中表达他对英国军官的不满，因为他们对待殖民地士兵采取傲慢轻视的态度。他写信给狄维德总督说："马凯少尉拒绝命令他的英国人修路，而我们殖民地的士兵却在起劲地忙碌着。"还有一次，华盛顿写信说，作为殖民地军队的上校，忍受来自英军军官的侮辱，他感对苦恼和压抑，而他，无论从军衔还是从修养上说都在他们之上。他感到英国人把他们自己看作主人，而把美洲人看作他们的奴隶。

这样，华盛顿四处奔走，经营生意，广泛观察，深入思考，但说得很少。他阅读有关英国人在马萨诸塞州的暴行的文章，但保持沉默。读完帕特里克•亨利的激烈的演说词之后，他一言不发地回到了种植园。1775 年 6 月 15 日，他被任命为大陆军总司令时，他仍然默默地站在反叛者的前列。作为军事统帅，他对自己缺乏信心。就职时他写道："我感到自己难以胜任人民给予我的指挥职责。"但他对自己用战斗维护的事业信心百倍，对于士兵们打赢这场战争的能力有绝对的把握。在特托克里克战役中，他发现英国士兵通晓逃跑的秘诀，而美洲殖民地的士兵则懂得坚守的方法。在去波士顿指挥作战的途中，华盛顿获悉邦克山战役的消息，他问道："民团参战了吗？"

"是的。"

"那样的话，国家的自由就有保障了。"华盛顿说道。

六

作为一名军事首领，华盛顿具有迷惑敌人的本事。这也是他的指挥才能的主要特色之一。人们把他称为“老狐狸”并非毫无理由。敌人从未能猜测出他的意图，也预测不出他要发动进攻的时间、地点，查不清他军队的规模。为了使英国军队一直处在受蒙骗的状态里，华盛顿并不封锁消息，而是给敌人提供错误情报。他伪造假的军事报告，故意让敌人俘获携带这些汇报文件的通信兵。这样，英国军队总是采取“十拿九稳”的行动，结果总是上了圈套。

不过，我们还是应该公平地对待英国人。当时他们的军队是在三个不利的条件下被迫参战的：很多军官不相信自己的事业；他们中间的那群德国雇佣兵被运送到美利坚参与违背他们意愿的战争；整个军事战争的重大决策均由相隔遥远的英国大陆的官员作出，当地有经验的指挥官无权干预。

英国军队的指挥官们并不愿意同美利坚人打仗，只想安抚而并非要屠杀他们。假如这些军官们的心思都集中在战争上，他们可能早就取得了胜利。这种机会有好几次，因为尽管华盛顿足智多谋，却还是一次又一次地被英国军队层层包围住，但英国人总是坐失良机。战场上不必要的危险太多了，同时在他们安适地驻扎的城市中的玩笑也太多了。英国军队满以为能饿死美利坚人，而不是用枪炮去消灭他们。让美利坚的叛乱者经受种种痛苦，他们自己则无忧无虑地生活在这块“肥沃的土地上”——可口的食物、愉快的聚会、漂亮的女人、优美的音乐，还有芳醇的美酒。对于美利坚人来说，独立战争是一幕悲剧；对于英国军官而言，美国独立战争却是一场喜剧。这是一场辉煌的演出，而这些英国军官的愿望就是让它永远地演下去。

除了英国军官的心不在焉之外，还有黑森人部队（德国雇佣军）的懒散。这些黑森人已被德国皇族出卖，像众多的奴隶们一样，为了连其语言都不理解的民族，也为了他们只能获得微薄好处的事业而战斗。德国皇族从他们每人身上赚取五十美元卖身钱，而他们从战争中获得的只是危险、疾病和死亡。于是，这些人刻苦锻炼，增加腿部的功夫，而不是手臂的力气。在军事史上，英国军队的黑森人是最优秀的临阵逃跑者。

英国军队必须扫除的最大障碍就是陆军部的愚蠢。陆军部在英格兰制订作战计划，指挥在美利坚发动的战役。当时的实际状况就是缺乏将才。在伦敦的英国人对美利坚的地理状况一无所知，比如沼泽、丘陵、溪谷，还有人迹罕至的森林，难以逾越的河流，等等。因此，他们策划了一场荒谬可笑的战役（1777 年夏天）。按照他们的计划，柏格恩将军、豪将军及圣莱杰上校将从不同地点出兵，最后于某一时间在阿尔伯恩（Albang）会师。托利党党员们个个欢欣鼓舞，认为最后的结局一定是英国势力得以巩固，美利坚大陆军将被摧毁。

但事情并没有按照计划得以实现。英军的指挥官们在美利坚的沼泽地里迷失了方向——陆军部未能预见到的偶然事故——柏格恩将军想竭力走出迷途。与此同时，部队在萨拉托加遭到了敌人的袭击，受到了致命的打击。他不得不投降，同意全部军队乘船返回英格兰。

一支英国军队离开了，但另两支部队仍留在美利坚。在华盛顿看来，形势依然不乐观，因为他也受到了外部的不可克服的困难和不利条件的困扰。每当华盛顿向国会请求帮助时，他们总是“吹毛求疵，极力推托”，最后总以拒绝他的请求而告终。不论国会还是整个国家，都没能团结一致地献身于这一事业。由于居心不良的叛徒和心地善良的傻瓜妨碍了议案的通过，美利坚民族的危机日益严重。

换句话说，美国独立战争已不是“令人鼓舞的支持与爱国主义的神圣幻影”，实际上是崇高和卑劣的结合。同在国会里一样，军队内部也充满了暗斗、失职、冲突和欺诈。军队上下士气不振，这种衰败一直延续到福治谷战役时期。在此期间，华盛顿一次又一次地抱怨士兵们开小差和奸商们做“投机生意，侵吞公款”。“难道狡猾的阴谋家……为了满足他们的贪欲，要破坏我们用时间、鲜血、财富等巨大代价筑成的宏伟大厦吗？！”另一次，他说道：“弗利将军……取走了三百七十五美元的报酬，可他从未付出过一天的劳动，只是离开过三次家门。”他还指出：“各个军团之间相互牵制……大量士兵逃离军队……我从未看到过如此缺乏为公众服务精神的现象……上帝保佑，让我别再看见这种情况。”

但是——此刻，华盛顿处于最令人钦佩的情绪之中——“我们必须咬紧牙关，坚持到底……让人们处于他们所能达到的最佳状态，而不能以我们的标准要求他们。”

华盛顿把自己率领的士兵们改造成为一支胜利的军队。战士们称他为“必不可少的人”。随着时间的推移，在战士们看来，华盛顿比他们的生命更宝贵。士兵们反复地恳求他不要暴露在敌人的枪弹下，但他总是一笑置之。他说：“士兵的危险就是我的危险；士兵的痛苦也就是我的痛苦。”他坚持要分担他们的危险，正像要分享他们的胜利一样，甚至在饭食上也不例外。谢瓦利埃•德•庞哥柏德写道："一天，我们在司令部设宴，一个印第安人走到桌旁，抓起一块热烘烘的烤羊腿。我们都十分惊讶，但华盛顿将军说，他并没有觉得受到打扰。'先生们，随他去吧。他大概太饿了'。"

关心爱护战士，是华盛顿的一贯所为。他的助手患了重感冒，卧床不起，咳嗽不止，难以入睡。忽然，他看见一个穿着睡衣，身材魁梧的身影向自己走来。这个人就是华盛顿。他从床上下来，沏好一杯热茶，送给自己受病魔折磨的"同志"。

七

这位敌人眼里的"老狐狸"，人民心目中的"慈祥之父"，终于打败了康华利（1781 年），赢得了美利坚的自由。然后，像古代的辛辛那托斯（Cincinaatas）[①] 一样，他脱下了军装，又一次变成平民。华盛顿的战争热情到此消失了，他希望一个人独自生活，在弗农山庄闲适的生活中安度余生，种植庄稼，照管奴隶，款待客人，"一杯甜酒，几块羊肉随时可以恭候"。他如今年事已高，视力衰弱，在"服役期间，我不仅须发变白，而且眼睛失明"。当他离开军队时，他对士兵们说："我不索要任何报酬，也不允许别人谈起我的军事功绩。"一位客人说："他内涵深邃地沉默着，双唇蠕动，似乎陷于内心的孤独之中。"正是在思想丰富的沉默里，他看望朋友，同他们患难与共，休戚相关。华盛顿根据需要，把关切和慈爱施予别

① 辛辛那托斯：公元前五世纪的古罗马将军及政治家，他出身农民，后成为执政首领。

人——像比绍甫告诉我们的那样——“这些事情没有任何卖弄或沽名钓誉的成分”。一位伟大的犹太哲学家马蒙尼德斯（Maimoaides）说，这种至高无上的慈爱，没有留下赐予者的姓名，就送到了人间。

乔治•华盛顿过着安稳的日子，像他自己所说的那样，在“自己家里”享受着晚年的生活乐趣。但出乎他的意料，国家突然请他再次走进喧嚷的公共生活中。当华盛顿当选为美国总统时，他仍保持原有的“羞怯腼腆”。在一次公开演说中，他说：“我希望将来我没有理由为这一选择而后悔。”在同克诺克斯将军的私人会谈中，华盛顿表示，“我坐在总统的椅子里，内心的感觉正和一个赴刑场的罪犯一样”。

但他还是担起了这个职责，像一个勇敢的战士那样竭尽全力地履行它。正如华盛顿坦率地承认的那样，他不是最伟大的政治家，也不是最伟大的军事家。然而无论作为一位政治家还是军事家，他都是历史上具有最坚强的性格的人物之一。他是一位少有的既能赢得朋友的赞赏，又能赢得敌人的钦佩的人。他是一个有益于人民的人，一个完美的人——他正是初期的共和国所需要的那种领袖。华盛顿的性格就像富有粘力的胶泥一样，把所有分裂的各州粘结成为一个国家一整体。他对国家和国际问题的态度是保守的，就当时的情况而言，也是正确的。保守分子认为他过于自由，而自由主义者则觉得他过于保守。他很明智地选择了中间道路，并坚持一直走下去，直到他任期结束。他提拔汉密尔顿那样的保守主义者和杰弗逊那样的激进主义者到总统的内阁里来，在这两个极端之间，他能把握住正常的脉搏和人民的情绪。华盛顿由于同英国签订了一个条约，于是被指控为亲英分子；由于坚持反对法国大革命的恐怖时期，又被指控为一个反革命分子。但他做过的任何事情，都有明确的目的——维护国家的独立、赢得各国的尊重并维护和平。

在华盛顿的两届任期内，许多地区都充满了一种奇怪的恐惧心理，因为据传华盛顿想做国王。他为此多次进行解释以消除这个“愚蠢的”“忧虑”，“我宁愿回到种植园里，也不愿登上全世界的君王宝座”。

华盛顿决不食言。在第二届总统任职期满时，他毅然拒绝了再次竞选总统。“尽管我有很多理由感谢上帝赐予我的健康身体，但在其他方面，我对自己的日渐衰老并非毫无察觉……因此，如果我继续连任总统，我将成为罪人……另一个人会更好地在这个职位上发挥他的才智。”

于是，约翰•亚当斯发表了就职演说，而乔治•华盛顿，“灰白的头发随风飘动”，在公众的注视下，走了下来。当他通过欢呼的人群时，“热泪盈眶”——这出自一个支持者之口。根据华盛顿•欧文的记述——“他讲演时情绪异常激动，只能凭借手势表达他的谢意，转达他告别的祝福”。

他终于完成了自己的工作，“上帝保佑，我能活到亲眼看见美利坚合众国成为一个伟大而完美的国家，在反对地球上的一切邪恶势力的正义事业中，它都能够采取积极的行动。”

乔治·华盛顿生平大事简表

1732年——生于弗吉尼亚州的威斯特摩兰县。

1748年——成为弗尔弗克斯勋爵的土地测量员。

1752年——被狄维德总督任命为殖民地军队中校。

1754年——保卫那西西提要塞，抵抗法国人的袭击。

1755年——在灾难性的托特克里克战役里，在布兰道克将军手下作战。

1759年——与玛莎•卡斯特斯结婚。

1774年——作为代表参加第一次大陆会议。

1775年——被选为大陆军总司令。

1776—1783年——率领大陆军走向胜利。

1783年——告别军队，返回弗吉尼亚。

1787年——被选为立宪大会的主席。

1789年——作为美国第一位总统宣誓就职。

1792年——连任总统。

1797年——退休。

1799年——死于弗农山庄。

亚历山大·汉密尔顿

Alexander Hamilton

（1757—1804）

一

在一个闷热、烟雾弥漫的早晨，他乘着小船穿过哈得逊河。他的助手潘得莱顿先生眯缝着眼睛焦急地眺望着处于泽西边界上的闪光的峭壁。胡萨克医生正平静地检查着绷带。亚历山大·汉密尔顿盯着医生和急救用具。为了使伤处不再流血，这位善良的医生要忙活一阵子。无疑那是致命伤。汉密尔顿似乎要说：“这不会是决斗，而是自杀。”但他实际上只低声说道：“今天的哈得逊河不是很美吗？！”

三十二年前，即1772年，他第一次看见哈得逊河，当时，他从西印度群岛的奈维斯岛——他的故乡出发，经过长期旅行到达纽约。与他心中汹涌的感情波涛相比，哈得逊河显得多么宽广而平静啊！这个十五岁的小伙子的心，由于到新世界的冒险旅行而激烈地跳动着。而现在他已四十七岁，正准备进入另一个世界。他的头发缕缕灰白，双唇紧闭，流露出一个活得太久因而不想再活下去的人的悲哀。

他又望了一眼他即将离开的城市，恰在此时，小船靠近了新泽西的红色粘土河岸。他看了看身后的岛，在那里他进行了他的政治生涯中最激动人心的战斗，此时他的妻子和孩子正在那里酣睡。那是他施展魔法的城市，十五年来他把它掌握在自己手中，他主宰着这里的人民的命运，就像掷骰子一样。古希腊城堡的保护神也没有像他那样拥有绝对的权力或强取更多的尊敬，但现在他离开了他的神殿。一大早他就出发到威豪肯进行一场维护名誉的决斗。他已打算死于伯尔中校的枪口之下，他要朝天开枪。他会确定无疑地死去，就像他曾确定无疑地生活过一样。汉密尔顿已经清醒地筹划好每一个时刻，从那时起他就意识到了自己意志的力量。如果他能够决定自己何时以及如何结束自己的生命，他会很满意。如果能够回到赐予他生命的众神面前去炫耀自己对生命的裁决权，这也是个不小的胜利。他蔑视神的礼物，他准备在47岁时死去，让阿伦•伯尔活下去。

当汉密尔顿与他那一伙人来到大断崖的威豪肯时，晨雾已经消散。伯尔中校与助手一起正在清理灌木丛，他热情而友好地向对手点头致意，汉密尔顿则以不自然的鞠躬作为回答——他好像刚刚作完精彩的演说，等待着听众的喝彩。他曾多次对亲密的朋友说：“我感到反对他从政是我的神圣责任。”

潘得莱顿先生把一支手枪递给他，伯尔的助手范奈斯先生量出十步的距离。

最后的争吵究竟是关于什么事情？呵，真讨厌！空气中弥漫着期待的气息，它温暖着他的血液。这又将是个热天，一个有着生命、女人和美酒的日子。

“没有争吵，”当人们把他轻轻地抬上船时，他咕哝道。他感到自己的头变得轻飘飘的，耳边响着胡萨克医生的低语：“致命伤。”经过泪珠的折射，头顶上的蓝天已化为缤纷的彩虹。

二

当亚历山大•汉密尔顿度过他在奈维斯岛的最后一夜时，他站在火热的晚霞中，向姑姑辞别，他的眼里没有泪水，眼泪是不会轻易地从一个骄傲的、野心勃勃的十五岁小伙子眼里流出来的。他满怀着征服的欲望。他要离开基督徒城（Christionstadt）的商店，到美利坚接受高等教育。离开他的叔叔和他的工作，他并不感到遗憾。当母亲四年前去世时，他已把最后一滴眼泪流尽了。他本来可以哽咽地握住父亲的手，但是，由于财运不佳，父亲已把全家托付给富有的亲戚们照顾，他自己到另一个岛上找活干去了。亚历山大知道，母亲在世时，父亲偶尔与她通信；但母亲死后，他很少听到父亲的消息，最后父亲几乎变成了传说中的人物。

母亲临终前声泪俱下，但当大家看到她冷静而坚定的目光时，感到阵阵发冷。“无论别人对你说什么，亚历山大，你都要记住，你父亲是个好人。”母亲去世后，他从熟人那里听到许多关于他自己的难听的闲话。“私生子。”于是他满面通红地向他的姑姑打听底细。

“亚历山大，你的妈妈和爸爸彼此深深相爱，但从法律观点看他们从未结婚。我相信在上帝眼里他们已得到了宽恕。”

接着她继续讲故事。“你知道，亚历山大，你母亲是个惹人怜爱的漂亮姑娘，当她长到比一个孩子稍大时，她父母就强迫她与一个富有的老地主结婚，她讨厌他，二十岁之前她离开了他，但她不能与他离婚。英国的议会忙于制定预算，没有时间倾听一个女人的申诉……”

当她继续讲他的出身故事时，他的眼里闪出自豪的光芒。“你的父亲是个汉密尔顿人。詹姆斯•汉密尔顿出身于苏格兰贵族，他到这个岛上探险时，年龄只比你母亲大一岁，他俩成了活泼漂亮的一对。”

听完这个故事之后，一种强烈的自豪感在他心中升起。因为他不是个普通的孩子，他把非法的出身看作荣誉的象征而非耻辱的标志。

他打算像自己的父亲一样出外冒险。当他的一个好朋友离开这个岛到美利坚接受高等教育时，亚历山大知道，他也必须获得这个最有力的武器——一个经过训练的头脑。他一边更加勤奋地经营着为他的叔叔积累钱财的生意，一边梦想着有一天自己也能去美利坚。

有时，当他给在大学读书的朋友写信时，他的手由于按捺不住想去美利坚的欲望而颤抖。“……尽管我承认自己的弱点，但我的野心膨胀着，因此我看不起卑躬屈膝的小职员的地位，以及我命中注定的诸如此类的职业……我愿意冒生命危险来提高我的地位。”

他的亲戚们只知道他的外表，对于他们所知道的东西，他们是喜欢的。他长着像母亲一样的浓密的红发，古罗马贵族式的鼻子，刚毅的下颌，总之，他像个时髦的小绅士，归属于富足的热带的最优秀的品种之列。为何不送他去读大学？他曾写过文笔隽永的叙事散文，描述飓风不久前席卷奈维斯岛的情形。圣凯兹（St. Kitts）的一家报纸发表了这篇散文。让风把他刮向西部的美洲吧，他生来具有热带的激情，让他穿过飓风走向成功。

三

坐在纽约整洁明净的起居室里，他不再像平常那般敏感。他带着叔叔给他的最好的证明文件来到了这里，并接触了最有前途的人们。据说，斯凯勒（Schuyler）、利文斯通（Livingstone）和韦兹尔普恩（Witherspoon）家族都是出身于西印度群岛的种植园贵族。尽管他是非法婚姻的果实，但他具有高贵的血统，母亲是个胡格诺教徒，父亲是古老苏格兰家族的后代。

凯蒂、珠迪丝、萨拉和苏珊等几位小姐对他加倍注意。他的眼睛多么吸引人啊！就像春天里含苞欲放的紫罗兰。多么令人羡慕的肤色！凯蒂·利文斯通小姐对他说："我亲爱的汉密尔顿先生，你要当心。你太幸运了，你会很快地升到显赫的位置。嫉妒的神灵们会惩罚你的。"

他的举止彬彬有礼。在他攻读学位的皇家学院里，同学们羡慕他那准确的理解力，而汉密尔顿感到十分舒畅，因为他不嫉妒任何人。当他的同学们参与反对英国议会的运动时，正是汉密尔顿从学院的立场上为学生们的行为找到了辩护的理由。他当时仅在美利坚待了三年，但对于殖民地和英国之间的论战，却具有比"异教徒们"

更胜一筹的全面认识。“异教徒”是他对当地学生的蔑称。

他从研究法律的时间里抽出一点空闲，撰写一些小册子，讨论议会中无代表者的纳税问题，用他十八年的思考来充实主要的爱国者和学者们的头脑。

他没有忘记自己在德漠斯梯尼的学业。“正如一个将军走在其队伍中的前列一样，一个明智的政治家——倘若我敢于用这个词的话——也应该站在运动的前列。”他将采取积极的行动，甚至参军，如果公开的反叛爆发的话。他得出结论，美洲的居民无疑有权处理自己的生活与财产，摆脱远在三千英里之外的英国国会强加给他们的赋税。况且——他认为——那些坚决进行武装斗争的人，尽管现在只是少数，但总有一天，他们会成为人民的真正圣人。确实存在一些缺乏头脑的爱国者，他们为了几句冲动的口号准备冒生命危险。他认为，“对纯粹的爱国主义的依赖是许多错误的来源”。他将带着深思熟虑拿起武器。金融阶级处处受到金融集团的沿袭权利的限制，难以从外国资本的支配下解脱出来。只有一个问题难以确定，英国会对殖民地进行镇压吗？汉密尔顿认为不能。于是，凭借着出众的精明，他参加了“反叛”的队伍，不久便被委任为炮兵上尉。

只有在自由的美利坚的天空，他的星星才会升起

凯蒂•利文斯通说道：“穿着军装使亲爱的汉密尔顿显得很不自然。他的面颊非常红润，即使战争的硝烟也不能使之受到污染。”

他的一个朋友低声说道：“你不了解你的战士。他说话算数，他会成功的。”

接下来是长岛之战，向泽西的撤退，尘土、汗水、鲜血、眼泪

以及绝望。汉密尔顿戴着三角帽走大炮旁边，帽檐遮住了他明亮的双眼，他陷入了沉思。

独立的事业笼罩在深深的阴影之中。乔治•华盛顿沿着阶梯登上了瞭望台，看到汉密尔顿正在挖防御工事。他们的目光相遇了，“你到我手下工作吧”。

华盛顿的家庭成员对这位新任参谋着了迷。他与拉法埃脱（Lafayette）并排坐在将军的餐桌旁。他很少说话，默默地看着眼前的食物。偶尔受到夸奖，他会脸色羞红。华盛顿对他的工作成就给予很高的评价。他比其他参谋们更有学问，做的工作更多。华盛顿经常对自己的朋友们说：“他是我能干的高级牧师。”

汉密尔顿为将军写公文和急件，获悉美国独立战争的很多内部细节。他有谋划战略战术的天才，这一点不仅表现在战场上，也表现在与他关系融洽的朋友们的内心世界中。在大陆军的战斗和他自己的战斗之间，哪一个更为重大？在西印度群岛，有许多朋友和他保持经常的信件来往，在给他们的信中，汉密尔顿写出了自己对大陆军军事策略的看法：“面对敌人数量上的优势，我们正逐步撤退，避免同敌人的大规模交锋，我们的希望不在于任何特殊的城市或根据地，而在于保存骨干兵力，备有专用的必需品，抓住有利时机，逐步吞食以至最终消灭敌人。他们每占领一个新据点，都需要进一步分散其兵力。胜利最终是属于我们的。”但他从不把自己前进的策略告诉任何人。

由于公务，他被派到斯凯勒将军那里。斯凯勒是纽约一个富裕的家族的首脑，也是一位重要的政治家。他欣赏汉密尔顿的认真有效的工作作风。斯凯勒的第二个女儿倾心爱上了汉密尔顿。

汉密尔顿对一位同事说：“我必须娶一位信仰上帝但憎恶圣徒的妻子。”为了找到他的妻子，他给将军的女儿贝特茜写了许多情书，字体又清晰又漂亮。他做任何事情都条理清楚、严格准确。在英国投降之前，斯凯勒家族与汉密尔顿家族实现了联姻。

但在战争结束之前，汉密尔顿与华盛顿之间产生了分歧，于是他离开办公桌，上了战场。他奉命统领一队步兵，战绩卓著。他扮演着自觉的英雄角色。在给妻子的信中，他写道：“两天前，我的责任心和荣誉感使我迈出了威胁你幸福的一步。我命令部队攻打敌人的一个阵地，我们瞬息之间攻占了阵地，伤亡很少。”

停战之后，他被公认为把一切都献给了国家的战士。能重新过上市民的生活以及进入政界的人们中，几乎没有人能够夸耀自己为国服务的记录比汉密尔顿的更为卓越。

四

在约克镇谈判之后的几个月里，汉密尔顿当上了父亲和律师。他写道：“在前十个月里，我一直在摇着摇篮，学习着诈取我的邻人们的艺术。”他在政治上以及商业上的才能使他赢得了革命战争的财政家罗伯特•毛里斯的青睐。罗伯特要求他起草一份纽约州的财政报告。在很短时间里，他在州的政治生活中成为杰出的人物，并被推选为参加 1786 年在安纳波利斯召开的全国大会的代表。

在这次大会上，他成为十三州联邦宪法的重要支持者。在他提出建立由少数人统治的强有力的中央集权的国家机器的主张中，他开诚布公地承认：“常有的热情是野心和自私自利，利用这些热情是一个开明政府的责任。”

为了向纽约人民解释和“出售”新宪法，他以恺撒为笔名在《联邦主义者报》上发表了一系列文章。当意识到自己所犯的错误时，他痛苦地咬着嘴唇。恺撒！他的政敌立即抓住这个名字以及它所表达的愚蠢的哲学，以各种方式攻击汉密尔顿。

“这个短小精悍的家伙拥有与恺撒一样的狡猾，他那散发着香味的手套下隐藏着钢铁般有力的手。想想吧，甚至在战争结束之前，他就设计好了一个中央集权的政府，换言之，就是专制政府。”对于刚刚结束了战争并把自己从专制的压迫中解放出来的人民来说，这种煽动能使他们高兴吗?

汉密尔顿站在镜子前，向头发上洒着香粉，然后把头发结成辫子。为什么他应感到羞愧？一个人必须总是提倡有利于国家的政策，而不应拥护仅仅取悦于它的口号。他认真地把一朵花插入西服的翻领里。这就是人们在背后不断议论他的原因吗？“小心提防着汉密尔顿。他是一朵异国的花，会污染它所植根于其中的土壤。”他皱着眉头。这话多么富有诗意，又是多么的愚蠢！他宁愿被称为暴君——倘若人们一定要这么叫他，而不愿被叫作一朵花。就他的天才而言，没有任何静态的或像花一样的东西。

纽约州最终投票承认了宪法，但只是当汉密尔顿在大会厅里做了支持宪法的简短而有效的发言之后，宪法才勉强被接受。他很好地利用了机会。凭着一支笔和能干的政治走卒的帮助，他把曼哈顿的市民争取过来支持他的事业。然后，他开始面对纽约市倔强的上层居民。他说："我郑重地向你们宣告，绅士们，如果你们不是没有二话地认可宪法，那么曼哈顿、威斯切斯特和京斯县将退出纽约州并自己成立一个州，使你们这些人没有一个可以经营商业的港口。"这些话已经足够了，于是纽约州加入了联邦。

确实，汉密尔顿并不完全满足他所拯救的宪法。他曾希望仿照英国君主制和贵族院，设立总统和参议院，以维持其以生活的财产为基础来选择总统和参议员。不过，"无论宪法有什么缺点"，他却把它的实施看作他个人的胜利。他的一些朋友竟然称他为"亚历山大大帝"。他曾用其政治观点左右了的城市就是他自己的"汉密尔顿堡"。黄昏时，他站在窗前看着街上成千上万人组成的游行队伍，他们在庆祝新的国家政府的胜利，造船工人、铁匠、石匠们唱着歌从街上走过。他感到高兴，同时也烦恼。这些平民为什么庆祝？他讨厌这些暴民和他们的庆祝活动。难道这群人以为他们将统治这个新政府？他感到这个"有趣的"想法很可笑，"可怜的教徒！"

五

汉密尔顿走到桌旁，发誓绝不把他的国家未来的安全放在人民的手中。他刚刚被提升为华盛顿内阁的财政部长。这不是犹豫不决的时候，欧洲各国的君主们正用期待而贪婪的眼睛注视着美国的"愚蠢"试验。如果它难以存活下来，君主统治的时代则立即开始。

国外居心叵测的人们预言，美国政府会由于单纯幼稚的理想主义的泛滥而灭亡，但汉密尔顿则不以为然。“正如我们曾打败你们一样，我们的智慧也将胜过你们。这不是总有一天会失败的乌托邦式的实验。我们知道所有人并非生来平等。我们将要建立的政府将诉诸人类社会中的一个稳定因素——有影响力的人物的自私自利。我们的国家会比你们所希望的持续得更长久。”

为了给国会准备一个关于国家的新财政体制的报告，他一天工作长达十四个小时。根据所有强大国家的生存规律，美国也会生存下去。“这个政府会像所有的政府一样，将由少数人治理。”但在美国不像在欧洲那样，占统治地位的少数人不是占有土地的贵族，他们是占有金钱的贵族。过去是属于你们的，属于你们的国王和勇士，而未来是属于我们的，属于我们的贸易商和银行家。“我将把金钱所有者与政府紧密地联系起来，以至于他们个人财富上的成功将等同于国家财富上的成功。”

在独立战争期间，很多民众倾囊购买政府债券。当政府的金库濒于枯竭的时候，购买者发现他们需要现金；因此把债券低价卖给投机商人。汉密尔顿作为财政部部长进入内阁时，他认为“这件事涉及原则的荣誉，把原有价值完全归还于这些债券所有者有益于筑起金融政策的基础”。但是，这些补足的金额并未回到初次购买者的手中，而是进入了现时拥有债券者的腰包。“确实，可怜的人民的大部分金钱跑到投机分子的手中，凭着政府的大笔一挥，一个富人阶级又被创造出来了。但我们必须与这种邪恶妥协。政府总得依靠一些忠诚的拥护者，而新产生的金融家阶级将成为我们最强大的支持者。”

汉密尔顿的论证过程就是这样。“我将建议联邦政府，将各州在战争期间借贷的所有债务转到自己名下，由大家共同分担……这样，我将为每个人创造一份在国家政府中的投资。大家具有共同的收入，也有共同的责任帮助国家渡过难关。我要在国会上为这项措施争取必要的赞成票，即使我不得不将资金从北方调移到南方……”我将督促建立国家银行。这个国家银行将成为商人的政府、买卖和投资的政府。那些可怜的异教徒们把他们的商品贮藏在地窖里，把他们的钱财藏在袜子里，这些做法是不体面的。公民的全部财产应该拿出来公布于众。把积蓄存放在国家银行的公民，永远不会成为一个企图反叛的公民。”

汉密尔顿继续论证：“我已经向忠诚的银行家和投机商们保证，我将扩大我们的财富的基础，颁布一整套保护贸易的税则。这将导致一个新的工业阶级和商人阶级的出现。我将增加统治阶级的数量，因为只有在数量中才存在安全。”

安全由财政的措施创造出来，安全来自军队的建设和法律的严格实施。

他在图书馆柔和的光线中站了起来。

六

在内阁中与汉密尔顿并肩而坐的是国务卿托马斯•杰弗逊。当“小财务管家”的计划出台时，愤怒的火山在杰弗逊渐蓝色眼睛里爆发了，曾经起草过《独立宣言》的手颤抖地握成拳头。他对麦迪逊和门罗说：

这个人将成为美国的暴君。”汉密尔顿冷淡地打量着他的对手，心想：“他将成为暴君的小丑。”他有条不紊地纠合自己的同伙，准备迎接即将到来的生死搏斗。

他的笔从未像现在这样具有生死攸关的意义。杰弗逊办起一家报纸，试图发起群众运动，迫使汉密尔顿退出内阁，回到他的个人生活中。为了维护他的金融政策，汉密尔顿把一个又一个小册子当作炸弹投向战场。为了驱逐汉密尔顿，杰弗逊派最后策划出一个国会的议案，强迫汉密尔顿对他的财政费用作一个公开的说明。汉密尔顿对朋友们咆哮着：“杰弗逊惹出了麻烦，他已成为公众憎恨的对象。”不过，他还是向公众提交了自己的声明——洗清了自己，并博得人们的满意。

与此同时，国外吹来了恶浊的狂风——法国大革命！杰弗逊的信仰——人民是崇高的——受到考验。大街小巷洒满了像汉密尔顿一样反对自由、平等、博爱哲学的人们的鲜血。汉密尔顿辩论道：“什么哲学家曾真诚地指出，人民的声音就是上帝的声音？”当法国红色恐怖的消息传到美国时，他得意扬扬地走进杰弗逊的接待室，说道：“先生，你的人民是一群野兽。”归根到底，他承认，人民和贵族一样，都不是野兽。但是人民是一群受压迫，受剥削、饥饿、筋疲力尽的野兽。因而我们对他们的彻底放任比把他们饲养得腰肥体壮更危险。“富人的恶癖比穷人的坏毛病更能与开明的政府相投合。”

但杰弗逊远离社会的“有碍健康的显赫荣华”，坐在暗淡的烛光旁，拒绝放弃对人民的信仰，真是个顽固的狂信者。

当法兰西共和国的特使来到华盛顿，要求美国人民明确地站在法国人民一边、反对世界的反革命势力时，汉密尔顿与杰弗逊又一次在内阁会议上相遇了。汉密尔顿坚持认为，美国作为中立国，必须拒绝参与外国纠纷。但杰弗逊禁不住问道，难道法国没有派拉法埃脱参与美洲纠纷并帮助我们？“人民反对独裁者的战争不单纯是欧洲或美国的事情，它是全世界的事情。”

汉密尔顿跳了起来：“你没有权利明里坐在内阁中，暗里雇佣亲信，在报纸上进行下流的攻击，对抗制定出的法令！”

“什么，先生，你轻视普通民众吗？”杰弗逊反驳道，“你为什么竭力把我们主持正义的美梦变成追求金钱的噩梦？”

当华盛顿支持财政部部长的对外政策时，杰弗逊愤怒地辞去了内阁中的职务。整个“汉密尔顿堡”为此欢呼喝彩，“小狮子”赢得了巨大的胜利。“你已把这个可怕而卑贱的反动者从政府赶回到属于他的街道里了！”

财政部部长仍留在内阁中。他凭着铁的手腕参与国内的事物。他征收酒类直接税。西部宾夕法尼亚州的农场主们为此掀起了暴动的浪潮。他们连续召开群众大会，决心抵抗，拒不交税。华盛顿总统犹豫不决。汉密尔顿请求道：“让我率领军队出征吧！”

汉密尔顿出发了，不久之后，农场主们被迫解散并交上酒税。在办公室里，汉密尔顿又一次微笑了，“要使美国永久存在下去，总得有人骑在马背上”。

“倘若你想扮演这一角色，亲爱的亚历山大，”凯蒂•利文斯通说，“你必须牢记这点：这位骑在马上的人迟早会遇到一支劲敌，他很可能从马背上摔到地上。”

“不要担忧我的将来，为了我的家庭，我马上辞去政府中的职位，回去做一名私人律师。”他悲哀地轻声笑着说，“由于抛弃旧业，担任年薪三千五百美元的政府工作，我损失了很多钱，我想我的敌人没有意识到这一点。我为国家赢得财富，而自己却一贫如洗。”

他退回到私人生活中。但事态带着讽刺性，打了油的轮子迅速滑向了另一侧，支持他的群众仍把他看作是联邦党的创建者和化身。但有一个人在默默地追求着最高的权力，他拒绝在党的统治集团里担任第二把手，这个人就是约翰•亚当斯。他曾是大陆会议的代表，《独立宣言》的起草人，十三州联邦的驻英公使，在华盛顿总统的第一任期内，他当选为副总统。汉密尔顿离职时，他当上了美国总统。他曾默默地观察汉密尔顿所控制的党的发展，知道财政部部长曾在背后操纵，竭力阻碍他通向总统职位。他怀疑——有适当的理由——他的内阁成员都曾在纽约向这个“小狮子”发过誓。他带着恶毒的感情在私人笔记中写道：“汉密尔顿是参议员、众议员、各部部长和华盛顿将军的总司令，甚至，如果你愿意，他也是美国总统的总司令。”

很明显，联邦党里一寨容不得二主，一系列政治上的微小冲突导致了两人之间的最后决裂。

最后一次冲突源于美国政府在国际上的地位。尽管华盛顿总统在对外事务上宣布中立，但美国与法国的关系已十分紧张，几乎到了决裂的程度。美国正准备建立一支大军，防止可能爆发的法美战争。汉密尔顿向华盛顿将军的副手申请当一名委员会副手。但亚当斯为了发泄他的怨恨，提升陆军部长顶替汉密尔顿到委员会里。

法美战争终于没有成为事实。但联邦党已在党内宣布战争要进行到底。汉密尔顿又撰写了许多小册子反击亚当斯对他的冷落。在文中他对总统的人格的攻击比他曾经进行的对托马斯·杰弗逊的攻击更为下流。这是一个成败攸关的疏忽，因为攻击发生在国家大选的前一天晚上。他本想朝自己私敌的脸上吐痰，却咬下了联邦党的鼻子。汉密尔顿自己生动地说："我第一次丧失了一个政治家的头脑，而耸起了驴的耳朵。"

由于反对出版自由的限制法案已经激起公众的不满，联邦党人内部也公开地彻底分裂，相互间进行着愚蠢的斗争。杰弗逊派很快抓住这个可乘之机，在缝隙中塞进楔子，加宽裂缝，使联邦党内各派之间分裂的距离更大了。在投票处，他们的两个候选人——阿伦·伯尔和托马斯·杰弗逊——获得了最高数目的总统选票。两人实力均衡，票数相同。按照宪法，最后的选举结果由众议院的投票处决定。但众议院的大部分选票控制在联邦党人手中，因此，作为联邦党首领的汉密尔顿操纵大选。

当众议院的首领们指名要汉密尔顿作出决定时，他泰然自若地宣称："我对阿伦毫无成见，但他是政治上的蛊惑人心者，有着过度的个人野心，完全不适于担任如此高职。我对托马斯·杰弗逊毫无偏爱，但他诚实正直，我提议让他就任美利坚合众国的总统。"

七

清晨，小船载着这位身负重伤的人缓慢地渡过了哈得逊河。胡萨克博士向下望着。“从杰弗逊参加选举那天起，亚历山大•汉密尔顿参加选举那天起”，他对潘得莱顿说道，“亚历山大•汉密尔顿就注定要死。两年之后，他阻止阿伦•伯尔继任纽约州长。阿伦•伯尔动辄便为一些无甚必要的琐事而毫无顾忌地杀人。他正等待用武力解决他与汉密尔顿之间的不和。”“这个汉密尔顿是个古怪而又咄咄逼人的家伙。”

他们渐渐靠近纽约并登岸。“多年来，他知晓伯尔家庭的生活和政治生活。他完全相信伯尔是个无耻的煽动者，是一个会毁坏国家的恺撒。潘得莱顿先生，我们可以同意或不同意汉密尔顿的思想，这是美国人的特权。但这个行动比任何哲学都更有说服力。采取这种行动是一个美国人的责任。”

责任……空气湿得似乎可以拧出水来。热力渐渐消散其狂热，进入地缝里。潘得莱顿先生拿出他的鼻烟。“他对人民有些苛刻，先生，他坚信人民在取得自由之前要交税，在争取权利之前要履行责任。”他极目远望平稳的河水，“这个国家将成为一个生意兴隆的商店，只要我们以她的方式偿还我们的债务。”

亚历山大·汉密尔顿生平大事简表

1757年——生于西印度群岛。

1769年——进入他叔叔的账房工作。

1772年——来到纽约。

1774年——进入皇家学院。

1777年——成为华盛顿的参谋。

1780年——与伊丽莎白•斯凯勒结婚。

1782—1783年——在大陆会议中任职。

1786—1787年——作为代表参加立宪大会。

1787—1788年——在《联邦主义者报》上撰写一系列文章解释宪法。

1790年——被任命为财政部部长。

1795年——退出公职，作为律师重新在纽约开业。

1800年——阻止阿伦•伯尔想当总统的企图实现。

1804年——在与阿伦•伯尔的决斗中被打死。

约翰·亚当斯

John Adams

（1735—1826）

一

这孩子生来就具有抗拒的天性和尖酸刻薄的舌头。他的孙子亨利·亚当斯写道：“多少代以来，他的前任们就把世界看作一个有待于改造的对象，充满了应该被消灭的邪恶势力。”多少代以来，这个家族已习惯于把参加正义运动理解为一种快乐。

他在新英格兰的气候里度过了少年时代，经历了六月阳光的抚爱和十二月狂风的吹打。他的性格就像新英格兰的天气一样是矛盾的——两种互相冲突的兴趣共同栖息于同一个身体内。他生来具有“三只眼睛——两只眼睛观看外界，一只眼睛注视内心”。由于过度专注的凝视，内部的眼睛逐渐失明。

他父亲是马萨诸塞州布伦特里的农场主，忠厚而保守。他送儿子到古典文科中学学习古典文化，然后又把他送进哈佛学院。在这里，他完成了学业，做好了进入神学院的准备，此时他刚满十九岁。

作为一个青年，他表现出严格的责任感，同时偏爱两样东西——

"令人兴奋的酒杯，让人陶醉的亲吻"。至于他年轻时放荡行为的细节，"我既不想描绘其特征，也不想一一列举……这对死者和生者都是一种亵渎"。不过，他毕竟没有沉溺于这种荒唐行为之中。"我愿意说明这一点：她们都是谦和而善良的姑娘，总是保持自己的品格。"他能够像家族和传统所期望的那样过那种清教徒的生活吗？"我的舌头和脾气都难以控制"，还有"烦躁不安的"和"非清教徒的"本性。"当我看到自然的奇迹时，我不禁心荡神驰。"这是一种浪漫诗人的喜悦，而非严肃的先知的快乐。

然而，他身上的严肃质朴的祖先遗传因素拒绝自动妥协。良心无情地折磨着他。他在日记中一次又一次地写道："整天到处闲逛，百无聊赖……这个星期一直没有一点新打算……一如既往地虚度光阴……"一次，他情绪激昂地写道："为什么我不能把桌子上的所有报纸和书籍全部拿走，只取其中一本阅读、思考到深夜，既不想用笔墨来写信，也不取下任何其他的书籍，更不去想念姑娘们？"尽管如此，当时他每天用在读书、写作和研究方面的时间不少于 16 小时！他带着苦涩的幽默感评论道："我相信，我是个热情的清教徒。"

完成学业之后，他接受聘任，在沃塞斯特（Worcester）的文法学校当教师。但是他不喜欢教师工作，与"一群只能说出 ABC、令老师心烦的小孩子打交道"。只有一个职业能够有助于发展他那早熟的天赋——冷嘲热讽的口才，这一职业就是法律。

他进入普特南的法律事务所，一边嚼着烟叶，一边看着法律书籍。他与威茅斯镇一位牧师的女儿结了婚，新娘名叫埃彼格尔·史密斯。他大声朗诵奥威德的《爱的艺术》给一个邻居的妻子听，然后在日记中不安地写道："我认为无论对一个律师还是对一个男人来说，这都是一个转变的重要时刻。"

在他的灵魂深处，酷暑与严冬之间已经开始了伴随其一生的斗争。他的孙子亨利·亚当斯说："夏天意味着热情的放纵，而冬天则代表为生存而冒险。"

二

约翰·亚当斯事务繁忙。他家乡的人们无情无义，喜欢攻击和中伤别人，这一特点被写进新英格兰的谚语中——"像布伦特里人一样喜好诉讼"——从而流传百世。小小的法庭里，起诉、应诉的铃声不绝于耳，直到亚当斯疲倦地说道："大地在呻吟，石头在哭喊。"他被困扰在这些琐碎的诉讼案件中。波士顿的同行们看着他轻蔑地说："他不过是个微不足道的律师。"

于是，亚当斯迁居到波士顿，抢走了他们的大部分生意，从而对这些批评者们进行了报复。他能言善辩，才思敏捷，成为殖民地"大企业"家们的委托人。他们反对国家的垄断集团，他理解并同情他们。

亚当斯的波士顿委托人们用这样的话表达他们对英国政府的不满："英国殖民者在这里增殖的财富和人口数量足以与欧洲的英国相抗衡。但是，为了维护自己的商业和势力，英国人通过了一系列《航海法》，根据这些法案，殖民地被禁止建立任何能够与他们竞争的新制造业……除了在少数地区之外，殖民地被禁止在任何不属于大英帝国的港口进行自由贸易……同时，根据这些法案，殖民地被禁止与外国通商……”

美利坚商人们坚决维护他们自由贸易的权利，为了达到目的，他们甚至不惜借助于走私。同时，他们深切地憎恨《援助条令》，它由马萨诸塞的皇家法院颁布，条令允许皇家官员搜查殖民地开拓者的住宅，查找走私商品。

亚当斯在为委托人们战斗的同时，体味着他们面临困境的心情。在自由贸易方面他们的主要尝试之一是走私糖浆。“当每一加仑糖浆和甜酒生产出来并受到殖民地四百万居民的热烈欢迎时，我虔诚地祈祷——愿上帝宽恕我们！”

当英国人把税收制度扩展到连邮票也要收税的地步时，人们的怨言已发展成一场维护原则的运动。殖民者认为，这些税收加起来等于没收了的财产。英国的国会有什么权利越过大海去没收美洲人的财产？英国的任何立法机构有什么权利在没有一个美洲人作为代表在场时，为美洲的殖民地颁布法律？

因此人们抵制《印花税法》，在一段时期内，似乎所有业务都陷入停顿。约翰•亚当斯极为忧郁。“遗嘱检验所关闭了，海关也关闭了，法庭也关闭了门，所有行业都停滞了……我刚刚启航，禁运令就发出了。”

他不想招惹任何麻烦，只对获取生活必需品感兴趣。当他得知城市议会指派他为法律顾问去请求总督取消《印花税法》时，他丝毫不感到震惊。殖民地的贵族阶层中英国人占优势，法院里情形也是如此。而他，约翰•亚当斯，应该支持一场叛乱运动吗？

他陷入了极度的思考中。在日记里他写道：“星期天，与家人在一起，冥思苦想。”在圣诞节的早晨，“待在家里，思考、阅读、研究并为这不得人心的税收制度而担忧。”

马萨诸塞州的皇家总督也在思考着，他通过自己的一位助手捎给亚当斯一个谨慎的建议：“他愿意接受海军法庭的首席律师职位吗？”言外之意非常明显。这个职位是“导向最有利可图的生意的可靠前提，是获得王室宠爱与提升的第一步”。坦白地说，这纯粹是一种贿赂。约翰·亚当斯谢绝了这个建议。

对于亚当斯来说，这是个危险的决定，他心里也十分清楚。透过家里的窗户，他每天都能看到哈奇逊总督指派的“红衣士兵”在波士顿的柏莱特广场“维持秩序”。“两年来，一看到门口的士兵，我就感到情形十分严峻，我所面临的危险完全呈现在我面前。”这些“红衣士兵”就是压迫和暴虐的红衣象征。“无论如何，我都严肃而慎重地决心遵循支持我的祖国的原则，我的祖国是我所了解的唯一的国家，也是我的父亲、祖父和曾祖父们所了解的唯一的国家。”但同时他拒绝参加由煽动反对英王的人们组成的城市议会，也很少发表演说。这对于冷静地克制自己是很有裨益的。

与此同时，美利坚的“独立者们”正为不可避免的战斗准备着。每天晚上，一个自愿结成的队伍——“自由之子”——大胆地在亚当斯的窗前列队游行，吹着笛子，敲着大鼓，应和着英国士兵的军乐。但在 1770 年 3 月一个寒冷的夜晚，所有音乐突然中断，代替它们的是枪炮声和群众愤怒的喊声。

士兵与市民之间发生了一场混战。混乱中的一些英国兵不知所措，胡乱开枪，五个波士顿人被打死，还有六人负伤跌倒在地。顿时警钟长鸣，街道上挤满了愤怒的男男女女，一场大屠杀发生了。英国军队子弹上膛，默默地站着。最后，哈奇逊总督赶到现场，一本正经地保证说，犯罪的士兵被予以逮捕，并受到相应的惩罚。这时，围观的人群才散开。

在后来几天里，普雷斯顿上尉和他的八名士兵被指控犯谋杀罪。但是，谁会当他们的辩护人呢？似乎没有一个波士顿人愿意到法庭上为他们辩护。

一位愤怒的市民走进亚当斯的律师事务所，对他说："我从一位十分不幸的人那里给你带来一个口信，普雷斯顿上尉希望得到一个辩护律师，但未能找到。我曾拜访过昆西先生。他说，如果你亚当斯先生愿意帮助他，他将为普雷斯顿辩护；如果没有你的帮助，他肯定不会担任辩护律师。如果你不参与此事，甚至奥克马蒂先生也会回绝此任。"

亚当斯用沉着的目光打量着他，说道："在自由的国度里，弗莱斯特先生，辩护人应该是被告人所需要的最后一件东西。犯人有权要求公正的申诉。我们为所有人——无论是我们的敌人还是我们的朋友——的权利而战。我要办这个案子。"

普雷斯顿被免除了谋杀罪的指控，因为没有证据表明是他曾下令开枪。八名战士中有六名被释放，因为犯罪证据不充分。其余两名战士宣称，他们开枪杀人是出于自卫，于是被判处杀人罪，但免除死刑。

许多年之后，老约翰•亚当斯写道："美国历史上最重要的事件，既不是莱克星顿或班克山战役，也不是康华利的投降，而是发生于

1770 年 3 月 5 日国王大街的惨案。”

三

波士顿人重新变得冷静、节制，以至于认识到了亚当斯的智慧。大多数民众选他为马萨诸塞州总法院的代表。

当他骑马在法院周围转悠时，酒店里、路边客栈里以及铁匠铺里等着给他的马蹄打掌的人们的喧闹声传到他的耳边。一次，当他在一个十字路口下马时，一个人冲过来抓住他的马镫，喊着他的名字，使他大为惊异。“亚当斯先生，作为一个自由的人，我尊敬您，愿上帝保佑您！我要追随在您的身旁，至死不渝。”

他仍然经受着原有的矛盾斗争——他对美利坚的热爱和对英国的忠诚之间的冲突，这种斗争正危及他的健康。“我太疲倦了”，一天，他这样对詹姆斯•奥狄斯（James Otis）说道，这个不懂交际语言的爱国主义者说出了肺腑之言。

奥狄斯向他投注了令他羞惭的一瞥，“你疲倦了？一年的忙碌使你疲倦。你从布伦特里来到波士顿，耷拉着脑袋走在这里的大街上，像个九十岁的乡下老头，你一心一意地想着一个唯一的念头——怎样赚得足够的钱去过安稳平静的生活！”

钱？不，不是因为钱。他并不贪心，他只是不能下定决心，不能确定自己生活的方向。“我孤独地四处闲逛，默默思考，郁郁不乐。我常常沉溺于不切实际的空想中，胡乱涉猎各种知识。对我的理解力而言，我面前的目标过于辉煌、过于多样……”

但是当英王的政府封闭了波士顿港，人民面临渐渐被饿死的威胁时，人们的呼声终于传到亚当斯的耳朵里，他理解了这种呼声并作出回答，尽管他的心情仍十分沉重。他被任命为马萨诸塞州的代表之一去参加在费城召开的大陆会议（1774 年），尽管对自己完成这一重任的能力表示担心，他还是接受了任命。“我感到自己难胜此任。我们所有人都难胜此任。我们在才能、学识、经历和财富等方面有所欠缺，所以使得事情发展到了这种灾难的地步。”他接着说道：“但愿上帝赋予我们智慧以渡过难关！”

在八月，他辞别家人动身去费城。他这是第一次走出新英格兰地区，因此饶有兴致地观看着路上的行人和四周的风景。他从纽约写信给埃彼格尔说：“我受到了热情招待，但是从我来到这里至今，尚未看到一位真正的绅士，一位教养良好的人。”相反他听到许多关于新英格兰的“清教徒谋杀犯”和“以莫须有的罪名进行政治迫害的人们”的议论。他非常痛苦地注意到，在殖民地中间存在着没有责任感和不团结的气氛。他到达费城时，发现大陆会议的重大决议将在堂皇的欢宴上提出。当战争的阴云正在聚集成世界上最大的风暴时，葡萄酒将打开智慧的大门。

亚当斯在给妻子的信中写道：“昨晚我们喝到深夜十一点钟。李和哈里逊都身材高大。”在另一封信中写道：“又是一个罪孽深重的宴会，海龟汤、燕麦粥、果子冻，二十多种甜食、甜饮料、蛋羹，奶油、杏仁、梨、桃、白葡萄酒、香槟酒、雪利酒等等应有尽有。”据亚当斯所言，殖民地的叛乱者们的格言是——“烂醉如泥才能证明你是个男人，如果可能，让他们绞死你吧！”

四

大陆会议对我们来说不过是历史上最重大的决策机构之一，今天我们评价它，不是根据其缺点，而是根据其作用。大陆会议推举它的一位会员乔治•华盛顿任美利坚大陆军总司令。1776年夏季的一天，大陆会议投票表决“美利坚各殖民地是而且理应是一个自由、独立的国家”。在漫长艰苦的战争年代里，这个机构提军费，领导着人民团结一致地共同奋斗。

但是人很难成为其同时代人的先知。亚当斯给埃彼格尔写信谈及对不同的辩论者的印象时，他那一贯尖刻的笔调更加恶毒。“拉特利奇有个讨厌的习惯，耸肩、扭身、晃头、翻动眼珠、用鼻孔说话。”宾夕法尼亚的谢尔曼“身体僵硬，动作笨拙，硬的像一块硬麻布，笨拙得像个年轻的单身汉或大学生”。其他成员中大多数都“缺乏判断力”。他们的举止“与文雅正好相反”。

这位直率，面色红润的新英格兰人对大多数代表以“怯懦态度”看待与英国的斗争而感到震惊。他一做出决定就坚定不移，对于那持异议的人他不能同情。经过几番犹豫和担心之后，他终于得出结论，殖民地必须为独立而战。“绝大多数的代表们看到流血场面就惊恐万丈，”他怒吼道，“不过他们反对屈服、投降。”当他听到人们喋喋不休地为调和辩护时，他激烈地反驳、怒吼，以至于面红耳赤。

调和的时机过去之后，流血事件在远处的康科德和莱克星顿的许多路上发生了。大陆会议发现自己突然面临着美利坚参加战争的现实。亚当斯严厉地说："我们并没有促成事变，是事变强迫我们采取行动。"

但仍有一人要求顺应时势，采取调和的方法。其中一位是宾夕法尼亚的约翰·狄金森，他"害怕迈出最后一步"。约翰·亚当斯写信给埃彼格尔说："狄金森的母亲一直神秘神秘地写信给他。'约尼（约翰的爱称），你要被绞死了，你的财产将被没收充公，你会抛下你的贤妻，使她成为寡妇，使你那可爱的孩子们成为孤儿、乞丐'。"

"感谢上帝把我的妻子赐予我，"约翰·亚当斯想，"如果埃彼格尔向我说这样的话，会使我感到沮丧的。"

所以，当大陆会议争执不休，农民在莱克星顿、康科德和班克山流血牺牲时，亚当斯则坐在那里思考和观察。仁慈的上帝，这些代表们必须达成几项最后的协议。这场斗争必须由局部的争端上升为全民的反抗运动。

最后，他从座位上站起来。七年以来，他是波士顿唯一一个能够认清形势的人。他曾经抵抗住舆论的大叫大嚷，保护过英国战士的生命，并且他又一次把握住了这一时刻的历史意义。关于由谁担任美利坚驻扎在坎布里奇的大陆军总司令的问题，已经出现一些混乱的争论。大陆军中主要成员是新英格兰人，办事员和雇工讨论当中占优势的看法是，马萨诸塞州的约翰·汉库克应该就任总司令。

约翰·亚当斯提议，新英格兰军队应由弗吉尼亚人乔治·华盛顿上校率领。他的建议产生了惊人的效果。主持会议的约翰·汉库克先生从座位上跳了起来，马萨诸塞州的全部代表都惊异地看着亚当斯。在这种党派之间互相戒备、发生局部争吵的会议上，一个新英格兰人会推举一位弗吉尼亚人，这真是不可思议，而且这位弗吉尼亚人最后被绝大多数代表认可了。仅仅凭借一个大胆的提议，这个精明的新英格兰律师就把这些殖民地变成了一个团结协作的整体。他写道："这场战争不再是马萨诸塞州自己的事情……整个国家此时像我们一样投入到战争中去了……我们将生死与共。"

不过，亚当斯拒绝把自己看成一个叛逆者。"我讨厌这个名称，我应该被称作自由公民和爱国者。""保守派才是叛逆者，因为他们反对自己生活于其中的国家的利益。"约翰•狄金森是个叛逆者，约翰•亚当斯是个美利坚人。"

美利坚的爱国者们决定撰写一个宣言性质的文件。亚当斯想找个人起草宣言。他已选中一个弗吉尼亚人担当此任。为什么不再选一个弗吉尼亚人呢？"汤姆•杰弗逊,你是起草宣言的合适人选,为此,你的名字会流芳千古。"

"但这件事应该由您自己去做。"学者答道。

"荒唐，我不受欢迎，不被信任，所以你写比我写好十倍。"

1776 年 7 月 3 日夜晚，在昏暗的烛光下，亚当斯坐在闷热的阴影中，凝视着手中的笔，"是的，埃彼格尔，昨天，我处理了曾在这里引起过争论的重大问题……你想知道签署文件的代表们是如何表现的吗？"犹豫片刻之后，继续谈论着严酷的事实。"几个月来，大多数代表不断反对这个宣言，到最后的时刻已有许多人被疑虑折磨得心烦意乱……当签字的时刻到来时，我看到的只有他们的心！还有几个绅士神情恍惚地举起双手，恐惧地向苍天呼喊。"

五

生来就具有反抗本性的约翰·亚当斯，完成了使大英帝国从美洲消失的事业。从现在起，他将面临严峻的考验——他是否有能力参与建立新兴的美国社会。当最后一场战役正在战场上进行时，他作为特使被派往法国，还与荷兰谈判贷款事宜。战争结束之后，他与本杰明·富兰克林以及约翰·杰伊一起在和平委员会任职。这真是莫大的讽刺！这位美国独立战争的造反头子如今当选为第一任美国外交使节，前往乔治三世的宫廷！这是约翰·亚当斯非常喜爱的角色。“在整个英国，我是最不受欢迎的人。”他在众目睽睽之下走过街道，把自己拘谨地介绍给英王，当英国痛苦得脸色涨红时，他却快乐得难以自禁。

但当他回到美国时，他发现自己处于一种不寻常的情形中。他已成为要人，因而不适于在地方开业做律师，而当时已不再有革命发生，他发觉自己难以适应平静的气氛。此外，他发现，在美国有一些名字比他自己的更伟大。比如乔治·华盛顿。这个性情暴躁的新英格兰人从斜眼看世界转变为完全闭起双眼。难道不是他树起了华盛顿？难道不是他的政策赢得了战争的胜利？美国之父不是华盛顿，而是他，约翰·亚当斯。在他的灵魂深处，原有的夏日与冬天之间的冲突重新苏醒。国家似乎已经进入命运的春天。他也要推开雪铲，享受花朵的温馨。人民挑选华盛顿作为新政府的总统，让亚当斯坐第二把交椅。他将向人们表明，副总统也能演出辉煌的戏剧！当首都等待着华盛顿的到来时，亚当斯则坐在天鹅绒的罗伞下，“对自己的富丽堂皇感到有些眩晕”。一些不友好的人已经开始批评他“铺张浪费”。他的虚荣心确实滑稽可笑。他认为，这个新国家必须是一个华贵的共和国，他与总统周围应聚集着衣着华丽的人们，身后应有盛大的队伍跟随，其中有侍从、助手、管事、礼宾官等。后来听说华盛顿总统将作为“总统先生”而非“至高无上的陛下”发表演说，亚当斯惊愕不已。“仁慈的上帝啊，发表演说的简直像个消防队队长或板球俱乐部的主席！”

他悲哀地了解到更多的事情。比如，作为美国的副总统，他的工作单调乏味。他目光忧郁，但舌头仍像以往一样尖刻，他说：“我的国家为我设置的职位，是人所创造或想象出来的最卑微琐碎的职位。”他曾以在议院辩论为乐，但现在作为参议院中的仲裁人，他对其他人的争论保持着一种假装的沉默。

既然他不能训练自己的口才，只好继续在写作中寻找安慰。联邦党正通过立法，制定与他个人的保守观点极其吻合的制度。在他写的小册子和信件中，他让人们了解到，他与汉密尔顿一样，对“暴民统治”冷嘲热讽。在随后几年里，他与汉密尔顿一起成立联邦党并成为领导人，把律师的思想注入金融家的灵魂中。他写道：“把钱财赐予大多数穷人，无异于把羔羊送给豺狼。我的基本原则是绝不把羔羊托付给豺狼看管。”对于这种保守观点，亚历山大·汉密尔顿只能说：“阿门”。

六

华盛顿两届任期结束以后，联邦党的强大势力足以把约翰·亚当斯选为总统。但亚当斯并不满足。华盛顿曾得到全体人民的一致支持，而他，约翰·亚当斯只是一个党派的有异议的候选人。他知道，在联邦党内部，有两个人极力反对他。汉密尔顿就是其中之一。“他竟敢与我作对！”亚当斯喊道，他的火山般的脾气爆发了。他那深邃的眼睛由于过度专注于单一的对象——他自己——而发红了。渐渐地，他把自己看成不可缺少的人。在给朋友的信中，他写道：“如果反对我的计划成功了，我们的宪法将不能维持四年。”当他不再能够认识到自己的不足，也看不到他人的优点。在最伟大的荣誉的包围中，他开始滋生对所有人的敌意，同时所有人也对他产生了冷淡的敌意。当他骑马去参加就职典礼时，他感到“像一个爱国者走向流放地”。

他的总统任期犹如寂寞孤独的朝圣旅程。他是人人咒骂的对象。杰弗逊派指责他“思想过于保守”，汉密尔顿派则攻击他“说话过于随便”。他从未像现在这样表现出招致敌意的伟大才能。他提名作为内阁成员的人都是他的秘密敌人，他们一直向他的政敌们泄露他的内阁机密。

与此同时，国际局势即使对于任何一个性情不像亚当斯那样暴躁的人来说，也是难以容忍的。法国对美国的独立事业做出了巨大贡献，但在法国的独立斗争中，美国却报之以“不可原谅的美国式的冷淡”。法国受到这种刺激之后，准备向美国开战。法国并未等待美国的挑衅，而是采取主动，它破坏美国贸易，侮辱美国使节。当亚当斯派出特使到巴黎。谈判停战事宜时，塔莱朗（Talley rand）无耻地索要一笔贿赂作为谈判的预备费。美国，这个已经宣布在欧洲事务中保持中立的热爱和平的合众国，为了保卫其保持中立的权利，似乎不得不参加战争。这个时候需要勇敢的精神和冷静的头脑，但“亲英的联邦主义者”缺乏这两样东西。他们把即将到来的战争看作是粉碎依靠法国的杰弗逊派的政治时机。但亚当斯意识到，在刚刚结束与英国的大规模战争之后，就进行另一场战争，只会给国家带来灾难，所以他坚持寻求一个和平的解决办法。他解散了好战的内阁，亲自挑选人员组成一个委员会，并把他们派到法国，他给他们的指示是，如果可能，尽量避免战争爆发。

他们成功了，所以联邦主义者指责他是个“胆小鬼、叛徒、绥靖主义者、亲法分子和杰弗逊派”。正如他痛苦地指出的那样，联邦主义者指责他，仅仅因为他对国家的贡献大于对联邦党的贡献。对于这位易怒的老政治家在危急关头又一次表现出来的令人吃惊的修养和节制，不仅没有人说一句鼓励的话，甚至没有人感到惊奇。

面对敌人的辱骂和朋友的沉默，亚当斯镇定自若，因为他不是从群众中，而是从自己良心的谦卑教堂中找到了自己的行为的正当理由。在他的国家生活中，在每个紧要关头，他都注定独自站在群众的反面。当总统任期结束时，他意识到自己已经把最后的希望毁灭了，他不能获得再次当选总统的荣誉了。由于他的独立行动，联邦党严重分裂，从而使他的竞争对手杰弗逊“几乎毫不费力地”当选为总统。

七

他在总统府里度过最后一个漫漫长夜。外面，整个国家正忙于准备迎接新总统的就职。受欢迎的人是托马斯·杰弗逊，而绝不是他约翰·亚当斯。

不过，“难道不是我把笔放到杰弗逊那只起草《独立宣言》的手中吗？……而且不正是我送给人民一个领袖吗？”他的眼睛闪着明亮的光芒，他回想起 1776 年 7 月中旬的那次会议，代表们激动地争吵不休，他，约翰·亚当斯站起来指出，只有一个人——乔治·华盛顿——适合做美国大陆军的最高统帅。他推举的这两个孩子都成了美国的拯救者，但他却从来不是。他孤独地站在漆黑的夜中。

但在明天到来之前，他还有时间创造出一个更伟大的美国人，此人就是弗吉尼亚的约翰·马歇尔。“我要使他成为最高法院院长”，他微笑着说。在正直的人手中，最高法院会成为维护正义的强大工具。他总是寻找正直的人。他，约翰·亚当斯不是个拯救者，而是拯救者的制造者。他的使命就是宣告一个救世者的到来，然后谦恭地退居旁边。

第二天一大早，当群众为看望新总统而聚集在一起时，年老暴躁的教友会信徒约翰悄悄回到家中，开始梦想新以赛亚。

约翰·亚当斯生平大事简

1735年——生于马萨诸塞州的布伦特里。

1755年——毕业于哈佛学院。

1758年——开业做律师。

1766年——出版论文集《殖民地的权利》。

1768年——移居到波士顿。

1770年——在审理波士顿大屠杀一案时为英国士兵辩护。

1774年——当选为代表参加大陆会议。

1775年——提议并推举乔治•华盛顿为大陆军总司令。

1776年——提议由杰弗逊起草《独立宣言》。

1778年——担任驻法特使。

1780年——就和平条约和对英贸易事宜进行谈判。

1785—1788年——担任驻英公使。

1789年——当选为美国副总统。

1792年——再次当选为副总统。

1796年——当选为美国总统。

1799年——通过耐心的谈判避免了与法国的战争。

1800年——再次竞选总统，被杰弗逊击败。

1826年7月4日——死于马萨诸塞州的昆西。

约翰·马歇尔

John Marshall

（1755—1835）

一

他的父亲是个战士和探险家，既没有饰有纹章的大衣可以炫耀，也不能把自己的平民出身同弗吉尼亚的贵族血统相比。只有妻子是这棵马歇尔家族大树上的金枝玉叶，因为她是苏格兰伯爵的后裔，她的家族由许多勇士组成，他们曾在英国历史上的一些伟大军事家的手下服务过。因此，这是个奇特而有力的结合——“新世界”红色血统与“旧世界”的蓝色血液之间的联姻。

约翰十岁时，父母从弗吉尼亚潮湿的木屋搬到了蓝岭（Blue Ridge）的半山腰。这是个可怕的地方，“有毒的杂草和印第安人的诡计”潜伏着，伺机袭击定居者。但玛丽·马歇尔安慰孩子们，特别是稍微懂事一些的大孩子，“不要害怕，约尼（约翰的爱称），昔日的先驱者已为我们指明了方向，而且，上帝会帮助我们的，我们也将为未来的开拓者指明道路”。

二

年轻的约尼热爱母亲，更崇拜父亲。汤姆·马歇尔桀骜不驯，曾先后担任过教区委员、郡长和弗吉尼亚州议员的职务，在帕特里克·亨利（Pa trick Henry）[①]勇敢地揭露英国国王对北美殖民地的不公正行为的那些永生难忘的日子里，他的心激荡不已。

回到家后，汤姆严肃地思考争论的问题。他曾听到传闻，说波士顿人把一船英国茶叶沉到了港口的水底，以及勒星顿的农场主把英国正规军赶出了二十英里。这些传说很快得到了证实。美国人在流血，马萨诸塞州正在打仗，那么弗吉尼亚州该站在何处是不言而喻的。

有一天他对约翰——此时他已二十岁了——说："儿子，别人告诉我，你是附近最好的枪手之一。"

"我不过是刚会一点。"

"你会需要它的，孩子，"他把从墙上取下的来福枪递到儿子的手中，"要同英国打仗了。"

"谢谢，爸爸，我将与您同行。"

三

民兵约翰·马歇尔和父亲的任务是协助占领伊丽莎白河上的桥，

① 帕特里克·亨利（1736—1799），美国革命时期最杰出的演说家和人民领袖之一。

抵抗邓莫尔（Dttnmore）[1]总督和弗吉尼亚正规军的进攻。父子俩一起加入弗吉尼亚第三军团，把手织布衬衫和鹿尾帽扔到一边，穿上了“大陆军”的蓝黄色制服。他们一起行军前往北方，帮助处境艰难的华盛顿。尽管途中挨饿受冻，父子俩却始终坚持在一起。

当时有许多父子一同从军，作为伙伴加入这种寻找自由的不安全的冒险活动中。昔日殖民地的父亲与未来共和国的儿子，在此时此刻的艰苦斗争的环境中成了同志。

约翰退伍时，战争尚未完全结束，但他成了很多传奇故事中的英雄。弗吉尼亚的许多人都知道老汤姆•马歇尔的儿子是个经过战争考验的了不起的人物，特别是他在艰苦环境中所表现出的坚韧不拔的意志，无愧为所有战士的榜样。约克城的年轻小姐们每每谈起他的英雄行为时，总是心潮澎湃，脸上布满了红晕。

尤其是一位珠宝商恩布勒（Amble）的三个女儿，当得知年轻的约翰•马歇尔——“佩戴着金光灿灿的肩章和穗带，携带着寒光凛凛的宝剑”——将光临此城时，兴奋得几乎一夜未眠。

可是，当她们被介绍给一位瘦高的个子，穿着不合体的粗布衣服，说话结结巴巴，走路踉踉跄跄的“乡巴佬”时，她们简直不敢相信。这太令她们懊丧了！但他确实具有一种不可否认的魅力。约翰经常来看望这些姑娘们，并给她们朗诵诗歌，声音悦耳，充满热情。此时，两位姐姐正低头织着毛衣，而她们的妹妹，玛丽，一个鲁莽、顽皮的十四岁的女孩却大胆地看着他，“我要同他结婚”，她决定了。

已经下定决心的玛丽，以年轻姑娘的聪明和勇敢挑逗他向自己

① 邓莫尔（1732—1809），美国革命前夕，英国的弗吉尼亚殖民地总督。

求婚。可怜的约翰，尽管经历了战争的考验，却抵不住一位小女孩的进攻。大橡树般的年轻人不堪一击，他发觉自己已不可救药地爱上了她。

然而她太年轻了，为了结婚他们必须等待。况且，现在正是他为自己选择职业的重要时刻。战友们曾说他生就了一颗法律的心灵，每当伙伴们发生口角后，坐在稻草垫上，听着这位从未受过教育的年轻人严密的逻辑推论，他们都心悦诚服，从未反对过他的裁决。“谁都会告诉你，你有律师应具备的一切才能。”

啊，如果站在博学的陪审团面前，以自己的智慧同弗吉尼亚最杰出的律师们对抗，那么他的玛丽一定会为他而感到自豪！

爱情最终推动他去从事法律业。约翰进入了威廉和玛丽大学，这所学校具有优良的传统和称心如意的习惯。有一条规定是这样的：“除了啤酒、苹果酒、掺水的威士忌或烈性酒与水外，餐桌上不提供其他酒类。”在炎热的季节里，学生们上课可以不穿外套、鞋或袜子，而对约翰·马歇尔来说，天总是很热。他上课很准时，并带着许多笔记本。但笔记本上几乎从未记下教授的名言警词，每页每行都是玛丽·恩布勒的名字。有倒着写的“玛丽·恩布勒小姐”，也有在空白边上胡乱涂画的“玛丽·恩布勒——约翰·马歇尔”，还有根据上百个装饰优雅的天使绘出的玛丽面部轮廓图。

最后他终于忍受不了了。他肯定她会把她的心和未来给予另外什么人，除非他真正获得一个谋生之道。约翰在威廉和玛丽大学的学习只是浪费时间与精力，因为他厌烦法律理论，他觉得自己对法律实践已具有充分的知识，完全可以去领取开业执照。于是约翰开始寻找委托人。

他申请进入律师界，并得到了批准。美国的法理学在革命之后简直不是学者的领域，而是探险家的行当。无须广博的学识，只要有坚韧的凭理智行事的性格和对人类情感的有同情心的洞察，以及勇往直前的精力，这些就是 1783 年从事法律职业的必要条件。除此之外，约翰•马歇尔还具备第四种有价值的才能，这种才能在那些长时间围着篝火讲述荒诞做事的探险者中是得天独厚的，这就是滔滔雄辩的口才。

对于这位奋斗中的年轻律师来说，有许多要求、许多事务，只是没有金钱。金钱是难得的商品，人们必须付钱才能获得土地和其他耐用消费品。在三年的时间里，马歇尔拼命地积累钱财，终于能够握住心上人的手了。他已经二十七岁了，新娘十七岁。当他付了牧师的钱以后，口袋里只剩下了一个基尼。

四

约翰•马歇尔的崭露头角得到了相应的报答。婚后，他家已属于弗吉尼亚最有势力的家庭之一。但他在职业上博得的深深的尊敬应该归因于他本人的天才，而不是他新获得的家庭关系。有一阵子，他以能言善辩而闻名于整个国家。

一位尊贵的客人从外地来到了弗吉尼亚，要在这里打一场官司。他四处奔波，想寻找一个合适的律师。旅馆的房东向这应客人推荐了约翰•马歇尔。“你看，他来了。”他们在走廊里谈话时，约翰走了过来。委托人打量着在大街上慢慢走过的律师，他衣冠不整，裤子没有烫过，头发蓬乱，鞋带也未系好，而且一手拿着帽子，一手拿着一袋樱桃，边走边吃。这就是著名的马歇尔先生！别人曾介绍给他另一位律师——法律界一位德高望众的“贵族”，戴着扑粉的假发，身披时髦的斗篷。此时，在这位客人心中对选择哪位律师显然是没有疑问的了。但在审理他的案子之前，他有幸旁听了“贵族”和“流氓”在法官面前的一场辩论。辩论刚一结束，他就对马歇尔说：“马歇尔先生，我犯了个可怕的错误，我已把一半费用给了我的律师。如果您能在法庭结束我的案子之前去吃樱桃的话，我会把留下的那一半给您的。”

但这位不幸的客人并不是唯一对约翰产生误解的人。律师界的许多成员，长期以来精通于对各种各样的人作出判断，然而他们对这位年轻的同事却觉得难以把握。他“在法庭上没有发号施令的态度，说话时情感含而不露，措辞严厉，手势笨拙，具有演说家的许多品质。总之，他是世界上最善辩的人”。寻找这种能言善辩的原因并不困难，约翰•马歇尔具有一种创造性的，甚至是超自然的能力——只要看一眼当事人，他就能完全地把握住。“他的才能不是法律的，也不是艺术的，而是理智的魅力，令听众无法抗拒。”无论多么复杂、多么困难的问题，“即使比‘多瘤节的橡树’困难十倍，天空的闪电也并不比他那令人惊叹的穿透力更迅速、更不可抗拒”。人们对他辩护时的逻辑力量，报以虔诚的热情。他的大脑用一连串迅速、简捷有力的动作对准一个事实猛击，“听众们屏住呼吸……每个句子都是切中要害的，每个思想都弄清了一个问题”。黎明提前来临，论据的关键部分逐渐成形，最后通过一个魔术般短语的突现，整个辩护发出耀眼的光辉。入了迷的听众则亲眼看见了一个奇迹——无生命的语言变成了活生生的肉体。

当然约翰·马歇尔的才华不仅仅显露于法庭上，而且使人们在新觉醒的国家的整个生活中都能感受到。他的同胞们尽管甩掉了英国统治的负担，但尚未肩负起建立自己国家的政府的责任。各州热心于自己的统治权，拒绝把任何重要的权利让给中央政府。虽然美国人口口声声坚持摆脱外国的控制，却允许他们自己“陷入有害的国内束缚”——无政府状态、软弱和分裂的束缚。乔治·华盛顿为了把同胞们引向希望的乐土，放弃了对个人自由的一切顾虑，认为一个强大的国家政府是实现人民真正自由的唯一工具。“因为只有当人们具有自愿地让出与公众利益相称的个人权利的勇气时，他们才真正是自由的。”

当华盛顿、麦迪逊、杰弗逊和其他政治学的学生们一起为美国的“共和政府”起草宪法时，大多数人们强烈地反对接受它。要想争取必要的九个州都承认这个宪法，就需要有支持者为之辩护、宣传，这些人必须具有伟大的心灵和雄辩的口才。

在弗吉尼亚人中能为宪法辩护的最突出的人物就是约翰·马歇尔。面对反对派的不断攻击，他开始了透彻而无可争辩的论证：“国家政府的目的是什么？是保护美国，促进公众福利。在战争年代，防御是其主要目标。人类只要存有贪婪和野心，战争就不会消除……尊敬的绅士们说我们不必害怕战争，但是看看历史……看看人类本性的巨大容量，它们都将告诉你，无防御的国家不可能是安全的。”

最后，弗吉尼亚的代表以十票的多数通过了宪法，马歇尔则回过头来继续在法律界工作。但他不再是个地方名人了，而成为闻名全国的人物。随着共和政府的建立和美国总统与议会的选举，对一种新型的美国人的需要出现了。这种新型的美国人应该具有政治家的才干，约翰•马歇尔就是这样的人。拥护联邦主义者亚历山大•汉密尔顿[1]主张，只有拥有丰富财产的人才能管理国家，他发现马歇尔也是个拥护联邦主义者。因为马歇尔是个律师，他的心灵自然地倾向于诚实而固定的保守性，不是波士顿、纽约和费城的拥护联邦主义者附庸风雅的保守主义，而是穿着破旧宽松的服装，用纯朴的土语说出至理名言的“乡巴佬的稳定性”。

马歇尔仍然保持着纯朴的感情，“他热爱乡村的普通的邻人，并为他们祝福。”

五

约翰•马歇尔的太阳迅速升到了顶点，他成为华盛顿总统外交政策的有力支持者。约翰•亚当斯继任总统后，又交给他一项使命，让他使头脑发热的法国革命政府与美国和平相处。当法国外交部官员在讨论事物之前无耻地向美国索要金钱贿赂时，马歇尔以要回护照回国作为答复。

他带着烈士般的荣誉光环回到了国内，又为议院服务了一段时

① 亚历山大•汉密尔顿（1755—1804），美国政治家。乔治•华盛顿时代的财政部部长。

间，最后接受了亚当斯总统内阁中的国务卿职务。

后来命运开了一个玩笑。从 1789 年政府建立时起一直掌权达十年之久的拥护联邦主义者现在发现自己已被迅速地抛弃了。1800 年到来时，托马斯•杰弗逊，这位为一切有财产的人所讨厌的候选人超过了亚当斯而当选了总统。这对于“农工党”来说是个彻底的胜利，因为他们不仅得到了总统、副总统的职位，而且在国会中赢了。对拥护联邦主义者来说，这等于一场革命。在这场雪崩面前，他们也许只能保留一个政府部门，这就是司法。当亚当斯任期将满时，他狂乱地为他的“拥护联邦主义的老战士”签署了一项永久任命书，任命他们担任国家的主要法律职务。至少，在法律的权威之下，财产原则会得到保护。

接着在最后一刻，亚当斯使出了他的绝招，寻找一个具有说服力的人作为美国宪法的监护人。他认定在这个国家里有一个人最适合于此项职位，他就是约翰•马歇尔。

这样，五十五岁时，精力仍然充沛并仍然喜欢名声游戏的约翰•马歇尔发现自己成了最高法庭——这在政府和法律的历史上都是个新机构的首席法官。他的职位没有先例，他的行动也没有指导。布莱克斯通（Blackstone）[①] 和曼斯菲尔德（Mansfield）[②] 的全部经验对他会有什么益处呢？在此之前，他甚至从未当过法官。现在马歇尔穿着法官礼服，感到一种与他童年时从舒适的木屋经由未知的小路

① 布莱克斯通（1723—1780 年），英国著名法学家、法官、议员。

② 曼斯菲尔德（1705—1793 年）。1756—1788 年任英国王座法院首席法官。

搬到荒凉的西部所经历的相同的无名恐惧。他又一次被邀请到未知的路上，开辟新的天地。这就是做一个美国人的痛苦和伟大。

毕竟一个人所必需的还是真切的正义感。这是他的政府的宪法，四百万美国人的权利和义务的定义不能用机巧，也不能用诡辩，而是必须用正义加以解释。

在 1789 年，当宪法变成国家的最高法律时，许多人公开预言并且他们中有些人怀有敌意——宪法在十年内必定失败。这些目光短浅的美国人从未理解过宪法起草者的严肃意图——其主旨不是教条，而是要保存理想的精神，保存从美国革命的留有伤痕的躯体中恢复过来的人类独立的灵魂。马歇尔领导下的最高法庭首次开庭时，他意识到了摆在自己面前的伟大的创造性任务。因为只有经过“哲学家——法官”的天才解释，把宪法由写在纸上的诗句变成活生生的思想之后，宪法才会变成有效的。

当首席法官穿上黑袍时，他的最精明的同事之一斯托里（Story）法官好奇地望着他。“他将通过诚实的眼睛看法律，”这位同事说，“我喜欢他的笑声，对一个阴谋家来说它太诚恳了。”

六

在三十四年的时间里，约翰•马歇尔看到了正义并使之融入美国宪法。在他的多数判决中，对于能够巩固美国大家庭的关系给予了充分的肯定。反对者们大声指责，说美国只是有数的几个当权者的政府，马歇尔回答说，“它是代表大多数国民意图的政府，”并且它已经通过最高法庭的决定而保留下来。

在向他提出的第一个重大案件中，首席法官马歇尔为了使“最高”法庭能名副其实而规定了一个前提，他正式宣布了判定国会行为合法性的最后权利。在后来的审判中，马歇尔通过肯定最高法庭判定由州立法机构所颁布的法规的合法性的权利，从而扩展了联邦政府的权力。在另一个具有历史意义的事件中，他进一步拓宽了中央政府的基本权力范围，他认为建立国家银行是与宪法精神极为一致的。实际上有些人指责他的决定中百分之九十具有“拥护联邦主义者的倾向”，以及他存心“将个人的民主变成国家的专制”。但这是他性格的缺陷（如果是缺陷的话），而不是其行为准则的错误。马歇尔特殊的性格类型使他总给人以诚实的拥护联邦主义者的印象。

然而在一个案件的审理中，必须承认，他的确允许自己屈服于偏见的火焰。那是审判阿伦•伯尔（Aaron Burr）的时候，杰弗逊内阁曾给他冠以叛徒的罪名，因为他试图在美国西部地区建立墨西哥人的帝国。

马歇尔主持审判。在感情上他对被告是完全公正的，但他终生都是托马斯•杰弗逊的政敌。正如拥护联邦主义者所宣称的那样，在前一次对伯尔的处理中，杰弗逊总统巧妙地安排了审判。恰巧在杰弗逊总统的就职典礼之前，马歇尔从约翰•亚当斯那里接受了首席法官的任命——共和主义的长舌妇们造谣说，这是为了“在人们的长手臂不能伸到的那地区确立联邦主义”。特别具有讽刺意味的是，新总统和首席法官从出身上来讲是一对“表兄弟”。在审判期间，马歇尔继续排挤表兄弟杰弗逊。伯尔曾经说过，他的辩护律师所必需的某证据在总统手中，因此要求总统应作为一个漂亮的先例。“美国总统不能要求这种例外。”于是，他给杰弗逊发出来传票。整个国家都在拭目以待将要发生的一切。巨人会向巨人屈膝吗？总统写了一个狂怒的答复，“宪法规定总统为六百万人民事务的代表，召唤他以个人的名义作证人是他最高的工作吗？”他在朋友中暗示要逮捕马歇尔，并把“整个爱管闲事的法庭”赶出这个国家。总统怒气冲天，言辞激烈。“尽管发生了这一切。”马歇尔的一个朋友对他说，“我相信你的传票是符合宪法的。”

“是的，”马歇尔苦笑着说，“我被迫在宪法的权威下发出命令，但在这个国家里没有任何权威可以使总统服从这个命令。”

七

在他的余生里，苏格兰伯爵和美国木匠的强大后裔们把他的判决带到了每个人的火炉边，他的思想几乎家喻户晓。通过这种方式“对他的财产、名声、生活及其一切”都做出了辉煌的肯定。每天清晨，这位杰出的联邦主义者带着共和主义者的纯朴，步行到市场，回来时手中提着一篮蔬菜。在雨季，马歇尔手里总是离不开一把褪色的绿伞；赶上晴天，他便在路边稍事休息，蹲下来卷起袖子自己钉鞋掌。

一次开会时（那是他的故乡弗吉尼亚为修订当地的宪法而召开的集会），马歇尔突然从法官的座位上跌倒了。他已经很老了，但他同最年轻的代表站在一起时仍显得很高大。他穿着长长的蓝色外套，脸上显示着天才，眼睛里充满了火一样的热情。

但是火势正在减小，肾脏的疾病已经把他压垮了。由于年纪太大，手术成功的把握性无法保证，医生告诉他，那将是个痛苦的过程。

“我对结果丝毫没有顾虑。我毫无活下去遭受我此刻正在遭受的痛苦的愿望。”

老马歇尔成功地从手术中活了下来，但他不能逃脱痛苦的折磨。他妻子的去世，接着又是大儿子的死，加速了老人的最后旅行。

七十二岁时，人们要求他写个自传提纲。老头以一个道歉开始：“我生活中的事件太不重要了，对于不属于我们家庭的任何人来说具有的价值太小，因此，不值得他们传播或保留。”

他写完了最后一行，在堂皇的仪式和赞美的言辞中安息了。

“他给你留下的最深刻的印象是什么？”在葬礼上人们问他的一位女亲戚。

“伟大的谦虚。”她答道。

约翰·马歇尔生平大事简表

1755年——生于弗吉尼亚州日耳曼城。

1776年——在大陆军中任陆军中尉。

1778年——在大陆军中任上尉。

1781年——获得律师资格。

1782年——进入弗吉尼亚州议会。与玛丽•恩布勒结婚。

1788年——作为立宪大会的成员讨论美国宪法的通过问题。

1797—1798年——作为特使去法国调整法美之间的贸易关系。

1798年——当选为美国众议院议员。

1800年——担任亚当斯总统的国务卿。

1801年——担任最高法院的首席法官。

1804—1807年——写作五卷本的《乔治•华盛顿传记》。

1831年——他的妻子死于圣诞节。

1835年——死于费城。

托马斯·杰弗逊

Thomas Jefferson

（1743—1826）

一

杰弗逊竞选总统时，他的一位政敌四处游说，为杰弗逊描绘了一幅关于“他性格的精湛肖像”。

“汤姆·杰弗逊……只是个卑劣的家伙，混血的印第安女人的儿子，父亲是个弗吉尼亚的黑白混血儿。正如邻居们所看到的那样，他完全是由玉米饼……腌猪肉、碎玉米粥养大的。即使偶尔换换口味，也只是吃点酱汁牛蛙肉，他在巴黎生活于法国人中间时养成了对这种令人生厌的爬虫的嗜好。如果他当选为总统，他会为了购买牛蛙而卖掉自己的国家……”

这位政敌接着说，杰弗逊不仅是个混血儿，而且是个无赖。“他曾骗取寡妇和孤儿的钱财”，并且——他继续说——他不仅是个无赖，还是个无神论者。“如果杰弗逊当选，婚姻会被废除，我们的妻子和女儿将被抛入妓院，儿童将被遗忘。想象力还能画出这比地狱更可怕的东西吗？”在他选举期间，美国妇女受到警告，如果不把她们的《圣经》埋进花园里，杰弗逊就要没收《圣经》，并以不贞的罪名烧死她们。

那么此时的杰弗逊在干什么？他正安静地坐在家里编辑《耶稣的教导》，对这些肆意的攻击他并没有做出反击的努力。“在我回答了一个非难的同时，又会有二十个无稽之谈被发明出来，”他说，“把恨转移给别人，是人类共有的弱点。”

政敌们恨他的政治观点只有一个原因，就是因为他要保护弱者反对强者。

二

从母系血统上看，杰弗逊是贵族的后裔；从其父系上看，他又是农场主和拓荒者的后代，因此，杰弗逊的遗传基因具有二重性。他的父亲，无论从品德上还是从身体上都可以称为巨人，曾对儿子表达了三个愿望：希望儿子拥有强健的体魄、古典式的教育和一颗温柔的心。尽管父亲过早地去世了，但他的三个愿望却实现了，因为他为儿子精心安排了一个良好的生活开端。汤姆跟着父亲学会了骑马、发奋读书和尽可能地“设身处地为他人着想”。

十七岁时杰弗逊进入威廉斯堡（Williamsburg）——他把它叫作“魔鬼堡”的威廉和玛丽大学。在这个“贵族总部”里，他过着刻苦用功、循规蹈矩多少有些寂寞的生活，经常骑马到乡下的农民或戴着熊皮帽、穿着鹿皮鞋和鹿皮裤的猎人家里做客，以便躲开那些“嗜好喝酒、赌博、猎狐的上等人”。汤姆把大部分时间用来拉小提琴，他非常喜爱音乐。一次，当他在朋友的屋子里睡觉时，“该死的老鼠”啃了他的皮夹子、“丝袜带和刚刚弄到的半打新的小步舞曲”，他抱怨说。然后他又和蔼地加上一句：“老鼠还将是老鼠。”

年轻的杰弗逊和蔼、魁梧、声音柔和、腼腆、脸上有雀斑、蓝眼睛、红头发，给威廉•斯毛博士（Dr William Small）——威廉和玛丽大学的数学教授留下了美好的印象，同时这位教授也为杰弗逊留下了同样的印象。“从他的谈话中，”杰弗逊多年后写道，“我得到了关于我们置身于其中的事物体系的最初观点。”幸亏斯毛博士，杰弗逊才熟悉了那个“名叫乔治•威特（George Wythe）的年轻律师”（他后来成为《独立宣言》的起草人之一）。杰弗逊说，这位不屈不挠的诚实人，在他心里激起了一种“温暖的爱国主义”情感和对“人的自然、平等权利”的尊重。

这就是杰弗逊的性格在形成时期所受到的一些影响。不过，在离开大学对，他的性格仍未完全成熟。对于未来的职业选择他还犹豫不决，不知道自己究竟应成为“律师、农场主，还是做个情人”。杰弗逊三者都要，他获得了律师资格，扩展了继承的农场，并开始向丽贝卡•布威尔求爱。在头两件冒险事件中他极为成功，却在第三件事情上败下阵来。丽贝卡与另一竞争者结了婚，因此杰弗逊那段时间里在“魔鬼堡”沉浸于“跳舞和与漂亮姑娘调笑的放荡生活中”。还好，杰弗逊在本性上不是魔鬼的弟子，他既不以抽烟、酗酒为乐，也不喜欢赌博。不久之后，他便发现自己与那些永久追求享乐的人不一致，于是他重新开始学习和工作，“每天平均工作十五小时”。尽管杰弗逊有大批仆人（因为在那个时期里他变成了土地贵族），但他每天都起得很早，自己动手生炉子，“如果不劳动，我们的双手还有什么意义呢？”

人是为劳动而生，也为爱情而生，三十岁时，杰弗逊又一次向一位年轻小姐求婚，这次成功了。1772 年的元旦，他与二十三岁的玛莎•斯凯尔顿举行了婚礼，挽着“漂亮的小新娘跨进了新居的门槛”。

从新娘查理城的娘家到坐落在蒙蒂塞洛山（Monticello）的新居是一百英里的寒冷路程，他们坐着四轮轻便马车出发，中途被迫放弃了马车，改换骑马，最后又下马在足有两尺深的积雪小路上跋涉。当他们终于到达蒙蒂塞洛山的新家时，已是午夜时分，那里没有仆人，没有炉火，也没有美餐佳肴来欢迎他们，但新郎、新娘在相爱的温暖中感到非常幸福。

这次新婚旅行是他们一生婚姻旅途的象征——凄惨、寒冷和恩爱，同时也悲剧性的短暂。婚后的十年里，他们失去了三个孩子，不久孩子的母亲也跟着去了。杰弗逊从此没有再结婚。

三

婚后不久，杰弗逊便放弃法律，转向政治。“律师试图占坏法律的便宜，政治家则试图促成好法律的实行。”他把政治作为务农的附属物，农场主的任务是为国家生产食物，而政治家则应留神使国家得到适当的喂养。杰弗逊起草的《独立宣言》就是朝着这个方向迈出的第一步。这部基于柏拉图、洛克、孟德斯鸠、卢梭和伏尔泰的哲学之上的正义福音书，“将使公民们理解自己的权利，并维护它们，以及在自我管理中通过理智发挥它们的作用”，也在自我完善中发挥作用。《宣言》的目的不仅是政治和社会上的独立，而且是经济上的独立自主，它渴望“阻止少数人财富的增加和永存”。

正是这个精神使杰弗逊的整个政治生活富有活力。他致力于把美国从一个贵族的政体改变为民主的政体——把私有财产的专制原则改变为共同富裕的平等原则。

杰弗逊做官不想发财。那个时代的政治家并不是吸引人的职业，它意味着艰苦的工作、不充足的报偿和对自我利益的忽视与牺牲。许多本来十分富有的政治家发现，当自己的政治生涯结束时，个人的经济也随之破产。杰弗逊就是这种情况，也许从一开始他就意识到了这个结局，因此他非常勉强地接受了政治工作。其实，他更愿意不受打搅地享受“我的家庭、朋友、农场和书籍”。在一封信中他曾说，自然曾打算让他“从事平静的科学研究”。但是国家需要他的服务，于是杰弗逊把这项工作作为对公众的义务而接受下来。

他开始作为弗吉尼亚的州长为国家服务（1779 年）。在革命期间担任州长工作，几乎没有机会显示他的建设性的领导才能。即使在这种情况下，杰弗逊还是清楚地表明了他的思想的民主倾向。他支持自由教育、自由图书馆和宗教宽容，以及解放黑奴、废除长子身份即第一个儿子继承全部遗产的习俗。通过废除长子身份，杰弗逊希望国家的土地在大多数人民中分成诸多小块，以阻止拥有巨大地产的地主对土地的兼并。“土地像不卫生的伙食，给抢夺它的人带去疾病，哪里的财富增加了，哪里的人就会腐烂。”同英国诗人一样，杰弗逊想看到土地成为分散前给人带来幸福的东西，而不愿看到土地集于一人的荣耀，这就是保守党员们——那些手中掌握兼并土地权力的人十分憎恶杰弗逊的原因。正如克劳德 •G• 包沃斯（Claude G. Bowers）在《杰弗逊和汉密尔顿》）中所指出的，“他是第一个制造阶级仇恨的美国人”。

1784 年杰弗逊作为大使前往巴黎，受到了热烈的欢迎，这也是剥削阶级所仇恨的。在那里，他常到乡村旅行，观察农民的生活，与他们一起就餐，了解农民的饮食；坐在他们的床上，看看是否舒适，并调查他们的思想、希望和恐惧。经过研究，杰弗逊得出结论：“这里的每个人不是铁锤，就是铁砧。”他开始热情地从事“不断受击，不断抵抗”的铁砧的事业。他说：“法国政府以及欧洲其他所有国家的政府，都是为了把钱从一个人的口袋里拿出再放进另一个人口袋中而设置的东西”，它们是“狼统治羊的政府”。从法国回来后，杰弗逊比以往更坚信“共和政体是唯一永远不与人类权利进行公开或秘密战争的政权形式”。

四

刚回到美国，杰弗逊就被邀请参加了乔治 • 华盛顿内阁，担任国务卿。1790 年冬，他来到了临时首都——纽约。他立即发现自己手头有一项头等重要的任务，因为美国虽然赢得了战争的胜利，却还没有获得独立，国家正受到新的暴行的威胁，这就是财富的绝对力量。人民曾经在革命中流血，现在他们不情愿地意识到自己用英国的专制统治换来了美国的金钱政府。在财富的创造者与财富的剥削者之间存在着公开的斗争。杰弗逊站到了生产者的一边，包括制造商、农场主和劳工，他们或用自己的金钱或用自己的双手来制造商品；另一方也找到了自己的领导人，他就是汉密尔顿，代表着剥削者的利益，包括专卖者、银行家和投机商人，这些人用自己的资本或机敏来赚钱。杰弗逊是位理想主义者，是先于他那个时代的梦想家；而汉密尔顿则是个现实主义者，那个时代的典型的产物。

十分奇怪的是，理想主义者竟战胜了现实主义者。当战争的硝烟消散时，人们看到美国正艰难然而又坚定地在民主政体的方向上前进着。论战中出现了两位值得彼此尊敬的政敌，因为他们两人都是诚挚的，而且都互相尊重对方的真诚。一些年后，杰弗逊写道："亚历山大•汉密尔顿是公正无私、诚实光明的，是令人尊敬的。""汉密尔顿先生经过深思熟虑之后才作出决定，他的原则都是基于良心而采取的。"尽管在激烈的论战中汉密尔顿受到了抨击谩骂，但他战败后却承认，美国本来很有可能落到比杰弗逊更不值得的信任的人之手，"毕竟，杰弗逊有……品格。"

五

杰弗逊有品格，这表现在主人与仆人之间的相互关系中。他在工作了一段时间之后，总要回蒙蒂塞洛山的家里休息一些日子。每当主人要回来的那天，奴隶们"都穿着节日的盛装"，在山脚下等着他。当马车出现在路上的转弯处时，奴隶们唱着、笑着、喊着，欣喜若狂，拥上前去欢迎他们的主人。他们解开马，把马车推拉上山。"您平安归来真是太好了”，仆人们吻他的手、脚、斗篷，并用肩膀扛起他们亲爱的主人，扛到一个适宜于国王的宴会上。

杰弗逊是作为一个拥护共和的人——相信对公共事务的公共管理——而被选为总统的。几乎所有的报纸刊物都反对他，“随着杰弗逊的执政，我们的文明将被毁坏……他的当选令人不堪设想”。

实际上，杰弗逊总统无论在思想上还是在行动中都没有令人不堪设想的可怕的东西，他的第一个就职演说可以不准确地称为政治的“山上宝训”。在这个演说中，他作为自由、民主国家的仆人申明了自己的政策。开头他说：“我接受我的任务，带着焦虑而可怕的预感，责任之重大和自身能力的浅薄都足以使我产生这种预感。”因为他明白这个年经、无经验的和并不十分强大的国家正在许多崇尚强力而忘记正义的国家中间开始一项事业。他继续说，然而这个国家“是世界的最大的希望”，共和政府是“地球上最强大的”。

在演说中他对这个共和政府做了设想：多数人的意志占统治地位；少数人的权利受到保护，宗教不宽容将被废除；劳动不会受到剥削；公正将平等分给所有人；和平与忠诚的友谊将在所有国家之间得到保持，导致纠纷的组织不会在任何国家间产生。然后，他以简短、真诚的祈祷结束了演说，愿无限的力量（上帝）“引导我们的议会趋向美好，并为了我们的和平与繁荣而使议会的活动获得积极的结果”。

在华盛顿——它现在变成了政府所在地——杰弗逊就像生活在蒙蒂塞洛一样平静、朴素、随便。一天，一位名叫麦里（Merry）的英国公使前往白宫访问，接待他的杰弗逊却穿着拖鞋和睡袍，这使英国客人大为惊骇。

“我想作为朴素的杰弗逊出现在大家面前……我希望‘阁下’（Excellency，WorShip）和‘先生’（Esquire）从此在我们中间消失。”他不喜欢官式的叩头与一本正经的仪式，“我们已经废除了那些会使公众的眼睛熟悉政府的不民主形式的公开礼仪”。

他是在俭朴的城市里执法的俭朴之人。毛里斯（Gouuerneur Morris）① 讥讽地写道：“华盛顿是世界上充满幸福的最美好的城市——在将来。”阿比盖尔•亚当斯评论道：“你可以在城里走上几英里而看不到一个人。”华盛顿实际上是“边远偏僻”的首都，街道则是“没有路灯的沼泽和灌木丛”，一位联邦党的领导人在集会结束后从朋友那里回家时，在“不能穿透的黑暗中”迷了路，虽然离家只有两英里远，却在荒野里徘徊了一整夜。当时城里居民稀少又居住得非常分散。“从国会大厦的台阶上，你可以看到七八家旅馆，一个裁缝店，一个鞋店，一个印刷厂，还有一家洗衣店，一家杂货店，一个火车站，一个谷物加工厂和一个牡蛎市场。”这一切成了那个时期美国民主的象征，也是杰弗逊品格的象征，开阔的视野，以及从印刷工人到总统的融有一切的同情。

杰弗逊在华盛顿荣任两届总统期间的生活从总体上看是平静的。他的伟大的解放工作在当选前就已完成，而另一件具有重大意义的事业却是在他执政时期实现的，这就是从拿破仑手中取回了路易斯安那州（Louisiana Purchsae），以前拿破仑从西班牙国王那里得到了这块地方。然而，当时变成美国领土之一部分的疆域同现在美国的

① 毛里斯（1752—1816），美国政治家及外交家。

路易斯安那州并非一回事，杰弗逊派特使从拿破仑手里买来的土地，以及在当时属于路易斯安那名下的土地，是指从密西西比河到落基山，从加拿大到墨西哥湾的辽阔疆域。它比美国还大两倍多，吸引着东部的开拓者蜂拥而来。杰弗逊只花了1500万美元就买到了这块地盘，这是历史上最惊人的交易。

六

杰弗逊退出政治生活，“双手空空，一无所有”。他一直作为公众的仆人而拒绝馈赠，哪怕是很小的。“我渴望获得公众信任的公正无私的管理，这对于实现心灵的完全宁静是非常重要的。”他在一封信中写道。

因此杰弗逊带着坦然宁静的心灵离开了他的公众的职责。“没有谁能比这样的老人更富于责任心，他们知道自己终将退出而把事业交给了年轻的后继者。”他说。

他回到了蒙蒂塞洛，一贫如洗。政府的薪金远不足以使自己生活宽裕，在这种情况下，他还拿出自己的钱资助许多社会公共事业。杰弗逊的农场也由于主人在任职期间无暇顾及而管理不善，已经陷入了出现赤字的困境。此时此刻他发现自己负债累累，连日常的生计也难以维持。为了还清部分债务，杰弗逊被迫卖掉了全部藏书——他基于兴趣而终生积攒下来的书籍。

尽管陷入贫困，但杰弗逊仍然保持着广泛的兴趣。他附和古代的拉丁诗人说：“我是个人，因此人所具有的一切我都具有。”他把自己的晚年献给了农场、哲学、科学、艺术、音乐和宗教，特别是教育。因为“教育，耕种、栽培着人类的思想，为人类的进步制造着必需的食粮”。

怀着这个愿望，他不仅提出了种种设想，而且还亲自为弗吉尼亚大学起草了建筑计划。他说：“我的主要兴趣是理智的和伦理的，而不在政治方面。”这位昔日的总统要求后人在自己的墓碑上不要刻写任何关于他作为州长、大使以及总统的经历，他希望铭文中只提三件事，并希望人们能通过这三件事情而想起他：“《独立宣言》的写作，为信仰自由而进行的斗争，筹建弗吉尼亚大学。”

杰弗逊已八十四岁高龄了，他发现自己面临着将被赶出家门的窘境。老人被迫用发行彩券的办法卖掉了田产，以便留下“蒙蒂塞洛的房子供我居住，也留下一块地方作为自己的墓地”。

把房子和坟墓安排妥当之后，他已为死亡做好了准备——“那是个伟大的冒险，没有活人去争取，也没有死人来报告”。他说：“我已厌倦了晚上脱下鞋袜，早晨又得把它们穿上。”老人只祈求一件事——“主持这个世界的善良的上帝”能够让他活到下一个美国独立纪念日。

上帝满足了他的祈祷。托马斯·杰弗逊死于 1826 年 7 月 4 日。

托马斯·杰弗逊生平大事简表

1743年——生于弗吉尼亚州阿尔比马尔县。

1760—1762年——就读于威廉和玛丽大学。

1762—1767年——学习法律。

1769—1775年——担任弗吉尼亚州议员。

1775—1776年——作为代表参加在费城召开的第二届大陆会议。

1776年——写作《独立宣言》。

1779—1781年——担任弗吉尼亚州长。

1785年——继本杰明•富兰克林之后任驻法公使。

1790年——在华盛顿总统的第一届内阁中任国务卿。

1793年——因反对汉密尔顿的财政政策退出内阁。建立“民主的共和党”。

1796年——当选为约翰•亚当斯政府的副总统。

1800年——当选为美国第三位总统。

1801—1802年——成功地进行与野蛮海盗的战争。

1803年——从法国购买路易斯安那地区。

1807年——作为对法国和英国迫害美国海员行为的报复而宣布禁运。

1809年——在担任两届总统之后退休。

1819年——建立弗吉尼亚大学。

1826年——于7月4日死于蒙地塞罗。

詹姆斯·麦迪逊

James Madison

（1751—1836）

一

他是耕种土地的农场主和雕刻木材的木匠的后代，体内流淌着建筑商——体力劳动者和苦工中间的真正贵族的血液。但当“吉米”出生时，他的家庭已经从命令的执行者升到了发号施令者，奴隶们在弗吉尼亚的麦迪逊农场里劳作。麦迪逊家族的精神和肉体已经经历了一场巨大的进化。詹姆斯降临人世，带着从稚嫩的肉体沃土中成长出的伟大的精神之花，老麦迪逊终于完成了自己最伟大的使命。

他在蒙皮立（Morttpelier）——通往山区的路口——长大成人并死于这里。在整个一生中，他心里始终闪动着巴纳塞斯山（Parnassus）的幻影和爬到山尖的渴望。詹姆斯相信在山顶会发现与其他九个缪斯并肩而立的第十个缪斯女神。她曾经常出现于西塞罗（Cicero）[①] 和德摩斯梯尼（Demosthenes）[②] 的唇边，她的金色火焰也闪动在许多时代和许多世人的舌头上。通过对早期古典文学的研究，詹姆斯

① 西塞罗（公元前 106—前 43 年），古罗马雄辩家、政治家。
② 德摩斯梯尼（公元前 384—前 322），古希腊的政治家，雄辩家。

从她那里获得了启迪，他感到她温暖了柏拉图的心灵，引导了欧几里德的精神，提高了约翰•洛克（John Loeke）的政治洞察力。他发觉她是太阳，哥白尼的世界围绕着她运动；她是赋予莎士比亚戏剧以生命的激情，是照亮唐纳德•罗伯逊（Donald Robertson）可爱灵魂的阳光。罗伯逊是国王和康蒂（Countyt）王后的古怪导师，他“用浓重的苏格兰口音”教吉米法语。

“我的孩子，”罗伯逊说，“她是灵感和挑战，我把她叫作自由的良心。”麦迪逊叫她自由。

二

吉米（詹姆斯的昵称）长大了，成了一个面黄肌瘦、身材矮小、优柔寡断、羞怯怕事、声音纤细、眼睛发红的学生。学完了初级课程之后，他带着书骑马来到了新泽西大学，并加入了辩论协会，还用拉丁文写下了“所有人被平等地创造出来并具有自然的权利”。

但是当吉米勤奋写作、研究和汲取大量的知识时，他的脸色在烛光的衬托下显得更黄、更难看了。他的肘边放着一张从波士顿发来的最新报纸，上面报道了大屠杀的消息。这是所有学识都将在战场上受到考验的时代，流血……他畏缩了，因为他多余的血太少了。

麦迪逊听到了同学们的愤怒言词，这是从哈佛大学传到新泽西大学的回声，哈佛是纷争的中心。“肮脏、卑躬屈膝的牧师、妓院老板和小狗，牛津大学的盲信者”，以及其他诸如此类的喊叫。“扔掉你的书去战斗！”“四年的教育以及一切都是为了这个！”“古典学府已经变成争吵的市场。”但他是为修道院时代而生的学者，真是生不逢时！为了洛克，为了考尔伯特（Colbert）或亚当•斯密（Adam Smith），他必须祖护一支旧步枪。对于一位具有哲学家的精神同时憎恶战争的人来说，这是个奇异的世界。

毕业典礼上，他与比自己年龄大的人在一起，穿着用美国布料做成的长袍（没有一个真正富有的人敢穿用英国进口布料做的衣服）。吉米为关于人类社会的拉丁文毕业祝词大声喝彩，并赞同为美国唱赞美诗。

但回到家里后，他又陷入深深的悲哀中。现在该去哪里，去做什么呢？吉米虽然生就了一幅优秀教士演说家的悲伤面容，却嗓音低弱，他的声音绝不能把上帝的训示传递到教堂的最后一排长椅。他尚未发现有法律方面的前途，于是只能苦恼、沮丧，给大学的朋友写信抱怨身体的疼痛和内心的痛苦。二十一岁时，吉米自怨：“我太愚笨、太虚弱了，因此在这个世界上不等干一番不同寻常的事业就会死掉。”一位朋友以教皇为例鼓励他，教皇像蜘蛛一样脆弱，但他却比许多强壮的同时代人更长寿。

与此同时，一个令人震惊的事情开始酝酿，一群无畏的农民把国王的英国兵从莱克星顿打退了。整个国家都在呐喊着武装起来……

吉米叹息了，他绝对不适应军事事务，只能埋头于书本。痢疾突然袭击了种植园，夺去了他的兄弟、姐姐和一群强壮黑人的生命。他周围所有的弗吉尼亚人都被这场来势凶猛的疾病搞得奄奄一息，而麦迪逊却表现出了令人惊叹的抵抗力。

他的书在书桌上堆得很高。他不停地研究、思考、梦想，不仅读政治学著作，而且学习希伯来语和梵文，同时还给他的弟弟、妹妹讲授文学入门知识。定居于种植园是愉快的，凉爽的空气使他清醒，宁静则有益于他的神经……

后来有一天，他在自身之内发现了生命力的新来源，于是不安地中断了研究。郁闷和压抑笼罩着整个世界。如果哲学拒绝用两条好腿走向前方，它还有什么用呢？詹姆斯•麦迪逊向前走去。

三

麦迪逊与父亲一道被选为一个委员会的成员，这个委员会是全国性的组织，目的是召集和武装民团。当弗吉尼亚宣布成为独立州时，麦迪逊被任命为州议会议员，后来又作为大陆会议的代表被派到费城。在这里，他扮演了重要角色。他由于具有不知疲倦的毅力和渊博的学识，被冠以“智力小机器”的美誉。他担任十二个委员会的成员，所以几乎没有闲暇可用来处理个人生活。

然而他却能挤出时间堕入情网，通过第三者向年轻的小姐求婚——坐在会客室，与她的父亲讨论政治学和经济理论。等他好不容易鼓起勇气与小姐本人谈话时，她早已把心给了一位英俊的牧师。他的朋友汤姆•杰弗逊写信慰问：“我对你遇到的不幸深感悲伤。”因为杰弗逊曾向一位小姐求婚，亦得到了同样失望的结果。但当麦迪逊接到杰弗逊的信时早已忘记了那件事，正在潜心研究修西狄底斯（Thucydidas）[1]。

① 修西狄底斯（公元前 477——前 400），古希腊历史学家。

此时，麦迪逊除了研究历史和哲学之外，又产生了一个新兴趣——对科学的热情。从大陆会议回到弗吉尼亚后，他考察了一个叫作摩纳克斯（Monax）的动物，为它量牙齿和体温，同时收集关于黄鼠狼的数据，考察和批判关于地球中心热度的流行理论，在温度计、气压表的帮助下写气象日记，还研究法国的重农论者。虽然当时战场上的人们情绪激昂，但麦迪逊坚信，美国社会的未来将由少数人的理性和多数人的情感所决定。这是曾经有过先知的时代，“但是今天的哲学家和科学家将为人的兄弟情谊写出信条。”

现在战争已经过去，麦迪逊像个法官一样身穿黑色大衣尽着大臣的职责，写信给具有全国性影响的人。他认为，必须建立一个国家，必须依据与柏拉图的理想国相同的哲学基础建立一个政府。“所有政府的目的都是单纯的——实施正义。”麦迪逊在破旧的纸上，用苍白的手指写着一个伟大而永恒的思想——把政治理论柏拉图式地解释为伦理的真理。

麦迪逊意识到，评价美国政府不是为了它的哲学，而是为了它保护美国人财富的能力。“如果人是天使，政府就完全没有存在的必要。”

麦迪逊是为了美国的前途应运而生的。他的所有天才，多年独居的全部经验，以及对历史和政治学的深入研究，此时都为了这个独特的使命而被调动起来了。1787 年他几乎独自发展出美国共和政府的体制，这是太阳底下的新鲜事儿。麦迪逊在一封信中写道：“这项工作的新奇性会立即给你留下深刻的印象。”

在表达了典型美国人式的对过去强大的中央政府的不信任态度之后，他起草了一个《权利议案》，目的是检查极端权力的滥用。

作为更进一步的监督，他把孟德斯鸠的基本方针与其他自由主义作者的有关政治制度的思想结合起来——即把政府的行政和立法部门分开了。“钱袋”和“剑”不能放在同一双手里，一切权力的最高来源必须是人民的公意。

当人民代表为了把宪法具体化为可以实行的整体而在费城集会时，詹姆斯·麦迪逊怀着一种特别的责任心，在会议主持人的前面选择一个座位，并对会议议程做了详细记录，这为后来的历史学家留下了宝贵的史料。他观察不同利益之间的争吵——小州要求与大州具有同等数额的代表，而大州则坚持以人口数量来决定代表名额；他记下了对奴隶利益的辩护；制造商、造船商和不同部门的要人认为强大的中央政府会剥夺他们自己的地方特权，最后麦迪逊以一段可能引自洛克哲学的话作为结束：“具有相同的诚实和判断力的人们之间观点的分歧……是人类判断力易犯错误的可悲证明。”

这次会议达成了最后的折中成果——美国宪法文件。这个文件虽然与他的建议有些出入，但还是保留了他的哲学的本质内容，所以，麦迪逊决心把它作为“自己的孩子”来加以保护。亨利、马逊（Mason）、李（Lee）、门罗在他们的家乡州联合起来反对宪法文件，麦迪逊提出许多理由加以驳斥，并抨击兰多尔弗（Randolph）州长“与联邦主义者搞联合”，还同汉密尔顿一起写了很多文章讨论新宪法和联邦政府的本质。当联邦主义者胜利时，他决定在立法机构中争得一席之地。

朋友们催促他竞选参议院议员，但麦迪逊谦虚地选择了众议院，因为“这个职位不太要求与我的财产状况不相符的生活排场”。并且像大多数共和国的建立者一样，他相信众议院一定是比较强大的政治实体，而参议院曾经决定私下展开讨论，“因此许多年来人们已经听不到它的声音了”。

他在冰雪中从事活动和演讲，直到“他的舌头粘在上颚上”，冻伤了鼻子，失去了知觉。选举结束后，麦迪逊一边骑在马上思考着，一边像新十字军的骑士一样穿过荒原和人迹罕至的森林前往纽约。

四

在共和政府成立的头一年中，学者勉强地服从于政治家。他的乌托邦已经建成，并以机器般的准确性、严密性运转着。然而不久，麦迪逊就明白了这个乌托邦终会由人们的偏见和激情来管理、统治或反对。他完全理解了政治学原理，却未能把握人类心灵的刚愎自用。

他指责英格兰的派系精神，“它把人们分成党派，以用相互的敌意使人们愤怒，结果人们厌恶了彼此之间的纠纷和压迫，这种厌恶要远远大于对彼此为了共同利益而合作的反感。”所以当他发现在政府里存在着党派利益时，他就很少参加国会了。亚历山大•汉密尔顿对“重要财政”的偏爱使他感到震惊，麦迪逊本人是个乡村绅士，他的兴趣与银行家、制造商不同，却同农场主、种植园主相似。这些人需要有自己的党来保护自己，于是他帮助建立了“共和党”——这个党“意识到自己的力量存在于人民大众之中”。

组织新政党的直接目的是为了反对汉密尔顿的“财政垄断”计划。但这个党不是通过国内的矛盾，而是在国际斗争中获得了自己的力量和威望。美国革命是由普通人掀起的巨变中的第一个波浪，接踵而至的法国革命发展成这个世界大潮的第二个波浪。各处的反动势力正聚集起来，企图挡住这一汹涌的潮水。美国也像其他地方一样，人们分成两个阵营——革命主义者和反革命主义者。作为学者的麦迪逊同作为梦想家的杰弗逊都属于共和党人，他们站在法国暴动者一边。当英国与欧洲大陆的君主国家联合起来，试图“压倒刚刚获得自由的法国人民”时，他们二位变成了坚定的反英主义者，反君主制度者。“全世界所有那些为同样的理想而战的人将面对同样的命运。”他们意识到，对莱茵河谷的共和主义来说，一场战斗的失败同样也是美国共和主义的失败。

然而麦迪逊尚未失去判断力，他已经准备承认法国革命者的行动是疯狂的、扭曲的，但他又坚持认为他们的事业是正义的，因为那是自由的事业。麦迪逊惊愕地发现联邦主义者同英王的立场一致，“站在可能与正义相反的一方”。当时联邦主义者的行政部门曾派约翰·杰伊谈判订立与英国贸易的“有利”条约，而杰伊回来时却“像一个遭到鞭打的孩子”，报告了他的使命的失败。一位共和党人就此评论道：“该死的约翰·杰伊！不指责杰伊的每个人都该死！不把灯放在窗前整夜坐着谴责约翰·杰伊的每个人都是该死的！”

由于法国军队在欧洲的成功，联邦主义者大为惊慌，并惧怕思想上的侵略。他们通过了一条法律，允许总统“把对国家的安全具有威胁的任何持不同政见者驱逐出境，把所有散布关于美国政府的错误或怀有恶意的言论的人逮捕入狱”。麦迪逊认为国家的安全并未受到致命的威胁，这条法律的制定纯粹是为了摧毁共和党。因此他向弗吉尼亚立法机构提交了一个提案，宣称任何依据其宪法权利而行动的州都可以拒绝服从这条法律。在这件事上，麦迪逊缺乏冷静，显得过于急躁，因为他轻率地确立了一个观念，这个观念后来发展成为错误的“权利继承”原则。麦迪逊是位优秀的理论学者，却是个拙劣的实践政治家。

总统选举开始了，“小学者”注视着朋友杰弗逊在投票处赢得了胜利。杰弗逊宣誓就职后，任命麦迪逊为国务卿。就像曾经接受所有其他为公众服务的职务一样，麦迪逊怀着相同的理论理想主义的精神接受了这个任命。“国家的命运如同个人的命运，必须靠严格地忠于美德而实现。”他也许应该再加上一句，美德必须得到铁拳的支持和保护。

五

此时麦迪逊已过中年——秃顶、形若枯槁，而且驰名天下；同时他还能拿出一点热情来考虑个人生活。几年前，他的眼睛被一位可爱的年轻寡妇吸引住了，她为议员们提供住宿。一天，麦迪逊穿着一身最合体的黑套服——他的服装颜色总是黑的——向多莉•特德（Dolly Todd）求婚，她欣然接受了“伟大的小麦迪逊”。他马上写信给杰弗逊，把自己成功的征服告诉朋友，“我已幸福地完婚，告诉你，这是我曾经祈求的。”信上没有一个词谈到他妻子的魅力，尽管她的魅力是多方面的。

多莉•麦迪逊为丈夫单调的个性增添了色彩，给老羊皮纸的气味加上了玫瑰的芳香。杰弗逊现在成了鳏夫，他邀请多莉•麦迪逊到白宫主持社会集会工作。她扮演着“王后”的角色，同时在使她丈夫成为“国王”的过程中起到了重要作用。

因为当杰弗逊的内阁逐渐成为过去时，总统继承人便非他莫属了。麦迪逊把能得到这个“遗产”更多地归功于自己的妻子，多莉已成为国家的第一夫人。她只需向人民稍做说服，就能使她“沉默寡言、学识渊博的丈夫”成为国家的第一男人。

1808 年，詹姆斯•麦迪逊获得了这个荣誉。他入主白宫的庆祝舞会盛况空前，只有总统本人看起来似乎不太相称，他孤寂而阴沉地站在音乐和喧闹中和一个角落里，尴尬地揩去眉头的汗水，然后悄悄地溜到楼上睡觉去了。

六

麦迪逊是于危急关头出任总统的。在其一生中，世界一直没有停止过战争。他曾刻苦努力，试图达到对严酷现实的“哲学把握”。然而，麦迪逊已五十七岁，不再是一个躲在自己哲学的象牙塔中的学生了。他是实际寻求着正义的人民的领袖，因此必须为他们指明道路。

但是，麦迪逊仍在退缩。在埋头于学术研究的那些年里，当他坐在烛光闪烁的书房中时，革命的黑夜曾向他提出过挑战。现在又是黑夜！英格兰正在反抗拿破仑的新秩序。冲突的风势又一次预示着吹灭他的烛光的征兆。杰弗逊总统曾竭力使蜡烛继续燃烧，但他只是待在烛光的怪异阴影中的梦想者。他说：“我们是和平、中立的国家，因此我们必须不介入欧洲的争端。”

但怎样才能保证忙于合法贸易的美国船只在英吉利海峡不受到攻击呢？通过谈判，杰弗逊说：“我们必须祈求交战国不要在公海侵犯中立国的权利……”

麦迪逊总统沮丧地面对着这一切。前任的所有谈判都失败了，他却在这个时刻担任了领导职务。他的国家能做什么呢？接受交战国的决定？让商船躲开有危险的航线？降下美国的国旗？为了其他国家的舒适而离开这个世界？要么干脆开船去打仗！

他的反战主义与他的理性斗争着。自由的缪斯女神高高地、孤独地生活在巴纳塞斯山顶上，接近她的路途似乎从未像现在这样险峻，路上布满冰雪，还有那靠不住的风……

麦迪逊要求国会对英国宣战。他从未穿过军服，也未率领过军队，可这有什么关系？勇士也得从第一场战斗开始造就。他戴上缝有巨大帽章的圆军帽——成为美国第一位哲学家兼最高统帅。

对于一个没有战争准备的国家来说，把自身变成战争机器是个长期、艰苦的任务。除了从西部来的一些狂热分子之外，美国人没有兴趣使别人流血。作战部长是位来自新英格兰的“白面书生”，军队里的许多官员从未实际地指挥过军团抗击敌人。总统只好耐心地挑选他的军职人员，经过多次失败，他终于找到了引导军队走向胜利的人。国家的公民们开始承担起责任，用美国人的坚韧不拔精神去尽自己的义务。只有少数东部商人把个人的利益放在爱国主义之上，而这些人在战争结束时也为自己的行为感到羞愧。

英国军队侵入大西洋海岸，向华盛顿开火。总统逃进树林，在一个简陋的小屋里过夜。早晨他又同人民一道在燃烧过的余烬中建起了一座新城。

七

美国迎来了和平，这里又有了适合于学者的位置。麦迪逊退休，回到了他的种植园和平静的书房，过着惬意的生活。他接到一封韦伯斯特（Noah Webster）[①] 的信，请他为一本“新词典”签名；还收到一位骨相学家的科学论文以及一位“明确证明上帝存在”的神学家寄来的小册子。

随着日月的流逝，麦迪逊研究了马尔萨斯（Malthus）[②] 的人口理论和罗伯特•欧文（Robert Owen）[③] 的社会主义，还用那患风湿症的瘦弱手指给杰弗逊写信，或在古代神话的梦想中打发时间。然而他的笔时刻准备着为国家服务，美国人的信条应该被年轻一代的战士、学者和梦想家彻底理解。这个美国人“让我们把国家的公开敌人看作潘多拉（Pandora）[④] 和她的打开的盒子；把伪装的敌人看作是带着诡计爬向天堂的魔鬼”。但不管是公开的，还是伪装的，都不能让他们得逞！

---

① 韦伯斯特（1758—1843），美国词典编辑家。

② 马尔萨斯（1766—1834），英国经济学家。

③ 罗伯特•欧文（1771—1858），英国空想社会主义者。

④ 潘多拉：希腊神话中主神宙斯（Zeus）让火神用粘土制成的地上的第一个女人。“潘多拉之盒”是宙斯送给潘多拉的盒子，她下凡后违禁打开，使所有灾害和罪恶都跑散到了世上。

詹姆斯·麦迪逊生平大事简表

1751年——出生于弗吉尼亚州乔治王县。

1769年——进入新泽西大学（即今日的普林斯顿大学）。

1777年——被选为弗吉尼亚枢密院成员。

1778年——作为代表参加大陆会议。

1783年——协助完成政教分离法案。

1786—1787年——起草宪法大纲。

1787—1788年——作为“宪法之父”，与汉密尔顿一起在《联邦主义者报》上对宪法进行解释。

1789年——进入众议院，把几项修正条例引入宪法，这些修正条例构成了《权利典章》的基础。

1790年——与杰弗逊一起建立“民主的共和党”。

1794年——与多莉•托德结婚。

1798年——成为杰弗逊总统的国务卿。

1808年——当选为美国第四位总统。

1812年——为保护美国人在公海行驶的权利而发动战争。

1817年——退休。

1836年——死于弗吉尼亚的蒙彼利埃。

詹姆斯·门罗

James Monroe

（1758—1831）

一

詹姆斯出身“平民”，血液里流动着苏格兰人和威尔士人的忠诚的血液，但没有高贵的“身份”。在弗吉尼亚有比门罗、马歇尔、杰弗逊、麦迪逊甚至华盛顿更高贵的血统。一次，当华盛顿向威尔逊•凯利（Wilson Cary）的女儿求婚时，却得到了冷若冰霜的回答：“岂有此理！这位小姐是习惯于坐马车的。”一般说来，过去具有最伟大传统的家族与美国的未来没有多大关系。

年轻的吉姆（詹姆斯的昵称）•门罗身材瘦长，善于骑马打猎。到了该“学习”的时候，他进入帕森•凯姆拜尔（Parson Campbell）的学校，勉强地接受了他的“鞭子和拉丁文”。十六岁时，吉姆离开威斯特摩兰县到威廉斯堡，进入威廉和玛丽大学。在那里他开始努力钻研书本。

但努力是无意义的，一个年轻人怎么能甘心阅读历史的脚注呢？因为历史的正文已写在了威廉斯堡的草地上、洛利旅店以及波士顿港口里。老人们心惊肉跳地挤在一起；士兵在街上匆匆走过；年轻人的心里已激起了反叛情绪；圣约翰教堂里，被激怒的苏格兰美国人帕特里克·亨利正对着狂热的群众大声喊叫：“绅士们只是高喊和平、和平，可是哪里有和平！”就在这 1775 年，年轻人几乎不能不参加“恺撒的高卢战争”。

“我们已开始学习使用旧式步枪，真的要打仗了。”据传闻，在波士顿学生们已扔掉书本，再也不用为课程伤脑筋了。“事态发展得太快，以至无法制止。”然而令人费解的是，威廉斯堡的一些衣冠楚楚的人物仍旧去看戏、赛马、斗鸡，拒绝理会即将到来的暴风雨，他们说：“波士顿的战争不关我们的事儿。”

一天下午，门罗惊愕地看到从沼泽地和边境的森林里来了一群人，他们脚上穿着沾满污泥的靴子，胸前是用白色字母写成的标语——“自由或死亡”，在威廉斯堡的草地上游行。到处都可以听到“Mintlte Men”这个词，即接到命令立即应召的民兵。

他们日复一日地操练着，没有引起任何麻烦。实际上，这些应召民兵在城市保卫战中从未被使用过。他们将被送到几百英里之遥的波士顿，参加一些小规模的战役。战争从未到达弗吉尼亚。

但从前线传来的消息越来越令人不安。威廉斯堡的居民——木匠、铁匠、屠夫、皮革匠和店主——已开始加入应召的民兵的行列。他们聚集在旗帜下：“不要踩着我！”就连威廉斯堡的绅士也被吸引来了。门罗与其他大学生一起作为“绅士军校学生”被注册了。

他在校园里接受训练，聆听那些曾在前线参加过战斗的军官讲故事。吉姆此时没抱任何幻想，他知道自己会酣战一场的。弗吉尼亚州与其他殖民地一起刚刚宣布了她的和平目的，这个目的丝毫不亚于完全的独立。

那是在门罗参战前不久，他接受了一项委任，在华盛顿的亲戚威廉•华盛顿指挥下的一个连队里任上尉。接着，门罗参加特尔顿（Trenton）战役，还在布兰迪温（Brandwine）、乔治城等地担任斯德林（Stirling）将军的副官。此后，他认为仗已经打得够多了，于是接受了部队的派遣，到南方旅行，为弗吉尼亚州长搜集军事情报。最后又回到了威廉斯堡，准备在自古希腊以来最新奇的政府实验中扮演一个角色。

二

门罗参加了“弗吉尼亚会议”，并作为代表出席了在费城召开的立宪大会。会上，讨论了提交代表审议的美国宪法，在辩论中门罗表示了对宪法的怀疑。他担心中央集权的政府会剥夺各州的独立，这样的政府会“走向君主政体”。一个人一旦当选总统就会利用权力想方设法保证自己的再次当选。

当弗吉尼亚会议就加入联邦问题表决时，年轻的门罗感到十分焦虑，坐立不安。但当投票结果表明多数人同意弗吉尼亚加入联邦时，他并未固执一端，而像一个优秀的爱国者那样准备忠于多数人的决定。他的朋友托马斯•杰弗逊说：“青年门罗在公众事务方面是位值得信赖的人……他可能缺少政客的精明，但却具有政治家的诚实。”

华盛顿也同意杰弗逊的看法。吉姆•门罗不是个深通世故的人物。尽管他与一位资产丰厚的商人的女儿结了婚，但他在爱好和穿着上仍然十分朴素。在客厅里他总是感到有些窘迫，并且由于直率而显得缺乏幽默、风趣的特点。虽然有这些社交方面的短处，或者说正因为这些短处，华盛顿总统才挑选他作为对旧世界的共和论者来说最可敬的新世界共和国的代表。

门罗作为美国公使出席了巴黎国民大会，他为此感到自豪。他高兴地看到法国革命的口号是从美国独立宣言中借来的。1794 年 5 月 28 日，他满怀期望地动身前往巴黎，对于一位年轻人来说，这是个多么好的机会啊！他是“自由的新约”的保管人。国务卿给在法国的门罗写了一封鼓舞人心的信，“我们的总统很早就是革命的坚定朋友”。信里还说了一些令人激动的话，总统决不会对英国或对其他试图推翻革命的君主国家表示丝毫同情。

公民门罗把目光从断头台那里移开，向法国政府呈递了友好的文件。因此，门罗受到了法国主要官员的隆重欢迎，但也受到了本国政府的奚落。

因为华盛顿又派了亲英者约翰•杰伊前往法国当时的敌人——英国，同英国谈判、签订友谊和贸易条约。正当门罗向法国表达美国对拉法埃特（Lafagtte）[①]的谢意时，传来法英美订立条约的消息，这个条约，显然违背 1778 年法美联合的精神。

这使詹姆斯•门罗感到震惊。他已被联邦主义者出卖了！他已经被马基雅维利[②]（Machiavellian）式的政治家钉在了十字架上！现在国务卿兰多尔弗（Randolph）竟命令他在法国人民面前维护条约。

---

① 拉法埃特（1757—1834），法国将军及政治家，于美国独立战争时期曾统率军队协助美军作战。

② 马基雅维利（1469—1521），意大利政治家及历史学家，主张为达到目的，可以不择手段。

这种“理想主义的”外交政策是美国革命之父们所奉行的吗？他当年在特莱顿流血奋战难道就是为了这个？

门罗回到弗吉尼亚的乡村住宅，像阿基里斯（Achilles）一样离开了政治战争，独自一人在帐篷里生闷气。但他逐渐意识到了总统的正确。随着政治家们言辞激烈的斥责性演说的消失，华盛顿的思想便以其伟大的力量显示出来。对任何单一的外国利益都没有永恒的承诺，绝对的中立可以朝向所有方向。国家必须承担起她自身命运的秘密，决定“何时我们选择和平或战争，如同由我们的正义指导的利益所建议的那样。”年轻的门罗，就像一个受到申斥的孩子一样，慢慢地悟到了自己的出路。

三

杰弗逊出任总统时（1800 年），对华盛顿的中立政策做了重要的修改。他挑选门罗作为这个历史性步骤的参与者之一。接近中年的门罗刚刚完成了弗吉尼亚州长的任期，就带着一个微妙的使命再次前往法国。如果可能，他此行必须就从拿破仑手中购买路易斯安那州一事进行谈判。这个地区以及新奥尔良港口都是在拿破仑的“诱导”下，被西班牙作为礼物拱手相送的。据说拿破仑正打算通过在密西西比河关闭这个港口来控制西部的繁荣。

意识到这个危险后，杰弗逊采取了一个紧急措施。他的想法是：凡在北美大陆拥有财产的欧洲国家都不得把财产转移给任何其他欧洲国家，并因此在我们的海岸内改变力量的均衡。对此门罗完全同意。

必须永远阻止法国得到路易斯安那，美国决定买下这块地域。为了必要的资金——保卫国家的最强大武器，他准备深深挖掘自己的国库。

局势的讽刺性就连没有幽默感的门罗都觉得可笑。他与李文斯顿（Livinestone）一道旅行，以便他们能一起同拿破仑——历史上最伟大的拦路强盗——进行谈判。这个举动对那些脾气暴躁而生性好斗的人来说是多么好的燃料啊！“什么！把钱往拿破仑的国库里放？”联邦主义者费舍•阿姆兹（Fisher Ames）嚷道，“等拿破仑完全征服了欧洲之后，他会用这些钱来征服美国的！”面对这些指责，杰弗逊反驳道：“我们的利益要求美国的财产归美国人所有。”

拿破仑十分诚恳地会见了门罗。“你们美国人在同英国的战争中成绩辉煌，”他说，“你们应该再做一次同样的事情。”他愿意出卖土地，因为他准备侵入英国，因此需要钱。拿破仑曾预言，无论是谁掌握了密西西比河谷，都会在某一天变成世界上最强大的国家。美国是个友好的国家，保持这个友谊将是件好事。

因此美国买来了路易斯安那，从而“没用一枪一炮就把疆域扩大了一倍。她向欧洲那些目瞪口呆的国家展示了一个征服的新公式——通过买卖而非通过流血。1776 年“新世界”政府的实验就曾使“旧世界”的统治者大吃一惊，现在“旧世界”的外交官同样为“新世界”在外交方面的实验感到震惊。

四

门罗的外交职责此时已扩展到欧洲的其他部分。他精心地打扮自己，穿着“深蓝色大衣、皮马甲、小号衣服和长筒皮靴”，成为一些欧洲宫廷里的“受欢迎的美国商人”。

但在詹姆斯的宫廷里却并非如此。英国对它的“逃学的孩子”——美国的仇恨日增。美国的独立严重损害了英国的商业体系，这个体系曾一直垄断着它的殖民地的贸易并保持着它控制海洋的优势。现在，新旧世纪交替之际，美洲的一个“可怜的”小国——它的商人为了几个银币发起了一场革命——竟敢于把它们的商船派往世界的所有港口。英国的地位由于竞争开始持续地下降了。美国，这个弱小的合众国，“甚至连维护其基本要求的一支像样的海军都没有”，却大言不惭地谈“中立国的权利”和“海上的自由”。

1803 年仲夏，门罗同夫人和两个女儿一行到了英格兰。然而，他们受到的欢迎是侮辱性的喝彩。门罗第一次出席礼节性的宴会时，发现自己坐在了桌子的角上，同桌的是两位从德国的小省来的公使。他愤怒到了极点，“詹姆斯•门罗并不在乎他在哪里吃饭，”他写信给国内，“但是当发现美国公使被安排在餐桌的末座，夹在两个不及我的农场大的小公国之间时，却使我气愤。”

轮到向国王敬酒时，门罗的愤怒还没有平息下来。当回到他原来的座位上时，他竟意外地把酒杯放到了洗手盆里，溢出的水在桌布上泛滥。但后来苏联公使站起来提议敬酒，“祝我们的新来宾美国总统健康。”门罗以微笑表示感谢。为了杰弗逊他必须忍受坚持！

在此行的使命中，有一项是要同英国就两个敏感的问题达成协议，这两个问题是：美国必须获许重新开放她与西印度的贸易——由于革命战争英国曾终结了这个贸易；英国必须不再控制美国商船和绑架美国船员。

英国认为自己在海上的专横原则是合理的。它正与独裁者拿破仑决一死战，拿破仑已使自己成为欧洲大陆的主人，并准备侵入“坚固的小岛”。英国的主要防御力量是它那强大的海军；它抵抗拿破仑军队的主要战略是对大陆的封锁。美国，作为与英国具有同样的基本理想、文化和血统的国家，试图通过把她的商船派往拿破仑的贸易港口同拿破仑“像平常一样”地做生意，这使英国十分恼火。

情况非常棘手，1807 年 6 月形势发展到了紧要关头，当时英国的“豹号”护航舰向美国护航舰“切萨皮克号”开火，并劫走了四名船员。如果就此总统向英国宣战，当时会有一个统一的国家支持他，但杰弗逊憎恶战争。他这个人的整个生命都充满着对和平的热爱，无论以前在华盛顿的内阁中，还是今天身为总统，他都谨慎地反对联邦主义者关于建立美国海军和陆军的所有建议。杰弗逊相信，这些战备措施将会把帝国主义引向国外，把独裁政治引入国内。他希望在一个共和国里没有征服，没有军事设施。

然而在这种环境下，他被迫意识到为了加强美国的权利和尊严，必须反对英国人的侮辱。必须坚持公海自由。为了做到这一点，他采取了经济的而非军事的手段。杰弗逊给所有的美国船只下达了贸易禁运命令——为了打脸而先咬鼻子。大西洋沿岸的商人强烈抗议由自己的政府造成的贸易损失。“上帝帮助我们，”约翰•兰多尔弗说，“我不希望再有一位哲学家当总统。”

当门罗企图与英国签订一个有利的条约时，情况就是这样。结果协议没达成，贸易禁运失败了，门罗则作为一个更忧郁、更聪明的人回到了美国。英国拒绝了杰弗逊的恳求——不再扣押美国的船只和船员。门罗断言：“如果美国要想使对方妥协，就必须为此而战斗”，就像其他国家所做的那样。“我们必须用我们的鲜血来换取我们的权利”，他感到杰弗逊只是推迟了不可避免的战争。后来发生的一切证实了门罗的观点。

五

门罗又回到了弗吉尼亚州长的座位上，仍是一个不引人注目的小男人，“显得聪明、严肃、平常，无论相貌还是行为都没有什么威严”，衣着总给人以“多少有些破旧过时”的印象。他的领带很小，质量极差，系得也很随便。那张饱经风霜的脸上，留下了岁月流逝和操劳忙碌的痕迹，那双灰暗、深陷的眼睛几乎不能为他的面庞增添生气。

但这双眼睛的后面却藏着相当丰富的政治智慧。麦迪逊担任总统时，门罗被任命为作战部长。他在华盛顿尽职尽责，坚信美国只有运用武力来加强她的原则才会受到列强的尊重。尽管麦迪逊生性并不好战，但美国还是被迫参加了战争。英国军队入侵大西洋沿岸时，门罗亲自前去侦察。他整日坐在马鞍上，观察、分析敌情，并发誓：今后任何国家都无力再侵略美国。

英军进入华盛顿，火烧白宫和其他公共建筑物。“我从未见过比这更可怕的场面”，法国大使给他的外交部写信时说道。第二天又刮起了大风，火借风势迅速蔓延，城里一片火海。

麦迪逊再也没有从那个秋天的灾难中恢复过来。从那时起，他带着恐惧的目光度过了自己的余生。

六

1817 年门罗成为美国的第五任总统。在就职演说中，他把前任的绥靖政策颠倒过来。一些人认为这种全国武装的政策会给大众增加过重的赋税，门罗的回答是：“外来的入侵会使我们付出更多的代价。”

美国已经进入了和平与国家统一的时期。联邦党由于其脱离联邦的非爱国主义，使它自身已失去了威信。因此随着和平的到来，联邦党在政治上已经死亡了。现在杰弗逊的警告之词比以往任何时候都更加真实，已不再有什么联邦主义者和共和主义者，只有美国人。

美国在自己的疆界范围内是安全的，她已决心不理睬欧洲国家。但欧洲国家并未打算不理睬美国，对于掠夺成性的“旧世界”来说，“新世界”是有利可图的，是值得奋力争一争的。拿破仑战争结束时，欧洲的反对势力自身结合成所谓的“神圣同盟”。实际上它是个不神圣的阴谋，其目的是遏止欧洲小国以及美国的独立。革命的疹子突然布满了君主国的忧郁的脸，希腊人、意大利人和西班牙人纷纷暴动，还有中美、南美洲国家在各地自由国家的鼓舞下也摆脱了西班牙国王的奴役。“神圣同盟”对这种普遍的民主倾向感到惊慌失措，试图通过在它周围勒紧绝对独裁政治的索套来扼杀这场运动。只要“神圣同盟”的侵略行径局限于欧洲，门罗就不动声色。但欧洲侵略者贪婪的目光已经盯上了西半球的共和国。门罗宣称，这种对美国自由的干扰是绝对不能允许的。

当门罗坐着浏览他的论文——讨论要采取的方针时，他回想起了半个世纪以来的公共事务。自从殖民地人民决心获得自由以来，外交政策已经发生了多大的变化啊！这些他都亲身经历过——应召参加了为争取政治独立的斗争和作为作战部长为争取海上自由而进行的战争。现在作为总统，他要克服侵略者对南美殖民地的自由所造成的军事威胁。

因为门罗意识到，美国的理想和命运不可避免地同世界其余部分的理想与命运联系在一起。孤立主义的梦想已化为灰烬，无论在政治上还是精神上美国都属于整个世界进步整体中的部分。通过与法国的联合，美国首先赢得了自己的独立。同时，美国革命在精神上点燃了法国人民心中的火花，推动他们争取自由，使全世界被压迫人民昂首阔步走入争取自由的十字军行列。无论世界上的哪个热爱自由的国家遇到了挫折，美国——这个自由的发源地和倡导者都同样会感到痛苦。美国作为新秩序的领袖，注定要成为侵略者攻击的主要目标，而侵略者将不停地为旧秩序征税。

除了美国的独立精神之外，在“神圣同盟”和美国之间还存在着另一个障碍，即英国舰队。自身势力强大的英国已拒绝加入“神圣同盟”。就像杰弗逊 1822 年在写给门罗的信中所说的那样，没有英国舰队的帮助，整个欧洲联合起来也不敢对美国发动战争。

随着经验不断丰富，门罗总统变得愈加明智，他知道，生活是充满矛盾的戏剧。美国尽管以前是大不列颠的死敌，而且还经历了两次战争，但他逐渐明白，这两个国家之间存在着明显的共同利益。

他充分意识到，英美的相互理解将会产生巨大的战略力量。当然，与先前的敌人握手需要勇气，而吉姆·门罗是有这种勇气的。

所以，正是怀着对英国舰队的信任，门罗发表了继“《独立宣言》之后的最重要的美国文件”——世界闻名的门罗主义：“美国大陆从此以后不得被视为任何欧洲列强的未来殖民化的实验对象。我们郑重宣告，任何想把自己的势力扩展到这个半球的企图都会被我们看作是对我们的和平与安全的威胁。”此外，任何站在欧洲列强一边，压迫南美或控制其命运的努力都是“对美国不友好的表示”。

这样，作为对欧洲侵略国家的挑战，产生了一个新的三者同盟——美国、南美、自由。

七

当门罗任满两期离职时，美国已坚定地走上了正常轨道。这位“戴着三角帽的瘦长爱国者”回到了弗吉尼亚，坐进了他那张不结实的乡村座椅中。他想稍微喘口气，再争取一些时间做点事。实际上，在门罗准备离职之前就有一些部门的职位在等着他，如弗吉尼亚大学董事会董事、地方法官、修改州立宪法会议委员等。然而，由于健康和资金两方面的损失，他开始写作自己的生活故事，但未能完成。生活的故事是过去的事情，麦迪逊、杰弗逊、亚当斯都已经安息了。号角正召唤着“黄褐色营”的新老成员，召唤着猎人从山上回家。

詹姆斯·门罗生平大事简表

1758年——生于弗吉尼亚州威斯特摩兰县。

1776年——离开威廉和玛丽大学参加革命战争。

1780年——在托马斯•杰弗逊手下研究法律。

1783—1786年——在联盟大会服务。

1790年——当选为美国参议院议员。

1794年——被任命为驻法公使。

1799—1802年——三次连任弗吉尼亚州长。

1803年——作为特使与李文斯顿一起去法国，谈判购买路易斯安那地区问题，然后任美国驻伦敦大使。

1811年——被任命为麦迪逊总统的国务卿。

1812年——任麦迪逊总统的陆军部长。

1816年——当选为美国第五位总统。

1820年——再次当选总统。

1823年——宣布门罗主义。

1824年——退出总统职位。

1831年——死于纽约城。

安德鲁·杰克逊

Andrew Jackson

（1767—1845）

一

他具有苏格兰人和爱尔兰人的血统，精明、无畏。他的祖先是从北爱尔兰移民到卡罗来纳（Carolinas）十二英里小溪的，父亲在这块荒地上开垦、伐树、采集食物，耗尽了生命。安德鲁作为遗腹子出生于邻居的小屋里。

从蹒跚学步时起，他就是个“讨厌的麻烦制造者”，成了他叔叔房子里的孩子们中间的一个不和谐的单音。他们把小安德鲁送进一所叫作“殖民学校”的森林中的简陋小屋，希望他成为“一个学生”。但他更喜欢打架。

同学们都知道他的倔强，一位同学说：“四次中有三次我能把他摔在地上，可他绝不会因此罢休。他就是游戏本身。”安德鲁像边民一样意志坚强，眼睛里充满热情，但只要受到一点侮辱就会变得冷酷无情。便生起气来像个“复仇天使”，头发在脑袋的周围形成了一个褐色的光环。这个好斗的、双拳紧握的天使，会为了某种原则而去同任何人打架。“他是唯一的一个恃强凌弱而非胆小鬼的人。”

家里决定让他成为长老会的牧师，于是把他送进“学院”——比小学稍大一些的简陋木屋。洪伏里（Hum phrey）牧师在这里教课，使“学生们”赌咒发誓的脏话变得纯洁起来。“在边区还没有其他人能像桑迪（Sandy）①的安迪（Andy）②那样把脏字连缀成生动的整体！”

杰克逊快满十五岁时，革命战争蔓延到了南方。在安迪（安德鲁的昵称）的家乡附近发生了几场小规模的流血冲突，他的大哥牺牲于战场上。安迪把生锈的武器——长刃的小刀、战斧、石棍收藏起来，这些东西他如数家珍般地数了好几个月，直到参战。他尤其喜欢那把大镰刀，他就是用它来割房子附近的高草，也曾用它打倒了英国兵。

一天，一群英国骑兵开进了家乡镇。骑兵们冲进了安迪的家，翻箱倒柜，还砸坏了一张婴儿床。一个军官大声命令安迪给他擦皮靴。

他平静地抬头望着：“先生，我是个战俘，我要求被当作战俘对待。”他没给任何人擦过皮靴。

军官举起剑在安迪的头上摇晃着，安迪脑袋一偏，剑划破了他的脸。接下来，他同兄弟罗伯特和其他一些不幸的人统统被投进了监狱。天花传染病开始在犯人中流行，受染而死的人中有一个就是罗伯特。安迪也被传染上了，等他刚刚恢复过来，又传来了另一个噩耗——他的母亲，也是他在世界上唯一的朋友，在英国监禁船上

① 桑迪（Sandy），苏格兰人的绰号。

② 安迪，安德鲁的昵称。

照料美国伤病员时死去。

二

这是个凶恶、残酷的世界。安迪刚满十五岁便成了孤儿，两手空空，一文不名，亲戚中没有人愿意收留他。但这个少年具有坚韧不拔的意志。发育良好，肌肉发达，既是个狂妄自大的人，又是位勇敢的战士。他不希望得到任何人的帮助，同时别人也甭想从他那里得到援助。

安德鲁开始在一个马具店里找了份工作，可他又为了“大城市的更令人刺激的冒险”而离开了马具店，这个大城市就是查理斯顿（Charleston）。亲戚们简直是太高兴了，为了尽快打发他动身，亲戚们情愿送给他一匹马，他们的所有包袱都卸掉了。在查理斯顿，杰克逊赌博、酗酒、赌马、斗鸡，然后又决定去教中学。

他本来就对教育知之甚少，但他周围的大人与孩子知道的更少。杰克逊清理出一块森林空地，建起一所学校。可未过多久，他又收拾起自己的东西走了。

他不能再耽误了，某种东西驱使着他向前。安德鲁骑马前往索尔斯堡（Salisbury）、罗甘县，去寻找一位老师，他想跟这位老师学习法律。因为从复杂的经验和情感的骚动中他已经形成了法学家的精神。一位律师可以变成边境地区殖民地的一杆“大枪”，能够保护定居于未占用的公地者的土地权利，还可以使一个人从谋杀罪的指控中解脱出来。

他与一些学生一起“在鸡窝和黑人小木屋之间的空隙地”住了下来，书籍、文件和小册子杂乱地摆放着。但他并不过多地麻烦书本，在由粗鲁的骑手们组成的社会里，只要有马的意识就足够了。

安德鲁用从房东那里玩纸牌赢来的钱付房租。一提到他的名字，就会使罗甘县的“有身份”的小姐们感到脸红。在一次由社会优秀团体赞助的圣诞舞会上，杰克逊一手挽着一个妓女出场。“为什么不呢？”他说，“所有女人都是生来平等的。”镇子上的打手们在目瞪口呆的气氛中把这个年轻高大的“讨厌鬼”赶出了大门。

过了两年这样的生活，安迪已准备好去开业做律师。镇上的每个酒店里都有他留下的欠账单，在每一处“名声不好”的地方都留下了刺激记忆的记录。

现在他已为在司法方面所接受的第一次任务做好了准备。杰克逊得到的职位是到共和国最荒远偏僻的地方——田纳西（Tennessee）的“不毛之地”做检察官。

三

当时，田纳西大部分的司法辩论最终都要通过子弹解决，“人人都想找一个好借口以便向他的邻居开枪”。没有一个品行端正的人的生命是安全的。对杰克逊来说，这是个理想的用武之地。他的大部分委托人，都有别人欠了他们的地或钱。所以杰克逊要做的事情就是出去寻找欠债人，并用武力把他们带到法庭。此外还要处理一种时髦的伤人肢体罪——咬仇人的鼻子和耳朵。作为一名法官，杰克逊是相当尽职尽责的。

正当杰克逊靠这种方式赚钱生活时，爱情悄悄地溜进了他的心中。他借宿于一位颇有吸引力的年轻女人家里，她名叫瑞琪儿•丹尼尔逊（Rachel Donelson）。她丈夫愚蠢地嫉妒她，并指控她犯有各种密谋私通罪。但尽管如此，瑞琪儿还是个“可爱的、纯真的姑娘，她定时阅读《圣经》，抽长竿陶制烟斗”。

杰克逊的骑士精神强烈地吸引着瑞琪儿。他对她不幸的婚姻的同情深深地感动了她。妻子与田纳西的检察官“过从亲密”，使这位丈夫气愤地发了狂。但他不喜欢冒险决斗，而愿意通过离婚的法律程序来保护自己的名声。于是，他去弗吉尼亚请求离婚。

弗吉尼亚传来消息说瑞琪儿自由了。杰克逊立即向她求婚，她爽快地答应了。

他们在密西西比的纳奇兹（Natchez）举行了简朴的婚礼。结婚两年后，他们才知道瑞琪儿与她前夫的离婚只是近期才被合法化。安德鲁•杰克逊因此暴跳如雷，擦净了枪筒，准备决斗。朋友们劝告他，为了使不可避免的流言蜚语平静下来，他现在应该“真正地结婚”。

“凭上帝起誓，我已经结婚两年了，这里的人都知道！”他嚷道。但更精明的律师获胜了，他被迫第二次举行结婚仪式。然后，他威胁要杀死那些胆敢通过搬弄是非的幽默获利的“醋汁青鱼”。

同时在田纳西又发生了一件政治大事。“不毛之地”的人口已经有了很大的增长，定居者开始要求得到许可加入联邦。各县的代表聚集在诺克斯维尔（Knoxville）起草一项法律，它将使他们的边区变成一个州。杰克逊是被挑选出起草文件的代表之一。

安德鲁坐在炉边，抽着烟斗，仔细研读一捆文件。瑞琪儿坐着织围巾时，也缩拢嘴唇吸着自己的那个长杆烟斗。

“你在读什么呢，杰克逊先生？”她问道。

“宪法，妻子。”他回答。

她焦急地望着他：“你读完了没有，杰克逊先生？”因为她正等着丈夫吃药，杰克逊的健康一直让妻子担心。

田纳西被获准加入联邦，杰克逊当选为它在美国国会中的代表。他为自己买了一套黑色套服，把难以控制的头发弄得服服帖帖，并用滑软的丝带把头发系成辫子，然后骑马前往费城——“风格高雅的大都市”。

他在首都着实引起了轰动。优雅的东部惊愕地看着这位从田纳西来的“肮脏的民主政治的支持者”，以及他那好战的下巴和目中无人的大步。他们低声抱怨，如果这就是新西部的标志，那么让上帝保佑美国的未来吧！

安德鲁•杰克逊对东部人的欣赏并不多于东部人对他的钦佩。他想回到他的斗鸡场和激烈的法律斗争中去，但他的选民们不允许他这样做。当他的代表任期满后，人们又选他为参议员。瑞琪儿必须继续孤独地坐在炉边，等着她的男人回来。

他终于回来了，被任命为州最高法庭的法官，作为对他的“对外”服务的报答。但杰克逊发现坐在板凳上的生活不适合于他的冒险精神，节奏太缓慢了。所以，当得知有机会作州民团的主要指挥官时，他立即跳了起来，不想错过这个良机。但他又精神沮丧地面对另一个事实：当时田纳西的边疆是平静的。他盼望着最美好的东西，战争迟早会到来。爱争吵的人类大家庭将会注意到这一点。

所以他等待着打仗的机会。同时，杰克逊还开设了两个零售商店，卖铁器、火药、威士忌、盐和磨石，但他不收钞票——因为田纳西人不相信联邦货币——只收更满意的食物和货物，如猪肉、小麦、马铃薯、烟草、棉花和皮货。除了这些生意之外，他还造船，做马和奴隶的生意。无论费城的上流社会怎样看，反正田纳西的人们把杰克逊看作是一位绅士——边区的杰出居民。上帝保佑那些对此表示怀疑的人！

确实有个人对杰克逊被称为绅士的权利提出了质疑。这位怀疑主义者名叫查尔斯•迪金森（Charles Dickinson），他年轻英俊，生活放荡，是杰克逊政治和商业上的对手。出于对杰克逊的成功的嫉妒，有一天他酒醉时顺嘴说出对杰克逊与瑞琪儿不正规婚姻的诽谤影射之辞。

田纳西的偶像提出与迪金森决斗。这样做显然是草率的，因为迪金森是州里远近闻名的最好枪手。在酒店里，行家们认为杰克逊成功的概率很小，情况对他很不利。迪金森打赌 500 美元，扬言一枪就能把敌人杀死。

决斗的前一天，安德鲁亲吻他的妻子，告诉她自己将出去工作，但没说明这项工作的性质。他与一伙朋友整整走了一天才到达罗甘县的约定地点。他知道迪金森的枪法很准，“但是凭上帝发誓，我也能打中。”然后又加上一句，“即使他打中了我的脑袋，我也要杀死他！”至少会有两座坟墓来代替一座。

安德鲁在酒店停下，吃了一顿可口的晚餐，上床之前又吸了很长时间烟。第二天早晨，他披了一件宽松的黑色斗篷，他相信，宽肥的斗篷的褶叠部分会把自己瘦长的身体轮廓隐藏起来，而迪金森将被击中心脏。

他会见了对手。“准备，瞄准，开火！”迪金森的枪立即响了。当看到安德鲁用手捂着胸前时，他得意地笑了。但他的脸马上又变得惨白，他发现受伤的对手并没有倒在地上，相反，杰克逊仔细瞄准，扣动扳机。

枪声没有立刻就响，迪金森松了口气。杰克逊手枪的扳机没有扣到最后。

迪金森的眼睛里露出了嘲笑的目光，他想说什么，却未等出口，杰克逊的枪终于响了。鲜血从迪金森的嘴里涌出。助手们把他的尸体搬走了。

安德鲁•杰克逊与朋友们一起走向酒店。一位朋友发现血正从他的鞋里流出，杰克逊笑了，“是的，他让我挂了点彩。”他承认。

他们把他抬到屋里，脱下他的衣服。安德鲁的两根肋骨被打碎了，子弹留在心脏附近，幸好两者间的距离还不足以致命。“他没打准，”杰克逊笑道，“因为我那宽大的斗篷褶子。”

杰克逊一直到死都在起居室的壁炉上放着一把手枪，当客人们看到它时，他把烟斗从嘴里拿出，漫不经心地说：“就是这支手枪使一个邪恶的舌头不再说话了。”

四

西部的印第安人部落，在英国人的驱策下，于1812年怀着强烈的敌意发动了反对边区殖民地的暴乱。杰克逊没等接到作战部的命令，就把田纳西的民团集中在自己的周围，开始了复仇的远征。手枪就是他的“护照”。他的胳膊用吊带吊着，由于失血过多，身体非常虚弱——这也是另一场长时间的争吵给他造成的后果。杰克逊连起床都得忍受着巨大的痛苦。战士们崇拜他的勇气，并给他起了个绰号，叫“老核桃树”。

杰克逊的士兵们全是些鲁莽而无怜悯心的斗士，他们全力以赴地消灭那些曾在亚拉巴马（Alabama）屠杀白人的克里克人（creek）。这次克里克战争中的所有战斗都是大规模的屠杀，在一个个村庄里，没有哪个“暴民”能活下来。当杰克逊骑马经过一座被毁坏的村庄时，看到一个印第安人的孩子被已经死去的母亲紧紧搂在怀里。

他把这个孩子抱到帐篷里，并给他喂牛奶，用被单把他包好，像父亲一样照顾这个孤儿，直到印第安战争结束。然后，杰克逊把孩子带回家，交给妻子瑞琪儿，把他当作自己儿子的伙伴抚养成人。

但安德鲁并非总是这样温柔。在面对一支阴谋叛乱逃跑的军人时，他便失去了温柔。由于疲劳、厌倦和饥饿——定量的烤橡子也只能吃个半饱——士兵们开始违抗他的命令往家跑。杰克逊骑马赶上，向叛军破口大骂，威胁说要开枪，治服了他们。“哪个无赖胆敢移动一步，我就让他直接下地狱！”

叛逃的士兵在他的目光下退却了，他们低声咆哮、生气，却不敢朝家的方向再迈一步。因为他们知道杰克逊说话算数，但不知道他的枪是没装子弹的。

杰克逊命令部队行军至新奥尔良，因为他听说英国人试图沿密西西比河北上，实现登陆计划。西部虚张声势的战役已使他名声大震，所以他进入新奥尔良时，受到了上流社会的酒肉款待。“杰克逊将军万岁！”在“盘子的重压下呻吟的”餐桌是由法国厨子专门为他准备的。但是将军把美味佳肴推到一边，要了一碗碎玉米粥。

英国人此时正向南部的王后城接近，传说他们专心致志于猎取财宝和美色。但“老核桃树”发誓，英国兵永远不会侵入新奥尔良，除非他死了。杰克逊命令加强防御。一捆捆棉花从货栈扛走，堆放到堡垒里。一位货主冲进杰克逊的军营，大声争辩被征用的棉花是他的财产。将军把一支枪放到他的手里，“因为这是您的财产，先生，保护它就是您的任务。入列！”

与此同时，联邦政府派了一位使者到根特（Ghent）同英国人谈判。一段时间的谈判，双方终于签订了一项停战条约。和平已经到来，可是英军指挥官和安德鲁都在积极备战，因为他们根本不知道双方谈判这回事儿。这就是大西洋电缆铺设之前的时代所遭到的通讯缓慢的惩罚。

英军用草引式步枪攻打美国堡垒，在一刻钟内就留下了700多具尸体和1400多名伤员。对他们来说，这是那个世纪伤亡惨重的战役之一。美国却只有8人阵亡，13人受伤。

休战协定通告传到新奥尔良时，杰克逊愤怒至极。向上帝发誓，他想吊死所有那些在他乘胜前进时爱管闲事的制造和平的政治家！

杰克逊沮丧地解散了军队，阴郁地接受了大多数人的喝彩。没有更多的克里克人可杀了，英国人离开了，他也没有什么事情可做了。只要政府下命令，他就会开进佛罗里达把它从西班牙人手里夺回来。

“这真是个好主意！”

五

“老核桃树”已经成为新奥尔良的英雄，整个国家给了他暴风雨般的欢迎。他给瑞琪儿写信，信封里装了一个骨头切片，提醒她记起他那受伤的胳膊，现在正在恢复。然后他前往华盛顿。在弗吉尼亚，老汤姆•杰弗逊邀请他参加宴会；在白宫，多莉•麦迪逊为他主持了专门的庆祝大典。尽管杰克逊声望显赫，却还没有学会合乎语法地发言或说话。他给侄子写了封劝告信，这位侄子刚刚进入西点军校 (West Point)。“你现在是在陌生人中间，在各方面你都应该得到保护……你应该在贞洁的女性中间培养一个相识，避免同其他人交流……因为你会发现这个社会是由卑鄙的人组成的……”

何必为他的文字不通而着急呢？全美国的普通人已经懂得尊敬和爱戴他。在联邦的政界，杰克逊已成为具有强大影响向力的人物。他无视作战部和国务院的意见，擅自率领军队开进佛罗里达，把西班牙驻军赶出了圣马克斯（St. Marks），把西班牙总督赶出了潘萨克拉（Pensacola），另外还绞死了两个被指控犯有间谍罪的英国人。华盛顿政府不敢在军事法庭审讯他，因为人民非常爱戴他，这个骑在马背上的人！

与此同时，西班牙听任自己损失佛罗里达地区，并心甘情愿地卖掉它。杰克逊被任命为这个新获得地区的州长。但很明显，文官不是他满意的位置，因此，他提交了辞呈。

这是他辞去的第六个行政工作，门罗总统不知如何处理这支“麻烦枪”。总统考虑让他担任驻俄国大使，并征求他本人的意见。

“我的上帝，”这位老智者说，“如果你担负起这个职务，你将永远有嘴仗可打！”

但等待“老核桃树”的是与驻俄大使相去甚远的命运。普通士兵中的精明的政治朋友对他的希望是成为美国总统。安德鲁不正是普通人以及千百万没有教养和文化的先驱者的化身和形象吗？他们梦想依靠自己的力量打开出路，他真是“人民总统”的理想候选人！

至于他的文理不通，那没关系！他的经纪人们说，他们会负责把他的演讲和文章编辑出版。他们将“摧毁他的古怪，使他在每一个社交场合闭紧嘴巴，抑制冲动……”为了能够把安德鲁·杰克逊从人民的手臂中推举到白宫，他们还有许多事情要做。

1824 年，他们的初次尝试失败了。事实上，安德鲁·杰克逊已经得到了超过约翰·昆西·亚当斯（John Quirtcy Adares）[①]、卡尔洪（Calhoun）、克劳福特（Ciawford）和克莱（Clay）的大多数人民的选票，但他未能得到选举人的大多数选票。由于没有一个候选人得到半数以上的选票，因此选举移交给众议院，由众议院从票数最多的三个人当中裁决。亨利·克莱为了支持亚当斯，使东部的保守党退出了选举，杰克逊的总统职位就这样被骗走了——正如他的朋友所说的那样。

这个“反对人民的阴谋论，其结果只是提高了杰克逊的威望。”令人不快的暗示——“政治家的不道德的交易”——像野火一样

① 约翰逊·昆西·亚当斯（1767—1848），美国第六任总统。

在整个国家蔓延开来，因为亚当斯已任命克莱为他的国务卿。国家被分成“亚当斯派”和“杰克逊派”，亚当斯宣誓就职时，周围一片唏嘘和口哨声。亚当斯无论走到哪里，就连躺在床上，似乎都能听到众人的嘲骂声在耳边轰鸣。被忘却的人发了一个永远不会忘记的誓。1829 年，约翰•昆西•亚当斯，一个神经紧张、意志瓦解的人，放弃了他的职位，同时杰克逊以绝对优势的多数票成功地入主白宫。

但这个胜利的代价是昂贵的。东部的新闻界对他倾泄了猛烈的诽谤性攻击，目的是想让这位“诚实的、野蛮的人”不再占据总统的宝座。记者们重新提起了关于他与瑞琪儿的特殊婚姻的恶毒诽谤，人们撇嘴咂舌，散播着“通奸”的谣言。瑞琪儿的心受到了严重的伤害，选举后不久，她就在家族的墓地里找到了一个安息处。安德鲁•杰克逊的所有温馨、柔情也都随着瑞琪儿一道被埋葬了。他眼含热泪，看着妻子下葬，他的心也一起去了。他渴望能同妻子一起坐在天堂壁炉旁的长长的阴影中，但他还必须先去处理一些未完成的事务。他严厉地注视着华盛顿。

六

当杰克逊匆匆进入白宫时，一场龙卷风正在他的周围旋转，他的就职典礼是美国历史上最令人吃惊的事件之一。以往的就职舞会上的规矩而高贵的小步舞被边疆狂欢节的飓风卷走了。杰克逊是人民的一员，因此人民来到华盛顿，他们挤进白宫，敲着酒钵，打碎玻璃，把东西倒在地上，泥泞的靴子弄脏了地毯；他们为了看一眼自己的总统而跳到缎椅上；人们又唱又喊又跳，兴奋不已，因为新时代这个属于普通人的黎明已经到来。

的确，一个属于普通人的黎明到来了。杰克逊的第一个官方行动就是开除了全体内阁成员，因为他们的夫人们冷落了作战部长的妻子蓓姬•伊顿（Peggy Eaton）。蓓姬是一位酒店老板的女儿，出身卑微，因而是华盛顿社交界的避讳。但杰克逊对人情的兴趣大于对社交界的兴趣，他的妻子就是被不公正杀死了，对这一点他至今记忆犹新，所以总统极力支持伊顿夫人。这使上流社会的圈子产生了反感，却赢得了整个国家被压迫、被轻视的人们的热爱。

他虽然已经给势利小人以有力的打击，但是现在他发现自己又面临着另一场更严峻的战斗。美国正在酝酿着一场公民的骚动。1832 年，南卡罗来纳人民不满于联邦关税法，并威胁要退出联邦，除非取消这类法律。但骚乱的镇压者杰克逊对这些要求置之不理，“美国的法律必须得到实施”，他宣称，因为无视这些法律的任何一个州“都是在制造分裂，而用武装力量进行分裂的就是叛国”。然后，作为一种严正的警告，他派出七条缉私船和一艘战舰前往南卡罗来纳，并下令，如果哪个州的绅士们拒绝服从法律，那么他们优雅的脖子就要受到绞刑。

1833 年，“老核桃树”采取迅速、果断的行动，阻止了脱离联邦主义者的战争。南卡罗来纳人认识到了他们所固执的事情的真相，因此返回了老家。

这个强大的人物又获得了一次胜利。不满者继续抱怨他的专横行为，称他为“煽动家”“独裁者”“沙皇”。杰克逊反击说，太好了，沙皇将要向“皇帝”宣战。这个“皇帝”是尼古拉斯•比德尔（Nicholas Brddle），美国银行的首脑，美国财政的控制者，也是美国政府这个木偶的操纵者在比德尔“皇帝”的影响下，美国已经变成了财阀政治——这正是托马斯•杰弗逊曾经担心和反对的事情。现在杰克逊开始与之斗争，并决心把斗争进行到底。银行的原有营业许可证将在1836年终止，可银行董事会早在1832年就要求颁发新的许可证，他们通过广泛贷款的方法为有利的活动铸平了道路，杰克逊把这些贷款叫作对国会五十九名成员的贿赂。为了同新闻界搞好关系，他们也给了主要报纸一笔“善良意志贷款”。这些做法无疑帮了他们的忙，国会投票支持发给合众国银行新的营业许可证。但董事会未将杰克逊考虑在内。总统迅速而坚决地行使了否决权。在这个否决中，他向美国的“农场主、机械师和劳动者”清楚地表明，对于任何“使富人更富，使强者更有力量”的法律，他将“一如既往、坚定不移地反对”。

总统的否决引起了轰动。充满火药味的文章像雪崩一样向他压来，但“老核桃树”坚定地屹立着。1832年他开始竞选连任，尽管新闻界对他充满了敌意，可群众辱倒一切的欢呼声又使他成功了。

然而杰克逊的斗争尚未进行到底。连任之后，他立即把所有政府存款都从合众国银行里提取出来，就像抽干了水的鱼池一样，银行喘息、挣扎，最后倒闭了。

战争结束了，财政垄断终于打破，这都是依靠杰克逊的力量。他曾长期起马率领民团在疟疾滋生的沼泽地里跋涉，曾在决斗和战争中忍受了剧大的痛苦，也曾在酒店里耗费了过多不眠之夜。最后由于妻子的去世，他失去了残余的精力，只是因为那像钢铁般坚强的脊椎骨的支撑，他的头才没有低下。在第二个任期的最后一年，他又得了肺结核。

但杰克逊仍很活跃。他到农村旅行，与人民接触，了解他们对总统的看法，考察人民的生活是否由于他的努力而有所改善。

终于,他完成了自己的“统治”,这种统治杰克逊以前从未要求过,只是在朋友们的恳求下他才接受了。现在他幸福回到了西部选民的敬爱之中——未受教育的人民的未受教育的偶像。

七

杰克逊曾一次又一次地向妻子保证，要参加教会，可他的生活里一直充满着战斗和愤怒。现在，在宁静的隐居之处，他与牧师们一起长时间地散步，讨论他的宗教皈依设想。

一次散步时，牧师说：“将军，我有责任问您一个问题，您能宽恕您的敌人吗？”

“老核桃树”低头沉思片刻，然后抬起头，眼睛里跳动着火焰。

“上帝啊，我还没老到那种程度。”

最后他变得温和了，愿意妥协。“我准备原谅我的一般的敌人，但不是具体的敌人。不，先生，不包括具体的敌人。”

牧师笑了，但还是把他吸收进了他父辈的长老教会。

当将军准备接受他在天堂里的最后任职时，口中还热心地祈祷着：“但愿在那里也能看到神圣的战斗永不停息。”

安德鲁·杰克逊生平大事简表

1767年——生于北卡罗来纳州的联合县。

1780年——自愿参加革命战争。

1786年——取得律师资格。

1788年——被任命为田纳西州的“不毛之地”的检察官。

1791年——与瑞琪儿•丹尼森结婚。

1796年——当选为新近进入联邦的田纳西州的第一位众议员。

1797年——进入美国参议院。

1798年——被提升为田纳西州最高法院法官。

1801年——被任命为民团总司令。

1815年——在新奥尔良打败英军。

1821年——担任佛罗里达边疆的州长。

1824年——在竞选总统的四位候选人中，他得到民众的选票最多，但未能获得多数。

1828年——当选为美国第七位总统。

1832年——阻止南卡罗来纳州退出联邦的计划。再次当选总统。否决重新发给合众国银行许可证的议案。

1837年——退出公职。

1845年——死于田纳西州的哈米特奇。

亨利·克莱

Henry Clay

（1777—1852）

一

1781 年 6 月，亨利四岁了，他父亲就是在头一天安葬的。弗吉尼亚的汉诺威县（Hallover）的克莱庄园里笼罩着疯狂而悲伤的气氛，因为塔尔顿（Tarleton）的英国侵略者已经冲进镇里。他们正搜查克莱庄园，撕开枕头、打碎家具，偷走了克莱夫人的结婚礼服。“你们这群恶棍！”小亨利不停地骂着，在一个醉醺醺的英国兵的恐吓下他才住口。

英国兵在宅院里没有找到“财宝”，失望之余，他们又出去侵犯亨利父亲的刚刚下葬的坟墓，结果仍是一无所获，没有什么地下财宝可被发现。塔尔顿转向克莱夫人，笨拙地道歉，并把钱袋里的几个银币倒在地上。她没有拒绝“赔偿”损失，但当侵略者一离开，她就把这些硬币全部扔进火里：“我的孩子，这就是对待敌人赠品的方式。”

二

他，一位好斗的母亲的第七个孩子，已经到了戏剧性的年龄。父亲约翰•克莱牧师，是位成功的布道者。亨利继承了母亲的脊梁和父亲的舌头。他的继父亨利•沃特金说：“这个青年应该成为一名优秀的律师。”

年轻的克莱同意继父的看法。白天他在巴蒙基（Pareunkey）——印第安语，意思是“我们汗流浃背的地方”——的农场里劳动、流汗；晚上到谷地里对着蟋蟀和星辰朗诵帕特里克•亨利的《给我自由》。

十四岁时，继父安排他在靠近里士满（Richmond）市场的迪克•丹尼（Dick Denny）的零售店里当店员，“在那里你可以挣钱，也可以与人接触，这是良好的法律训练的两个必要的初始步骤”。第二年亨利•沃特金携妻子和她的十五个孩子一起，迁居肯塔基州。临走时，他把照顾继子的事宜委托给了朋友彼得•丁斯莱（Peter Tinsley）——里士满高级平衡法院的办事员。丁斯莱先生不仅雇用年轻的克莱作为代理办事员，而且还把他推荐给弗吉尼亚最著名的律师之一——年已古稀的乔治•威特（George Nythe）。

对亨利•克莱来说，这是个光明、顺利的机会。上了年纪的律师的手指因患风湿症而变得僵硬、不灵活，因此需要一个文书。他要求亨利做他专门的抄写员。当老头看一到整洁、清楚的笔迹时，对亨利说：“很好，每天晚上到我的办公室来，替我抄写案情摘要。”

“是，先生。冒昧地问一句，您是否愿意以教我法律作为报酬？”

“非常愿意！”

他们之间的关系十分友好、融洽。几个月后，威特先生评论道：“亨利，你已经给了我一只新手。”

“先生。您却给了我一个新的头脑。”亨利答道。

三

亨利在最高平衡法院的办事员同事们中出现时，曾引起了一场小小的轰动。不是因为他那才华横溢的头脑，而是由于他那古怪的外表：又高又瘦，局促不安，穿着椒盐色的丝棉套装，其燕尾“以四十五度角”向后翘起，而前面突出的则是奇小的眼睛和阔大的嘴巴。总之，他简直就是一幅漫画。但是克莱没有时间为自己怪异的外表感到不安，他正忙于汲取知识、处理公务和观察里士满的名人——杰弗逊、门罗和马歇尔——当他们在法庭办案时。

仰仗乔治•威特的好心提携，这些名人注意到了亨利•克莱。“这个笨拙的年轻农民具有成为一个优秀人物所需要的品质。”所以，在他的“令人羡慕的欣赏者”的鼓励下，他继续研究，直至 1797 年取得了律师资格。被里士满的社交圈子接受之后，克莱青年时期不善交际的情况才有所改变。人们不再以貌取人，人们越过他那平常的小眼和“马”嘴，发现了高尚、博大的心灵。他已成为政治上的理想主义者、杰弗逊派的共和党员、法国革命的同情者和人民权利学说的信仰者。

同时，克莱也成了一名优秀的演说家。他的声音像装有许多根弦的乐器，他能够把它调整为适合于各种情绪的和声——公开谴责、蔑视、愤怒、遗憾、劝告、温柔、欢乐。这位二十一岁的“老青年”——他的头发过早地变为灰色，在寻找悬挂着律师招牌的地方，这个地方将作为发挥他那冲动的、丰富的、野心勃勃的戏剧天才的良好剧场。克莱看中了肯塔基——边疆的荒野，那里的人生性好斗因而诉讼频繁。

他在肯塔基定居者中成了最受欢迎的人，因为他喜欢法律、争吵、白兰地酒和纸牌，并且首先是因为他喜欢自己的同类人。亨利是边疆农民粗野集会的中心人物。在一次社交集会上，当大家酒足饭饱之后，他跳上桌子指挥着人们尽情跳舞。次日早晨，他毫无怨言地为地上的碎玻璃杯和瓷器的碎片赔款一百二十美元。

他有求必应，还同样毫无怨言地为朋友们还债，常把他们亏欠的账单归于自己的名下。

因为克莱确实能负担得起这种奢侈。他与一位富家女子结了婚，同时人们纷纷托他办理案子，使他应接不暇。其中不仅有与他岳父的生意有关的民事诉讼，也有谋杀案。作为罪犯的优秀辩护律师之一，他在各州赢得了声望，据说没有一个被指控犯有谋杀罪的边民经过亨利•克莱的辩护被判处死刑的。“肯塔基法庭有时可能是瞎子，但在滔滔不绝的辩护面前从来都不是聋子。”一次，由于他的辩护，一个被指控犯有异常残忍的谋杀罪的人的起诉被撤销了。谋杀者感谢他时，他答道：“啊！威里斯，可怜的家伙，恐怕我拯救了太多像你这样的人，你们本来是该被绞死的。”

然而一般说来，克莱拒绝为别人辩护，除非自己对此人的犯罪持有合理的怀疑。他为阿兰•布尔（Aaron Burr）辩护，反对指控被告犯有阴谋推翻政府罪时，情形就是如此。在接受委托之前，他曾要求布尔保证“他心中不怀有任何敌视国家的和平与统一的念头”。布尔明确回答：“我既没有任何想法，也未采取具体措施来促使联邦解散或任何一个州从中分离出来……我没有干涉政府事务或扰乱美国安定的动机……我既没有步枪，也没有刺刀或者军用商店中的任何东西，没有人为我工作、受我指挥或带着我的指示……我想这些解释本身能使您相信，您并没有以任何与法律、政府或国家利益相悖的做法来维护一个人的利益。”

尽管他怀着明显的善良愿望为布尔辩护，但谣言贩子还是把亨利•克莱的名字同叛国罪连在了一起，这种闲言碎语几乎毁了他的法律事业和政治生涯。在他刚刚当选为美国参议员时，政敌们竭尽全力要“把这只暴发的小公鸡从高位上赶走”。

但亨利•克莱挨过了这场风暴。在整个一生中，他都展示了招致并安然度过暴风雨的才能。他总是设法安全驶入自己的每个抱负的港口，除了美国总统的职位。克莱的生命悲剧就在于他的野心太大，正如希腊剧作家们指出的，诸神不喜欢野心过多的人。野心太大会使自己碰壁失败。在广交朋友的努力中，他也树立了很多敌人，因为没有人能确切地知道他究竟站在何处。他的人生哲学就像美国政治的交叉水流中的一根羽毛，让自己随波逐流，不管方向。但这些水流从未把克莱卷进他急于到达的地方——白宫。

四

亨利•克莱向往、追求白宫的过程是漫长而不平静的。他一次次地努力，却又总是一次次地返回原地。他的第一次公开演讲是为了黑奴的利益，提倡解放黑奴。他的下一个政治姿态是谴责《煽动性言论法案》——它是在联邦主义者煽动下通过的，用来限制言论和出版自由。克莱似乎明显地倾向于美国自由主义的方向。“来自肯塔基的参议员”，约翰•昆西•亚当斯说，克莱“是个非常年轻的人——一个演说家——也是一个最热心的共和主义者”。

但是随着年龄的增长，野心使克莱丧失了判断力和共和主义态度。他从参议院到了众议院，并把新的政治工作视为达到总统宝座的理想跳板，因为克莱已经得到了让他担任议长的许诺，通过这个显赫的位置，全国人民都会听到他的声音。

当他成为议长后，他的声音里却隐含着可耻的目的。克莱宣称自己是“年轻美国的灵魂”，用冲动的无思想的滔滔言词把美国赶入了战争的旋涡中。卡尔•舒尔茨（Carl Schur）在《亨利•克莱的生活》中写道：“可以毫不夸张地说，是他的领导能力导致了 1812 年的战争。”克莱的战争动机，是侵略性扩张的欲望，是对加拿大的征服和吞并。他坚持“征服加拿大是在你的权限之内，获得与该国有关的全部皮毛贸易难道毫无意义？”克莱是被鲁莽的野心引入歧途的容易冲动的青年，急于看见自己以及自己的国家变得更加强大。从本质上看，与其说他是个军国主义者，不如说是社会主义者。通常他提倡这样的事情：只要在当时它能保证自己具有获得个人荣耀的最大机会。

但克莱并非不诚实，相反，他实在而真诚地相信，自己的命运与国家的命运不可分割地连在了一起。他感到自己被神圣地指定，通过自己的伟大把他的国家导向伟大。“我喜欢真正的荣誉，”在一次议会的讲演中他说，“这种情操应该保持，尽管人们对它吹毛求疵、冷嘲热讽，试图把它压倒，但它会引导美国达到上帝和自然为之设定的最高点。”

他认为只有他，才能够通过自己高超的智慧把他的国家带到渴望达到的高度。他是位具有救世主心理的政治家。不幸的是他有一个弱点，对他那救世主的希望来说是致命的，即几乎在每一个问题上他都有确定无疑的才能选择与人民大众不同的一面。

在促使 1812 年的战争问题上，他就是站在反大众的一边。在那场战争中他的吞并主义政策失败了。亨利•克莱不仅没有把自己提升到总统职位，反而成功地把反对他的政敌——新奥尔良战役的英雄安德鲁•杰克逊——推了上来。

1824 年，他首次与杰克逊竞选。那是一场“三角战，”——克莱、杰克逊、亚当斯，但谁也未能获得超过半数的选票，最后由众议院来决定谁将成为总统。结果，克莱作为议院议长，巧妙地做了安排，使亚当斯当选了。

从那时起，杰克逊积下了对克莱的终生仇恨，因为亚当斯任命克莱为国务卿。杰克逊断言，这种情况显然是一场政治交易和舞弊。克莱诚实地回答他没有做交易，他从未试图获取国务卿这个职位，甚至一点也不想要它。他想要的全部东西就是总统的职位，为了得到它，他必须与新政敌作战并设法打败对方。因此克莱让自己反对“杰克逊”及其所代表的每个政治和社会原则。这是一场不平等的较量——羽毛对飓风。但是克莱没有看到自己取胜的不可能性，相反，每一次失败都使他更急于发动新的进攻，可这只能导致更加灾难性的失败。这是美国历史上最可悲的勇敢战斗。

他一度是个无党派人士。汉密尔顿的老联邦党已偃旗息鼓；以杰克逊为首的民主党实际上控制着政府。为了推翻杰克逊，克莱决定建立新的政党和新的事业。

亨利·克莱把他的新政党叫作“国家辉格党”，把他的新事业称为“美国体系”。这个“美国体系”实质上是欧洲的混沌状态，它基于商业的贪婪和国家的野心，而这两样东西正阻碍着“旧世界”的社会进步。同时它提倡三重政策，即保护垄断、剥削劳动、为私人企业分配公众资金——以及个人贪污。它是反对进步的美国主义潮流本身的反动政策。亨利·克莱又一次为自己设立了一个没有希望的目标。他正在要求他的向往未来的同胞们回到过去，就好像对着前进中的军队喊：“向后转——继续前进！”克莱的政策从一开始就注定了失败的厄运。

然而这种政策有时也可能成功，至少可以暂时成功地把他推进白宫。但克莱从未对它进行良好的试验，他总是不成功地试图把自己的手指按在人民的政治脉搏上。在此过程中，他接连不断地改变他的方针，从愤怒的战士变成“伟大的媾和者”，从激进主义者变成了顽固的反动者。

包括克莱的热情支持者在内，没有人能够断定他下一步将走向哪里。他是个旋转的苦修僧人①，迅速地旋转，却从未到达适合于他的所有平静活动的地方。

① 旋转的苦修僧人，崇拜时身体旋转舞动。

无论何时采取了新的方针，他都坚信这是个最终的方针，它为他自己以及他的国家都指明方向。首先，他急于做公正的事情。尽管承认了想当总统的野心，可他严肃地说："宁愿是正确的，而不愿是总统。"然而不幸的是，他从未当过总统，而且也很少是正确的。

五

克莱参加过两次决斗，在阿什兰（Ashland）买了块土地；款待宾客，"他从不独自进餐，而是与一群社交界的朋友一起吃饭"；教育子女；慷慨地送给妻子大量的手镯、天鹅绒和鹳毛；然后宣布于1832年第二次用他的"总统十字军"反对杰克逊。既然杰克逊已经宣告自己是合众国银行的敌人，那么克莱感到"有责任"表明自己是银行的支持者。这又是一个政治角斗，从一个极端跳到了另一个极端，因为克莱在1811年时是银行的敌人。

同时这又是一次政治错误，因为时代的潮流和公众的心情是坚决反对财政垄断的。据说在竞选期间南卡罗来纳的一位醉汉祝酒时说："这是给亨利•克莱的，天啊！我真希望他是鲸肚子里的灾星、地狱中的魔鬼。他锁上门，却丢了钥匙，而且在百万里之内没有一个冶炼之神能为他再做一把。"

在投票处，克莱彻底失败了。

他的下一个政治错误是通过范布伦（Van Buren）[①]向杰克逊的攻击，结果是搬起石头砸了自己的脚。在银行论战期间的一个值得

① 范布伦（1782—1862），1837—1841年任美国第八位总统。

纪念的场合，克莱私人请求范布伦为了美国人民的“受到威胁的家园和希望”而向杰克逊求情。他在参议院拥挤的走廊里对范布伦喊道：“到他那里去，告诉他……他的流血的国家的实际情况……失业者令人伤心的悲惨状况……无依无靠的寡妇们的眼泪……无衣无食的孤儿的哭声……告诉他，他周围那些小人的谗言已经欺骗、出卖了他……请求他暂停，请他不要让勇敢、慷慨、爱国的人民陷入疯狂和绝望！”

当克莱说完了这些催人泪下的恳求之后，走廊里的小姐们用手帕轻轻地擦着眼睛。四处可以听到压抑的呜咽声，范布伦显然已被感动了。“红狐狸”[①]沿着走廊慢慢走到亨利·克莱的座位，要了一撮鼻烟，吸入肺部，接着打了一个气势磅礴的喷嚏，为肯塔基人的口才喝彩。

克莱永远忘不了这个喷嚏。杰克逊任命范布伦为驻英国大使时，“能言善辩的老家伙”鼓动参议院拒绝通过。因此杰克逊决定把范布伦作为向克莱复仇的工具，他任命“红狐狸”作总统的后继者。人民听杰克逊的话，于是范布伦当选了，而克莱被迫喝下了这杯更苦的失败之酒。

在失败面前，他的勇气是令人叹服的。每一次政治失利之后，他都积聚新的力量出现。此外还有个人的悲剧，在短短的几年里，他的女儿和儿媳都死于分娩，但他仍坚定地前进。克莱的脸上总是向世界显示着一种宽宏大量的微笑和一颗坦率的心。在范布伦的就职典礼上（1837 年），他与自己的同一个政治宿敌里奇（Ritchie）

① 红狐狸，范布伦的绰号。

直面相遇。克莱主动地把手伸过去，里奇高兴地接受了："时间已经使您有所改变了，亨利。"

"是的，汤姆，"克莱把自己的双手像伸展开的棕榈树一样伸向前方，"只要可能，我一定避开这个老家伙。"

他是个体无完肤的斗士，却总是期待着下一个机遇。虽然已经老了，他的演讲仍能深深地打动听众。克莱的语言就像一串串动人的气泡从他的嘴里跳出来，没有实体，融进稀薄的空气中。但在那短短的一瞬间，它们又是多么美丽、辉煌啊！他的敌人和朋友都承认他声音的诱惑力。他的死敌兰多尔弗（Randolph）——他们之间曾进行过决斗——得了肺痨，在弥留之际听说克莱正要做一次演说，便请求别人把他抬进参议院："临死之前，我想再听一次那个声音。"

六

克莱那金贵的声音正是他失败的原因。这种声音使他具有了优秀的演员和蹩脚的政治家的特征，给他带来的是喝彩而非选票。人们听他的演讲是一种享受，却不令人信服，因为在他们听来，他似乎没有什么坚定的信仰。当刚刚加入联邦的州出现奴隶问题时，克莱拒绝采取一个明确的主张。像通常一样，他决定拥护折中的方案：成对地认可这些州，即每认可一个奴隶制的，就相应批准一个自由人的；允许北纬 36° 30' 纬线以南的所有新州实行奴隶制，在这条线以北的全部新州则禁止。这是个绝妙的平衡想法，就像他那华丽的辞藻一样对称，但这个方案的唯一缺陷就是不能实行。克莱未能看到数年后林肯对这一问题看得多么清楚——没有一个国家能够容忍一半奴隶、一半自由人。

在合并得克萨斯（Texas）的问题上，同样暴露了克莱的摇摆不定态度。1820 年他主张得克萨斯已经包括在路易斯安那的交易中，因此它属于美国。1827 年，他改变了想法，承认得克萨斯属于墨西哥，并建议美国应该用 500 万美元把它买回来。几年之后（1836 年），当得克萨斯宣布独立于墨西哥时，克莱温和地支持美国的不干涉政策。到了 1844 年，他又积极地反对合并得克萨斯。1848 年，在一个不幸的时刻，他决定再一次竞选总统，并在得克萨斯问题上继续采取忽冷忽热、犹豫不定的政策。对于反对合并得克萨斯和反对与墨西哥战争的北方，他宣布自己是和平主义者、反合并主义者；对于支持战争的南方，他又宣称自己是黩武主义者和合并主义者。

墨西哥战争对克莱来说是场个人的悲剧，因为在这场战争中，他的心爱的儿子被杀死了。克莱在给朋友的信中说，在我充满家庭痛苦的一生中，失去儿子是我最大的痛苦之一。

除了极度的悲伤之外，后来他又经历了他一生中的最大侮辱。那是 1848 年的总统竞选，这是克莱第五次进入白宫的无效尝试。这次，他不仅没有获得提名，而且没能获得他自己的州的代表团的许可，甚至连最亲密的朋友也厌倦了他那多次重复的政治把戏。

七十一岁时，他放弃了当总统的野心，检讨自己过去的生活，就像是一团混乱不堪的线，没有明显的意图或意义。然而在这种无意义的混杂中难道没有一个确定的模式？亨利•克莱的个性中难道没有代表着某种清楚、高尚和有意义的东西？他的妥协倾向中难道没有显示出一种盲目的然而是本能的对真理之光的追求？在他的所有政治错误中，在他的所有个人犹豫中，都包含着对统一的美国的深情的爱。一次演说时，他说："先生，我曾经听到关于我效忠于南方的说法。凭良心，无论对南方、北方还是东部、西部，我都不欠忠诚。"这些话，代表了美国理想的真正要旨，成为参议院历史上最自然的典范。克莱等待着欢呼声平息下来，然后抬起他那骄傲的头，收回疲劳的手臂，继续说："如果肯塔基明天举起了非正义的反叛旗帜，我决不会在这个旗帜下打仗。我对整个美国拥有最高的忠诚，对我自己州的忠诚是其次的。当我的州正确时，我将分享她的光荣。但如果她召唤我……去支持她的非正义事业，反对联邦的统一，我永远、永远不会参与！"

统一、不受骚扰的美国，这是克莱的伦理、政治和宗教信仰。"如果有谁想知道我生命的最重要、最崇高的目的，"他写道，"保卫美国就是答案。"

亨利·克莱生平大事简表

1777年——生于弗吉尼亚州汉诺威县。

1797年——在里士满进入弗吉尼亚律师界。

1806年——进入美国参议院。

1811年——担任众议院议长。

1815年——谈判并签订《根特条约》。

1824年——发表关于“美国体系”的演讲。在总统竞选中被击败。

1825—1829年——担任约翰•昆西•亚当斯总统的国务卿。

1832年——在总统竞选中被击败。

1833年——提出折中的关税法案，以便阻止南卡罗来纳州退出联邦。

1840年——未能被提名为总统候选人。

1844年——在总统竞选中失败。

1848年——未能获得总统候选人的提名。

1850年——提出解决奴隶制问题的折中办法。

1852年——在华盛顿去世。

丹尼尔·韦伯斯特

Daniel Webster

（1782—1852）

一

“您儿子那宽大、黑色的前额恐怕不是伟大的贵相，或许是软骨病的征兆。”他的脑袋越长越大，皮肤越变越黑。是不是父亲埃比尼泽（Ebenezer）的血统里有黑人血液，如今在他儿子的身上表现出来了？“无疑，在这个新罕布什尔（New Hampshire）的爱尔兰小伙子身上有某种属于黑色南方的东西。”他从不干活，似乎南方慵懒的风要使他永远停留在幼儿期。

但是懒惰在新罕布什尔农场的沃土里和含盐的空气中不能成长壮大。当新英格兰农民把沾满烂泥的鞋放到床边后，他们的梦里不存在安乐乡。来吧，丹尼尔，让你降生世间，不是要你梦想，而是要你去干活！

“他如此不可救药的懒惰，我得把他送到学校去，”老埃比尼泽决定了，“他在这里实在没有任何用途。”

“这孩子的身体太虚弱了，”母亲补充说，“去学习总比跟他姐姐摘越橘好得多。”

想想看，受教育毕竟不是一件坏事，老埃比尼泽对此深有感触。作为革命战争的老兵，他曾被选入仪仗队，在华盛顿的帐篷旁边站岗。但战争结束时他凭着这段经历进入国会了吗？根本没有！“我出力流汗让沙地长出蔬菜，可是我的战友老阿比尔•福斯特却在华盛顿一天挣六美元。”这一切都是因为阿比尔曾经上过学。

所以丹尼尔带着父亲的祝福进了学校。父亲会是怎样的祝福和咒骂啊！在菲力普（Phillips）学校里，丹尼尔坐在一年级教室的最后一排。这个座位价钱昂贵。为了让儿子能坐在这个座子上，父亲把全部积蓄都花光了，但从长远打算，这总比坐在干草堆上做梦划算。坐在干草堆上，不说一句话，你的生命会随着梦想流逝。在学校里，丹尼尔生活于人群中间，他交朋友，与别人交谈。为了相处，人必须学会使用语言。于是，丹尼尔发现自己有一个声音，而且他周围的所有老师和学生也都有。上帝啊，他能用自己的音乐般的声音使人们进入睡眠状态。那么他说了什么？什么也没有，只是一些词，金光灿烂的词。

当他吃力地爬上汉诺威（Hanover）山去参加塔特茅斯（Dartmouth）大学的入学考试时，他想起了菲力普学校的老师给他临别赠言：“勇敢些，孩子，要勇敢。你的拉丁文不太好，希腊文更差。你的几何，更不用提了。但你有口才。你口齿伶俐，只是论据不能令人信服……”这就是在凉爽西风吹拂下的土地上，一位新英格兰学校老师送给学生的拙劣的心理安慰。

二

“他知道的越少，越愿意啼叫。”戴着圆礼帽的其他学生谈到丹尼尔时说。嫉妒！纯粹是嫉妒！他们的帽子根本没有他的大！他们嫉妒他那巨大的脑袋。到此时，每个人都知道他并没有患软骨症，于是他们既嫉妒又蔑视。

他们是有理由嫉妒的。他对待小姐们的方式多么那个，他怎么就能“抓住”一个漂亮的脚踝骨呢！

然而，他“瘦得像个黄鼠狼，黑得像只乌鸦”。那么，究竟是什么使新罕布什尔的小姐们对他如此着迷呢？一定是他那双眼睛。丹尼尔•韦伯斯特的眼睛“像死亡一样黑，它们似乎能看破所有秘密。魔鬼才有这样的眼睛”。这双眼睛使女人们着了迷，成为丹尼尔身上不可抗拒的魔力。

的确，他是个相当了不起的人物。在那些日子里人们常说，塔特茅斯共有“四位教授、三个礼拜堂，一个电铃、一笔赤字和黑色的丹尼尔”。

现在他离开了大学，无事可做。有一阵子他试着在弗来堡（Freyburg）教中学，后来又进了波士顿的大律师克里斯托芬•高里（Christopher Gore）的办公室，以便学习“法律程序的奥秘”。实际上，丹尼尔一点也不喜欢法律，它使他厌烦。法庭整齐、严格的机械性，使他的头脑显得太大、太复杂了，他渴望风的波涛，渴望横扫一切的热带风暴使他那新英格兰的冻结的想象力活动起来。

他喜欢交谈，用语言的溪流控制陪审团。但在研究的时候，形成法律摘要的痛苦以及文件包里的全部可恨的内容，使他烦恼。高里律师知道，这时候，一大杯葡萄酒会帮助年轻的丹尼尔忘掉他的烦恼。

最后，耐心的高里律师使丹尼尔熟知了法律，同时他感到自己就像一个泄露了魔术天机的魔术师。现在这位具有了新发现的能力、初出茅庐的律师可能变成一个残忍的暴君，也可能变成一个光辉的先知。“要成为对你的朋友有用的人，丹尼尔，”这是高里的最后忠告，“同你的敌人保持一定距离。无论你吃什么面包，都要使它成为独立的面包。”

三

丹尼尔穿上他那质地精良的缀有珍珠纽扣的黑色西服，从它的翻领上，可以看到薄绸衬衫的花边。他拄着一根马六甲手杖，那是他学生时代到市场用一条颜色悦目的鞭子换来的。他像个战士一样大步走进清教徒的新英格兰法庭的肃穆、昏暗的房间，开始他的诉讼工作。法官和陪审团——他们都听说过他——是来自周围农场的人和已经认识他与他父亲的多年邻居。埃比尼泽本人已被任命为一个县法院的非专业法官，老农民们自豪地旁听他的儿子为一桩小案子辩护。丹尼尔环视着整个法庭，当他看到旁听者目瞪口呆的惊愕表情时，他的眼睛模糊了。这就是年轻的丹尼尔•韦伯斯特，那个长着大脑袋，常常呆坐在路边懒散地梦想的小家伙？

人们成群结队地去听新律师的辩护。丹尼尔具有影响陪审团的神秘能力，“使陪审员感动的不是他说的内容，但他说这些事情时，你却不能不失声痛哭。”

“是的，当他把自己的精神专注于某件事上时，会使你感到害怕。有时似乎上帝在他的眼睛里闪闪发光，有时他的眼里好像有魔鬼。”

四

就像曾经用符咒镇住市民孩子的吹笛人一样，丹尼尔•韦伯斯特能够从波士顿的商人手里骗取钱包。无论他走到哪里，金钱总是跟着他，就像孩子跟着吹笛人。当关于他的传奇出现时，他感到，为了使自己身上带有金黄色的光环，这些传奇是必不可少的。一个被人们认作像神一样的人，必定是个带着金黄色光圈的极受崇敬的人。丹尼尔说：“我从未听说过阿基米德（Archimedes）[①]希望他的推动世界的支点是什么特殊的东西……但是如果他的设计是为了推动世界上的一切事物，那么他一定会希望这个支点是由现金做成的……”

现金！金钱！没有钱他就是个新罕布什尔的农民，有了它，丹尼尔就能够成为国王。

赚钱成为他生活的主要动机。他作为一个谦卑的哀求者进入“正义的神庙”，并很快成为兑换钱币的人。在这里他做生意，为了招揽更多的委托人和更高的收费而吹嘘自己的家世。每一次重大的审判都是一张报价单，法庭上的每一个友善的表示都是去讨价还价的凭据。

如果一个律师能用智慧战胜法律，便可以赚到一个好价钱；如

① 阿基米德（公元前 287—前 212 年），古希腊数学家。

果能制定新的更实用的法律，则可以赚得大价钱。所以一个有抱负的律师应该成为一名立法者。那么，“进军国会！”丹尼尔•韦伯斯特说。

他作为新英格兰强有力的实业家的代表进入国会，他们的利益通过丹尼尔演说时的巨大音箱表达出来。他已成为联邦主义者的代言人。一个年轻的德摩斯梯尼，心里激荡着克里萨斯（Croesus）[①]的野心。当时（1812年）正与英国打仗——“麦迪逊先生的战争”，新英格兰的商人们不想与此发生任何关系。由于“愚蠢的关于原则的争吵”，他们失去了与英国许多有利可图的生意。于是，他们把他——一个眼窝深陷、声音动听的和平倡导者——作为一名战争的阻碍者派到华盛顿。丹尼尔•韦伯斯特来到了华盛顿，他非常狂妄，野心之大令人难以置信。“警告小姐们，告诉那个南方人亨利•克莱，一个对手已经进入阵地。”

他在华盛顿讲了许多话，也喝了不少酒，就是那种著名的“丹尼尔•韦伯斯特五味酒”。强烈的刺激给了他许多得意扬扬的时刻，尽管它们正慢慢地损害着他的健康。丹尼尔生活在一个销魂、诱惑、财富不断聚积的世界上。他在波士顿有一所房子，在马士菲尔德（Marshfield）有田产，还有许多马、游艇、猎狗和装满香槟酒的地窖。拥有财富不是幸福生活的真正本质吗?

他从华盛顿回来后，再次步入法庭，继续办案，最后甚至他的敌人都成了他的委托人。他的声音达到了痛苦的顶点，他的脸上带

① 克里萨斯，公元前六世纪吕底亚（Lydila）王，以富有著称。

着痛苦的面具，这个现代的俄耳浦斯（Orpheus）[1]，能使最高法庭学识渊博的法官们的无私铁面流下眼泪。

后来，安德鲁•杰克逊当选总统，韦伯斯特回到参议院，开始为美国最有权势的人物办案。尼古拉斯•比德尔银行“雇用了”韦伯斯特，与亨利•克莱和一群精选出来的参议员一起，通过参议院采用通过欺骗手段求取新的许可证。韦伯斯特比所有的人都卖力，因为要通过自己的努力获取定期的报酬。当银行发放“聘请费”不及时时，韦伯斯特迫不及待地要求他通常的“提神的东西”。这就是那个时代的司法道德。

但工作是令人兴奋的。你永远不知道你的下一个当事人是谁。丹尼尔陶醉于他的才能，因为他将接受所有的新来者——那些有钱可付以及没钱但其案子能使他入迷的人。

后来，一个新的委托人出现在丹尼尔•韦伯斯特的圈子里。当他端详着手里的酒杯，回视自己一生的荣耀和虚荣时，他想起了在学生时代读到过的一些演讲——培里克里斯（Pericles）[2]、西塞罗（Cicero）[3]、爱德蒙•柏克（Edmund Burke）[4]的爱国呼吁。正是在这个时刻，那位新委托人提出了最迫切的要求，并渐渐地说服韦伯斯特赞成他的事业。“只要读一读美国宪法就会使我热泪盈眶。”这个绝对具有说服力的当事者拒绝被否定他的国家！

---

① 俄耳浦斯，希腊神话中的竖琴大师，其琴声动人。

② 培里克里斯（约公元前 495—前 429），雅典政治家。

③ 西塞罗（公元前 106—前 43），古罗马政治家，雄辩家。

④ 爱德蒙•柏克（1729—1797），英国政治家及演说家。

五

1830 年 1 月寒冷的一天，丹 • 韦伯斯特第一次为国家利益进行了引人注目的呼吁，当时参议院的走廊里由于华盛顿一流人物华丽的服饰而大放异彩，地板上挤满了愤怒、争吵的立法者。南卡罗来纳州的海恩（Hayne）将军，在一个不重要的立法问题上，站起来为他的论据引进了一个政治哲学的原则，这个原则在某些南方绅士中早已声名狼藉。他宣称，他的州有权自己判断国会通过的所有法律是否都是宪法性质的，并有权拒绝服从它认为不属于宪法的任何法规。海恩的这种要求，即一个州可以使联邦法律无效的所谓权利，是无政府主义的毒素，因为它意味着使美国陷入诸州政府相互敌对、一团糟的分裂状态。

但海恩甚至比这走得还远。海恩说，如果在州立法机关已经宣布无效之后，联邦政府还要坚持实施这个法规，那么州有权脱离联邦。“因为联邦只是一个协定，是各州之间的契约，不满意时任何一方都可以退出。”。

海恩的言论像霹雳一样在华盛顿炸响。丹尼尔 • 韦伯斯特感到有责任回答这个论调——不仅作为北方的支持者，更主要的是作为美国公民。在国会大厦进行的这场最伟大的宪法保卫战中，来自新罕布什尔的这位参议员发表了演说，这个演说接着在整个国家的范围内公开出版了，深入于每个爱国者的心里。他问，为什么南方各州感到作为整体的国家利益对他们是有害的呢？“先生，在新英格兰我们并不这样认为。我们的观念是完全不同的。我们不以地理界限限制自己的爱国情感。”他说，如果我心胸狭隘地投票反对对南方有利的立法，我的选民会因此而感到被出卖了。“这些人会告诉我，他们是让我为整个国家工作的。另外，任何人只要对理智或情感具有的理解力过低，即他的胸襟不足以拥抱整体，那么他就不配代表任何方面的利益。”

他继续说，美国宪法不是由各州订立的契约，而是由美国人民明确表达和认可的国家法律。宪法的法规高于州的任何法规。一切藐视法律的行为都是公开的反叛、叛国，“无论参议员给它以多么委婉的名字……人民建立了这个政府……她体现了人民的意愿”。有哪个州的立法者们胆敢妨碍大多数美国人民的意志？把自由定义为否认人民主权的权利是荒谬的。这种对权威的蔑视根本不是自由，美国的上空不能飘荡这样的箴言：“自由第一，国家在后。”箴言只能是“自由与国家，现在以至永远，都是同一而不可分离的”。

韦伯斯特说完后，一位来自南方的支持海恩的参议员走上前来：“韦伯斯特先生，我想您最好此刻就死去，把您的名声建立在这个讲演上。”

但韦伯斯特忙得来不及细听，便去办理其他诉讼。他的兴趣广泛，以至总是撞车。所以他的酒喝得如此厉害也就不足为怪了……

他需要钱，并且需要很多。丹尼尔一英亩一英亩地扩大着马士菲尔德的农场，这个农场的保养费不断地消耗着他的钱财。依借“宪法捍卫者”的美名，他可以筹集所需资金。他能够从国家最著名的人物那里得到大笔贷款，一切最有利的投资也都对他开放。然而新英格兰不是他唯一的金矿，韦伯斯特还要去西部旅行，了解那里的土地行情。在整个国家里，他被看作是“条件优越的保险对象”。新闻界给予他的每一项新荣誉都是一张优良股票。

丹•韦伯斯特前往西部旅行。在那里，他向喧声如雷的喝彩鞠躬，其受欢迎的程度足以与美国总统相媲美。是的，应该当总统，他要做一次尝试。丹尼尔的赞助人将是西部的土地所有者和东部的银行家——牢不可破的结合。他的政敌亨利•克莱，那个“总统欲”旺盛的竞争者，能有比这种结合更有力的帮助吗?

但韦伯斯特事先未与有关的主要政界人士磋商，所以，1836 年的辉格党大会拒绝帮助他，1840 年他又一次遭到了拒绝。无恶意的老战士——哈里森（Harrison）将军，被选为辉格党的掌旗者。他是尼古拉斯•比德尔及其银行的忠实仆人，不必担心他。作为一名优秀党员，韦伯斯特一定会支持他。继那些“野蛮的”民主党员杰克逊和范布伦之后，哈里森当选了总统，辉格党员们因此才松了一口气。无疑，约翰•泰勒（John Tyler）是个爆冷门的获胜者，没有人知道他的原则是什么。但是为何要为一个副总统的原则焦虑呢?

哈里森总统送给韦伯斯特一个大方的礼物——国务卿职位。政界的朋友们劝他接受，他同意了。

接着打击降临了。就职典礼刚过一个月，老将军哈里森就去世了。泰勒，这位“伟大的鲜为人知者”，变成了美国总统。当这个不被人知者公开他的原则时，整个辉格党被震怒了。原来泰勒是他们中间的叛徒——他反对金钱、大生意和关税，支持杰克逊的民主。当辉格党人再一次提出为比德尔银行申请许可证时，泰勒的反应跟当年的杰克逊和范布伦一样，否决了他们的请求。可怕的灾难打碎了辉格党的希望，现在他们束手无策，除了要求泰勒内阁中的所有辉格党员辞职，作为对他的“叛逆行为”的决议。

此时，丹尼尔·韦伯斯特在他的新职位上正竭尽全力地处理外交政策方面的一些棘手问题。英美之间关于加拿大的边界争端开始发生，已经发生了一些边界袭击、报复和绑架事件。战争一触即发。为了使美国不失去和平，需要采取最精细、周密和审慎的外交政策。

正在他绞尽脑汁地思考这些问题时，辉格党的政治策略出现了危机。这个党的领导人，与控制钱袋的比德尔一起，命令韦伯斯特离开泰勒内阁。内阁中的其他辉格党人都陆陆续续地递交了辞职报告。

丹尼尔突然奇怪地感到自己老了。他是仍然留在内阁里的最后一位辉格党人。同党们希望他明天就提出辞职，可他，正忙于比政党事务更重要的谈判工作。

他坐在办公室里，头昏脑胀，满嘴酒气。丹尼尔为什么一直未能放弃这种讨厌的喝酒习惯？因为他很虚弱，就是这么回事儿。他为了忘掉鸦片——他用它来缓解慢性胃病的效果而喝酒，那种著名的“丹尼尔·韦伯斯特五味酒”，这种酒由麦德福德糖酒、白兰地、香槟、烧酒与黑樱桃酒混合而成。除此之外，还有掺有柠檬的浓茶……他的确应该与别人一起喝。

他不敢肯定，但的确好像有一个人进来和他共饮。他从前见过此人。

“五味酒的味道真是美极了，丹尼尔。”客人说。停了一会儿，客人接着说：“那您明天要回波士顿去？”

“是的，这里的工作已经结束了。”

“我的生意怎么样了？您不想去看看我的金矿？难道您把我忘了？”

“我在 1830 年为您工作，说服您反对海恩将军。这给我带来了什么好处？不过是南方朋友们的仇恨。”这个讨厌的家伙！总是在最窘迫的时刻到来。

丹尼尔粗鲁地站起来，要到床上去，但那个声音阻止了他。“那么我要到其他律师那里去了，丹尼尔。在这个国家里想要我的企业的人有的是。他们会因为自己所做的事情而被人们记住的。现在不是到了您安顿下来找一个值得丹尼尔•韦伯斯特做的工作的时候了吗？好，您去睡觉吧……啊，您犹豫了……那么我能谈谈我的企业吗？”

六

丹尼尔•韦伯斯特留在了泰勒总统的内阁中，继续仲裁美国与加拿大的边界之争。他坚持美国人到公海去的权利，并要求英国海军尊重在美国国旗下航海的公民。

但整个辉格党世界非常愤怒。当丹尼尔回到波士顿，准备向市民们发表演说时，他面对的是群情激愤、不友好的人群。这位与他们不一致的政治家是谁？他还是辉格党员吗？当英国人在公海上骚扰装有从南方种植园逃出的奴隶的货船时。他以宪法的名义要求英国人归还南方的奴隶财产。这个北方人、奴隶制的拥护者究竟怎么回事？那么，现在，他不得不做出言过其实的解释。

“我没有做过任何保证，也没有结党营私；我是自由的，凭着我的责任行动。当这天结束时就像它的黎明一样，我始终如一。”

他们禁不住为他欢呼。他们钦佩丹尼尔的勇气，并再一次把他看作他们的领袖。但他绝不再是原来意义上的领袖，不是他们曾经崇拜的偶像了。从现在开始，他们将密切地注意他的同情心的“变向流动”。

丹·韦伯斯特平息了曾在英美之间造成冲突的几个事件，当他的工作完成后，留在内阁中已没有多大意义了，于是他辞去了国务卿的职务。

现在人们开始私下议论他的生活，说他喝酒比以前更凶了，他的许多演说都是在烂醉如泥的状态下发表的。“在罗切斯特市场，他向农场主们发表演说，当时他几乎站立不住。”在经济学家宴会上，他演说时把手伸进自己的钱包，要偿付国家债务。偿付国家的债务！他甚至连自己的负债都还不清。丹尼尔的投资遭了大祸，已濒临破产，“他做生意的方式就像霍屯督（Houentot）人[①]一样不实际。”他总是借钱还债，“拆了东墙补西墙。”他常去银行取款，可银行里除了有他的朋友，已没有他的钱了。丹尼尔把自己抵押给马萨诸塞州的所有贷款人。“魔鬼在围追堵截，要把他带进地狱”，他已把自己的灵魂卖给了老撒旦（Beelz ebub）[②]。丰盛的宴会，令人目眩的服饰，还有大片的田产，可现金却分文也没有。

① 霍屯督人，西南非洲的小民族。

② 撒旦，指魔王。

他重操旧业做律师，以便补偿他的财政亏空。他遇到了与古德利奇橡皮公司有关的案子，为约翰•雅克布•阿斯特办理债权，还清了他的大部分欠债。他的钱又堆积得越来越高。后来不是魔鬼，而是国家大街上的人们把他的生命抵押了出去。

但他们并没有把他的舌头抵押出去。如果他们再次送他去华盛顿，他们想他的演说也许不会那么自由，那么无所顾忌了。他会明白自由的灵魂属于哪里。他们要是没有过于严厉地惩罚这样一副口舌该有多好！不过他们必须设法对它加以约束。

所以一些商人聚在一起，募集了一笔资金，送丹尼尔•韦伯斯特重返华盛顿。为了避免令人厌恶的“既得利益”的嫌疑，他们把这笔款叫作纪念性的资金——表示朋友们出于爱与尊敬的一点心意。带着这个“意思”，韦伯斯特打了个漂亮仗，再次当选为参议员。

勇敢的老战士重返战场，这是一场大规模的战斗。曾经困扰了联邦达四十年之久的不可回避的问题重新被尖锐地提出来了。能允许南方把奴隶制扩展到刚刚并入联邦的边疆地区吗？这会不会破坏北方与南方之间的政治和财政力量的平衡，从而最终使南方获得全部统治权？但是南方人也有自己的理由，当他们移居到西部边疆时，他们坚持把自己的奴隶也带去。因为奴隶是私人财产，就像其他家具物品一样，宪法已肯定了这一点，这是既成的事实。

因此，南方决心强行把奴隶制扩展到新边疆。另一方面，北方也同样坚决，这些地区应该是自由的。南方重复着海恩将军的不祥意见，证明退出联邦的合理性，只要任何一州不满意于冲击它自身统治权的联邦法律，它就可以这样做。除了当年在那个著名的场合对这种论调作出过回答的丹尼尔•韦伯斯特之外，还有谁能驳斥这个恐吓呢？他又一次作为北方辉格党的发言人出现，也是反对资产者——他们是廉价的种植园劳动力的残酷无情的敌人——代言人，同时还代表了狂热的理想主义者，他们主张在整个美国彻底废除奴隶制。

在美国国会上（1850 年），情势似乎是语言难以形容的。两种经济和意识形态体系形成了僵局，气氛非常紧张。参议员们站起来发言时，口袋里都藏着手枪。谣传南方民团已准备开往华盛顿；而在北方，废奴主义者则祈求天上的雷电劈开这些罪人的脑袋。

然而许多人还是希望某个人的观点能获胜。丹尼尔•韦伯斯特是北方人，也是位有道德的人，还是位有抱负的人。1852 年他的眼睛不是紧盯着总统的宝座吗？他的党曾四次拒绝把他奉为领袖，此时他们说他心中仍然怀有那个抱负。亚历山大大帝三十岁时曾征服了世界；丹尼尔•韦伯斯特，六十八岁，是这个国家最有才气的演说家，还不能当总统吗？这次他要用最得体的演讲达到目的。“把您的拳头亮给南方人，丹尼尔，我们北方人会让您成功的。”

接着，在寒冷的三月，他站起来，颤抖着，如果当时人们知道他讲话时内心中的颤抖就好了！韦伯斯特望着大厅里的绅士和走廊里的小姐们。是的，早在二十年前的冬天，他就在这里做了一次重要演说，那时他亲爱的儿子爱德华才十一岁。如今他的儿子不过是写字台上的一幅画像，新英格兰泥土中的一把灰，上面长了一棵柏树。爱德华死于墨西哥战争，那场战争是由那些急于显示自己拳头的性急的人巧妙安排的。眼下在北方和南方又有一些头脑发热的人，急于亮出他们的拳头，卷进另一场战争，另一场对儿子们的屠杀……

韦伯斯特的发言坚定，几乎带着嘲讽的口吻。他为南方拥有奴隶的合法权利辩护。实际上，他讨厌奴隶制，但他确信无须北方的抨击，奴隶制在世界的自由发展中会自然消亡的。在任何争论中，假定一切善良都在一方，而所有邪恶都属于另一方的思维方式都是可笑的。丹尼尔的演说是为了和解与宽容。他的眼睛时而阴沉幽暗，时而得意扬扬。除了全面爆发之外，唯一可选择的就是和解。为了双方的同一命运，为了联邦的健康、自由、生存，双方都应做出友善的让步。人们怎么能希望韦伯斯特站在北方人的立场上呢？他们难道忘记了他曾经表白过的吗？一个胸襟狭窄、不能拥抱整体的人，不配代表任何方面的利益。

他讲完之后，全场鸦雀无声——他的演说得到这样的结果还是第一次。此时他看上去令人生畏而又充满热情，“就像一尊透明的青铜雕像，从里面发出辉煌灿烂的光芒”。

然后，他坐下了，热情亦随之冷却、熄灭了。

七

北方受到了严重打击。极度的愤怒在他们那里爆发了，韦伯斯特是他们之中的“叛徒”。

自由！“这个字眼在韦伯斯特口中就像爱情在高等妓女的嘴里说出一样……这个人血管里流动的每一滴血都是急功近利的。”

丹尼尔·韦伯斯特默默地接受了菲尔莫尔（Fillmore）[①]内阁的国务卿职务，“希望并准备在1852年通过南方的支持当上总统”。他到波士顿讲演，但市议会不允许他进大厅。无论他要到哪里，耳边总是响着西沃德（Seward）挑战性的声音：“有比宪法更高级的法律！”

1852年，辉格党召开大会，这位“投靠南方”的“叛徒”正期待着南方辉格党人的支持。他的期待毫无结果，南方不信任韦伯斯特。新英格兰抛弃了他——首先是他的家乡州新罕布什尔，然后是佛蒙特……

他等待着，惠蒂尔（Whittier）的诗句像剑一样穿过他韵心灵：

“当信任失去，荣誉消亡时，人也死了。”

除了回到马士菲尔德之外，他似乎别无选择了。“回到你的农场去吧，丹尼尔，你在这里干得够多了。”一位一直把他视为知己的委托人劝告他。“回到牧场去，那里牛羊成群，五味酒成河。离开一切喧嚣，躺下静听大海的心跳。是否该给你的雇员写封信，告诉他们你要回家？……也许在你之后会出现一个明智的人，他将找到维护和平的途径。也许战争无论如何都会来临。不要担心。你并没有用你的手使你的兄弟们流血。”

韦伯斯特给他的雇员写了封信。“约翰·泰勒，我要回家了。你跟我都是农民，我们不再谈论政治——我们要谈论的是公牛。但是要记住：无论谁试图煽动这个国家的一部分反对另一部分，就像试图在约翰·泰勒与他的邻居老约翰·桑布恩之间挑起争吵一样，都

① 指米德勒·菲尔莫尔（1800—1874），1850—1853年期间任美国总统。

是邪恶的……我想有关政治的话，我一句也不跟你说了。我不再从事政治了。我只想说，爱你的国家，你的整个国家，当有人试图说服你参加与其他州的法律争论时，你就告诉他们，你要一心照料自己的生意，并让他们也这样做……约翰•泰勒，为你能生在这个国家而永远地感谢上帝吧……约翰•泰勒，回信时不要跟我谈论政治。”

丹尼尔·韦伯斯特生平大事简表

1782年——生于新罕布夏州的索尔斯堡。

1797年——进入塔特茅斯大学。

1805年——进入马萨诸塞州律师界。

1813年——当选为国会议员。

1818年——辩论“塔特茅斯大学”案。

1820年——就1620年前往美洲建立普里茅斯殖民地的英国清教徒问题发表演讲。

1825年——发表邦克山讲演。

1830年——作出著名的“给海恩的答复”——对美国宪法的解释和维护。

1840年——在哈里森内阁中担任国务卿。

1842年——与艾锡伯顿签订关于美国东北边界的条约。

1850年——为支持克莱的关于奴隶制的“折中办法”而发表演讲。

1852年——死于马萨诸塞州的马士菲尔德。

查尔斯·萨姆纳

Charles Sumner

（1811—1874）

一

查尔斯那条无所畏惧的舌头差一点使他自己丧了命，他在参议院里有几个南方对手——他们为维护奴隶制而拼死搏斗——曾一度策划“要”他的命。这些人不想同他决斗，因为决斗只在绅士之间进行，而萨姆纳——他们说——不是绅士。于是，政敌们另施毒计。那天，查尔斯刚刚发表了演说——“针对堪萨斯州的犯罪行为”，在其中他痛斥把奴隶制引进堪萨斯的法案是“对处女地的强奸……可怕的亵渎……从各方面来看都是欺诈行为。”参议院于当天休会，但萨姆纳仍坐在座位上写文章。他是个大块头——二百多磅的身躯牢牢地箍在扶手椅里，长腿在桌子下面伸展着。现在到了攻击的时候了，因为他被束缚在狭窄的空间里，不能自由地保卫自己，如果他们从后面袭击，那他就更是只有挨揍的份了。这群南方政治家突然向他发起冲击，用马来橡胶树制成的木棍拼命抽打他的头部。萨姆纳试图反抗，但他的腿在桌子底下被别住了。他刚从座位里挣脱出来，就倒在地上失去了知觉。

医生对他进行初次检查时，甚至怀疑这位受伤的参议员能否活过来。他的脑后有几个深深的，边缘不整齐的伤口，有一处已经深入到头骨。过了许多星期，大夫还不能确定他究竟能否根本好转。最后当他终于出院时，也不过是好了一半。从此以后，他一直忍受着剧烈的头痛的折磨。

然而一离开病床，萨姆纳就继续参加因病曾一度中断的活动。朋友们劝他不要与南方人作对，他回答：“我必须继续战斗，使我的灵魂获得自由。我期望再次遭受袭击，也许是枪击。我非常满意。事业将继续下去……”温德尔•菲力普（Wendlen Phillips）写道：“我怀疑查尔斯•萨姆纳是否知道什么叫恐惧。”

二

查尔斯•萨姆纳的祖先是农民和战士。他的祖父梅杰•乔布•萨姆纳（Major Job Sumner）是位军官，在革命战争结束时，乔治•华盛顿从他那里接受了最后一个军礼。查尔斯•萨姆纳将成为一个政治家，因为亚伯拉罕•林肯从他那里听到了宣布内战的第一声嘹亮军号，这是再巧不过的了。

但是查尔斯从本性上说不是个战士，他喜欢书籍而不喜欢战争。他爱好诗歌、历史、哲学方面的书——包含着人类长期积累下来的一切智慧，但不包括科学书籍，特别是数学。在波士顿古典文科中学读书时，有一次他背诵公式不及格，便胆怯地说：“先生，恐怕我对代数所知甚少。”

“代数？！”老师喊道，“我们现在不是在做数学，而是在做物理！”

比重，平方根——对他来说都是一样的，同样令人讨厌，同样糊里糊涂。

“我为什么要了解代数的根？”他说，“当我得出结果时，我发现它们很难过。”

他绝对不是学者，但同学们喜欢“笨拙的查理”——他们这样称呼他。查尔斯头发蓬乱的大脑袋下面有一条能言善辩的舌头。老师们也喜欢他——无论是在古典文科中学还是在哈佛，只是在一点上他们之间存在着摩擦。因为萨姆纳不论在言谈中还是在衣着上都坚持自己的个人趣味。他爱穿“有红衬里的蓝羽纱斗篷”和“暗黄色的马甲”，而这种穿着在哈佛是禁忌，哈佛的学生按要求一律穿黑色的衣服。年轻的萨姆纳一次又一次地被叫到“校内董事会”的面前，解释他的“离经叛道的权利”。但他一直坚持“使自己的服装适合于自己的个性”的权利，最后董事会撒手不管了。

大学三年级结束后，他与四位同学一起徒步考察了革命战争的战场遗迹。途中，伙伴一个接一个地掉了队——在本宁顿（Bennington）、萨拉托加（Saratoga）和西点军校。但萨姆纳一直坚持到底，而且还是全凭他自己的力量。半途而废不是他的个性，“我非常想参观伯戈因（Burgoyne）的投降地点……殖民地的事业首先从那里开始有了起色”。

尽管他迫切地去参观过去的战场，但他的心里却怀着热情的希望，即在未来不再存在战场。“我发现了生活中的新目标——促进和平的温和艺术。”

但眼下查尔斯有个更直接的目标——找到谋生的手段。对于具有他那种法律才能的人，只有一个合乎逻辑的职业——律师。萨姆纳曾在波士顿的几次审判中听过韦伯斯特的辩护，“我希望有一天能成为像他那样著名的律师”。所以他在哈佛法学院读了三年后，这位“又高又瘦，不注意衣服款式的家伙”，带着他那六英尺四英寸的骨架进了本杰明•兰德（Benjamin Rand）的法律事务所。尽管像塔一样高，但作为一个堂堂的年轻小伙子，他却只有 120 磅重，而且面色苍白，双眼因看书过多而发炎了，胸部凹陷。但从胸部“风琴”中震动出的声音却有巨大的说服力和力量。

虽然，查尔斯骨瘦如柴，但他的体质像他的声音一样坚强有力。他的安排得满满的时间表，谁看了都会大吃一惊。中午以前的六小时用于法律事务；下午的时间献给希腊和拉丁诗人；晚上研究现代诗人和历史，凌晨两点上床，太阳出来时又起床了。

他没有多少时间进行社会交往，也没有什么爱好。“在我所认识的处于他那个年龄的人中，”他的朋友威廉•韦伯莫尔•斯托里（William Wetmore Story）写道，“只有他对女人的魅力无动于衷……可这却是我们快乐的源泉。我们常常与漂亮姑娘打赌——用尽一切手段，她们也不能把他留在身边一刻钟……结果总是她们输了。”

萨姆纳的兴趣主要在于学习，其目的是使自己成为“有竞争能力的律师和有用的公民”。作为法律教育的一部分，他前往华盛顿，参加最高法庭的开庭。这是他第一次坐火车（刚刚发明），这是令人震颤的经验。他给姐姐写信说：“想到你正以每小时十五英里的速度前进，你就会产生几分庄严感。”

从华盛顿回来后，他借了几千美元，开始了更广阔的教育旅行——到欧洲去。查尔斯写信给一位朋友说：“这次旅行不仅是法律的。我要努力见识各种各样的人；考察风俗和法律；旅游并参加法院开庭和国会……简言之，我的目的是参观我可以参观的各种样式的社会。”在两年半的时间里，他游览了整个欧洲，拜访了卡莱尔（Carlyle）①、华兹华斯（Wordsworth）②、兰道（Landor）③、亨伯特（Humboldt）④、麦考利（Macaulay）⑤。通过与“旧世界”人民的接触，萨姆纳获得了智慧、同情心和一定程度的犬儒主义思想。然后，他回到了与“新世界”居民的“法律接触的磨石”上来。

他不喜欢开业做律师。“尽管我挣来了每天的面包，但还没有为生活贮藏一块面包”。他在文学中比在法律的研究中更觉得自如，“我真正的叹息是为但丁的诗篇，荷马的狂喜和席勒的戏剧而发的，或者是以赛亚的篇章。”由于他在欧洲看到了国家利益的相互交织，所以他比以前更热心于普遍的和平事业。

他的“和平主义倾向”使比肯山（Beacon Hill）的文人雅士们大为不悦，但萨姆纳并不想取悦他们。如果可能的话，他只是急于让他们思考——让他们猛醒。1845 年，他们邀请他发表 6 月份的第四次讲演。听众中有许多人是 1812 年战争的老兵和新战争（反对墨

① 托马斯•卡莱尔（1795—1881），英国作家、哲学家。

② 威廉•华兹华斯（1770—1850），英国著名诗人。

③ 沃华特•萨维奇•兰道（1775—1864），英国散文家、诗人。

④ 亚历山大•亨伯特（1769—1859），德国博物学家、旅行家、政治家。

⑤ 托马斯•巴宾顿•麦考利（1800—1859），英国历史学家、作家、政治家。

西哥）的倡导者，身穿辉煌耀眼的军服。他们本希望萨姆纳在此时此刻，在这种场合和听众面前，能发表演说，竖起刺刀，敲响战鼓。然而令他们震惊的是，萨姆纳在演说中大胆地发表了如下的观点："在我们的时代，不能没有光明的和平。"然后他继续揭露战争的不足取、无意义、残酷和"它完全不适于决定正确与错误的问题"。战争的胜利仅仅证明了你的武器的力量，它并不能证明你的事业是正义的。实际上，"战争用血腥的脚踩碎了一切正义、幸福和人一切神圣的东西"。萨姆纳结束讲演时呼吁和平解放所有奴隶，以及美国在裁军方面应起带头作用。"因此将存在一种胜利，与他相比，邦克山（Bunker Hill）的胜利就如同拿到太阳底下的点燃的蜡烛一样。那个胜利将是不需要石头的纪念碑，它会铭记在无数群众的感激之心中……它将成为文明的最伟大路标；而且，它将成为把人类与上帝的宝座联系起来的金链之一环。"

最后，他把自己的论述概括为古老《圣经》中的"爱的法规"的现代翻译。他的听众们愤怒地听完了演说，报之以深深的仇恨。梅杰•艾略特（Mayor Eliot）评论道："这个年轻人是自取灭亡。"从那天起，查尔斯•萨姆纳"被拒于社交圈子之外"。邦克山的大门向他关闭，贵族朋友们的微笑换作怒容。原先人们曾谈起过的任命他为哈佛法学院院长一事，现在已经是不可能的了。萨姆纳在给他的兄弟的信中说："我太像一个改革家了，因此不会被委以这么有影响的职位。"

社交界排斥他，他就决定去参加普通人民的事业。实际上，在摸索真理的岁月里，他的心一直留在人民中。"我属于不断寻求的多数人，不属于已经满足了的少数人。”

为被压迫者奋斗的决心使他在政治上获得了成功，但他在社交方面十分孤独。普通人把萨姆纳看作自己的支持者，却不把他作为自己的伙伴。他能想他们之所想，却不能说他们的语言。尽管在贵族的眼睛里萨姆纳已经降至工人的层次，但在工人的心目中他仍然是个贵族。正如他的传记作者安娜•L•道斯夫人所言：“他是被压迫者的朋友，但不是他们的兄弟。”这样的社会地位一直持续到他生命的结束——被富人排斥，被穷人尊敬，不是任何人的知己。

他孤独，但并非不幸福。因为他受到了“神圣的义愤”的鼓舞，如柏拉图所说的那样，这种“神圣的义愤”是一切幸福的源泉。查尔斯已经发现了了解他生命的意义的关键。他的工作是在司法机构，他受的教育有明确的目的——不是给哈佛的大学生讲法律，而是为美国政治家讲授法律，所以他进入了政界。

他并非喜欢政治，相反，他对此根本不感兴趣。当他第一次听到自己被选入美国参议院时，他正在朗费罗（Longfellow）家里消磨晚上时光。朗费罗在日记中写道：“报纸整天叫着萨姆纳、萨姆纳，礼炮则大声宣布着他们的胜利。此对斗争的英雄却平静地坐在这里，悲哀多于得意。”但萨姆纳已经接受了号召，就像古代先知曾接受的一样——来自天堂的为他的同胞服务的召唤。西奥多•帕克（Theodore Parker）在萨姆纳当选时写道：“你曾告诉我，你感兴趣的是道德精神方面的东西，而不是政治。此时，尽管你从事政治，但我希望你仍然注重道德和精神。”

萨姆纳就是带着这种精神接受了参议院的职位。政治对他来说不是职业，而是助善惩恶的手段。把萨姆纳变成政治家的事件也是把斯托夫人（Mrs. Stowe）[1]变为小说家的重要事件，即通过《逃亡奴隶法案》。这个法案的通过，迫使马萨诸塞州许多不冷不热的人，突然狂怒地站起来反对奴隶制的罪恶。反对奴隶制的会议在波士顿召开，萨姆纳应邀作为主要发言人发表演说。“他出现在这个会议上，就像个持剑的大天使”——一位听众这样说。多年后他写道，那个反奴隶制的演说，“是一件改变了我的生活的整个方向的大事”。

三

“您到参议院来得太晚了，”一位同事对萨姆纳说，“所有伟大的问题和伟大的人物都离去了。”的确，伟大的人物都走了。恰巧在萨姆纳刚刚步入参议院那天，克莱蹒跚地走出了参议院。卡尔洪在前一个开会期已经死了；韦伯斯特也被任命为国务卿。参议院如今是“小人狗悲哀地偎缩在一起”，不过争论的问题却比以前更重大——他更难以解决。奴隶制问题已突出。来自马萨诸塞州的默默无闻的年轻参议员，决心自己去解决这个棘手的问题。

开始，他发觉自己的任务是一场孤独、无望的斗争。为了约束他那莽撞的舌头，同事们派他参加两个最不重要的委员会——关于道路和革命的赔款问题。“在这里我觉得闷得慌。”他在给朋友的信中说。

但不久之后，有一项工作必须做，他抓住了机会。1852 年 8 月

① 斯托夫人（1811—1896），美国女作家。代表作《汤姆叔叔的小屋》揭露了美国南部种植园黑人奴隶制的残暴和黑人的痛苦。小说发表后引起了强烈的反响，推动了反奴隶制的斗争。

26日，他为了“被奴役的兄弟们”的利益发表演说，宣称要想遏制涌过人类心灵的对黑人的同情的潮流是徒劳的，“就像试图阻挡大海的潮汐、密西西比河的洪流，或尼亚加拉的瀑布一样……反对奴隶制的运动来自神的力量”。萨姆纳抨击那些人，他们认为南方控制奴隶制的努力，在北方人看来是一种区域性的侵略。对自由的爱没有地域的界限，“根据宪法的精神和父辈的情操，奴隶制和不自由是区域性的，而自由和非奴隶制是整个国家性的”。他表达了坚持原则，反对一切障碍和冷落的决心。“我将改变不负责任的状况，即使我陷于孤立。”他承认奴隶所有者对某财产的经济权利，“但是，先生，有比经济权利更大的权利，这就是人对他自身具有的权利。”

现在，在阐述了他的关于人类权利的立场之后，萨姆纳规定了自己对《逃亡奴隶法案》的责任——从他的观点来看，这个法案的制定是不合法的，因为他否认了那些权利。“‘奴隶法案’……违反了‘神的法案’……因而我实现自己义务的途径是清楚的。根据最高法律，它要求我们不做非正义之事；根据关于手足之情的综合基督教律令，根据我坚决拥护的宪法，我一定拒绝遵从这个法案。”

对美国政府的官员来说，这是个最大胆的立场。来自南方的参议员，以及相当一部分北方的参议员，都指责他在煽动叛乱。但也有少数有识之士断言一个伟大的新时代已经到来。西奥多•帕克写道:“终于出现了一个有良心的参议员！”

四

他的政敌多次威胁要把他逐出参议院。但萨姆纳无所畏惧地朝前走，不仅打击赞成奴隶制的力量，而且与美国一切向后看的势力做斗争。提到“一无所知党”——三 K 党的先驱时，他写道：“一个秘密地成立，扰乱宗教信仰，并在出身上寻求歧视的党，是与最优秀的美国传统不协调的。”由此可见，萨姆纳到处受到强烈的仇视是毫不奇怪的。他没有为了缓解人们对他的仇恨而做任何事情。他带着热情与质朴谈到古代先知。他从不与人争吵，但对于他们，他厉声痛斥。一次，巴特勒参议员反对萨姆纳运用“追猎奴隶者”这个说法，萨姆纳答道：“先生，我选择的措辞恰好符合了这些人的所作所为。”

正是巴特勒参议员与其他人一起怂恿普雷斯顿•布鲁克斯（Presto Brooks）袭击萨姆纳的，那时萨姆纳正坐在参议院里的桌子旁。他们并不满足于有一个受害者，参议员巴特勒和国会议员布鲁克斯的同伙们提议：“每天用藤条和皮鞭抽打用人，这些佣人像萨姆纳一样，应该学会像规矩的狗一样行动。”

但萨姆纳并不怨恨巴特勒、布鲁克斯或任何其他政敌。他是同制度而不是与人争吵。几年之后，当一位朋友问他对布鲁克斯有何看法时，他回答：“可怜的家伙，袭击我的是奴隶制，而不是他……他不过是恶势力的一个无意识的代表。”

五

萨姆纳亲眼看到了恶势力的失败。但他的工作已经结束了，生命的高潮逐渐退降。他又一次到欧洲旅行，缔结了一个不明智的婚姻（很快就离异了），并参加了参议院的几次激烈的讨论会，此外还与格兰特（Grant）总统结下了宿怨。这是两个固执的人物之间的冲突，是长时间、痛苦的心绞痛的围困，并且自始至终两个人都气势汹汹，毫不退让。随着年事已高，他的语言也愈加玄奥。老萨姆纳的私人谈话也具有演讲的性质，还对很多问题采取过于权威性的调子。“萨姆纳先生不相信《圣经》。”一位朋友向格兰特说。“不，我想不是那样。他只是没写《圣经》。”格兰特回答。

萨姆纳先生现在十分难以相处——这是上了年纪的先知共有的缺点。这位昔日热心的年轻人今天已变成了固执己见的老头。他的演说比以前长了——对那些试图在结束前想溜走的倒霉的听众来说已成为一种痛苦。萨姆纳会稍停一会儿，对溜走的犯过者怒目而视，直到不幸的家伙出去，并把门关上为止。“你怎么敢离开，”一位参议员对他的邻居说，“当上帝说话的时候？”

他已经开始相信自己永远不会出错了。乔治•威廉•柯蒂斯（George William Gcrtis）写道：“一天，我正与他讨论某些公众问题，当我们的交谈变得亲切时，我对他说：‘是的，但是您忘了另一方面。’萨姆纳听了之后把他那攥紧的拳头砸到了桌子上，大声回答，他的声音震撼着整个房间：‘不存在另一方面！’”

萨姆纳尽管顽固，却仍像以往那样和善。他的一位私人秘书写道：“他只对与他平等的人才是专横的。对下属，没有谁能比他更体谅人，更宽宏大量了。”在他的朋友中，有一位黑人经理。直到他生命的最后日子，他仍然是黑人的与宪法一致的权利的支持者。“以人民为目的和以权利为目的的一切事情都是符合宪法的。”他断言。

这简单的一句话，概括了“黑人的摩西”的政治哲学的要旨。

查尔斯·萨姆纳生平大事简表

1811年——生于波士顿。

1830年——毕业于哈佛大学。

1831—1834年——在斯托里法官手下学习法律。

1849年——在马萨诸塞州最高法庭驳斥黑人与白人分离论据的合法性。

1851年——当选为美国参议院议员。

1852年——为废止《逃亡奴隶法案》辩护。

1856年——针对“反对堪萨斯州的罪行”发表演说。在参议院遭到袭击，几乎被奴隶制的拥护者打死。

1857年——再次担任参议员。在他生命的后23年，他一直在参议院任职。

1872—1873年——提出黑人的《公民权法案》。

1874年——在华盛顿去世。

亚伯拉罕·林肯

Abraham Lincoln

(1806—1865)

一

1861年11月13日夜，林肯总统前去拜访乔治·麦克莱伦(George Mcclellan)，乔治是联邦军队的总司令。门口的仆人说将军不在家，但一会儿就会回来。“好的，我等他。”林肯点点头。

一小时之后，麦克莱伦回来了。“将军，总统正在客厅里等您呢！”仆人赶紧禀报将军。

“是吗？”麦克莱伦没有停下来向总统问候，而是径直走上楼去。

又等了半小时，林肯多少有些不耐烦了。“请你通知将军我还在这里等他，可以吗？”他对仆人说。

仆人去了麦克莱伦的房间——主人并未同他一起下来，“很抱歉，总统先生，将军要我告诉您，他已经上床了。”

麦克莱伦是只趾高气扬的小公鸡，他的叫声远远超过了他的能力。林肯的朋友曾经说过，“这家伙就欠用他自己的剑好好地揍他一顿屁股了”。但林肯只是微微笑了笑，“如果他愿意为我们赢得胜利，我愿意把他扶上马”。

林肯总统就是这样——幽默与谦逊的难得的结合使他成为受人喜欢的男人。

二

没有一个戏剧家曾经创作出比林肯的生活更富有戏剧性的情节。就像古希腊悲剧中的英雄一样，几乎在他所承担的一切事情上他都失败了。他失去了自己唯一钟情的爱人；与他结婚的女人却急于看到丈夫成为名人，而不是成为幸福的人。林肯做过生意，但赔了本，竞选美国参议员，又败下阵来；申请到美国土地部任职，申请被驳回；他还竞选副总统，结果也未能成功。最后在他终于当选为总统时，也不是在胜利的欢呼声中，而是在悲哀中走入白宫的。因为尽管林肯非常热爱和平，但他发现自己被迫卷入战争。作为最慈祥的父亲，他曾两次到他早夭的孩子们的墓前默哀。他对一切有生命的东西都是仁慈的，别人多次请求他为怕死逃跑的士兵签署死亡判决书，但他一直未狠下心来。他本是个习惯于生活在白天的人，却被迫生活于黑夜中。最后，在经过令人绝望的黑夜之后，胜利的黎明终于来到了，但林肯未能活着看见这一天。李（Lee）将军投降后不到一星期，他就遭到了暗杀。

通过林肯的一生，天堂的伟大戏剧家向人间渺小的戏剧家昭示了怎样才能写出一部完美的悲剧。

三

林肯出生后的第二天，九岁的表兄丹尼斯•汉克斯看着他说:“他的皮肤让我想起了被榨干的樱桃肉。”婴儿突然放声啼哭。“把他抱走！”丹尼斯厌恶地嚷道，“我看得出来，他将来绝不会有什么出息。”

实际上，这种想法并不是没有道理的。林肯的父母和祖父、祖母、外祖母都未受过教育，也没有什么抱负。只有外祖父，即南希•汉克斯（Nancy Hanks）的父亲“是个来自南方的神秘的怪人”。换言之，林肯的母亲是个“私生子”。林肯认为自己的文学和政治才能都获益于这位不知名的南方外祖父。但他那在失败面前永不屈服的精神却整个来自拓荒者的祖先。要想在美国的边疆的充满冒险的生活中活下来，需要极大的勇气。有一句生动、简洁的格言概括了向中西部迁移的美国居民的史诗:“懦夫不要上路，弱者死在路旁。”

林肯是那些有勇气上路、有毅力活下来的人的后裔，是个出生于拓荒者之家的诗人。林肯的整个政治生涯就是一部伟大的叙事诗。

年轻时，他想成为一名作家。他深深地吸取着大地的活力和空气的芬芳，倾听着伐木工挥舞着的斧子的韵律和生长着的绿草的音乐，并把这种韵律和音乐重现在几首少年那稚气十足的诗里。只是在迫不得已的时候他才辛勤劳动，他更喜欢努力思考。一位名叫约翰•罗米尼的邻居说：“我雇林肯干活，可他总是读书、思考，并没有把心思放在工作上……有一天他跟我说，他父亲教他劳动，却从未教他去喜欢劳动。”

当白天的活计干完了，他跟大伙坐在一起互相讲故事，“学习与人友好相处”。一天晚上，一位农场主的妻子谴责他的懒散，“你想成为什么，亚伯？”

“我？”林肯慢吞吞地回答，“我想成为美国总统。”

林肯说这话时当然是开玩笑。当时他丝毫没想到自己会成为卓越的政治家，但他已决心进入政界。因为林肯不仅是位有诗才的拓荒者，而且是个讲求实际的新英格兰人。在很小的时候，他就把自己引向一种具体有意义的生活。他要使人民团结在一起，成为一个伟大的国家，而不是把一个个单词连结成伟大的诗句。

所以林肯宣告自己是管理公共事务的候选人。他用幽默的趣事和朴素的比喻同邻居们讨论、交谈，这些话都是诚实、谦逊的散文诗，因此邻居们理解它们就像理解脚下坚实的大地和头上的星星一样容易。大伙都信任他的粗鲁不雅、他的诚挚的微笑和他那高尚的心灵。林肯与他们如此相似，却又远远地超出了他们，就一棵长在苗圃里的高大橡树。他们说：“林肯身上有某种奇特的东西，也有某种同我们相似的和强大的东西。”他能把伊利诺斯州（Illinois）最强壮的摔跤手摔倒，还能像《圣经》中的使徒那样健谈。林肯是州里最朴素的人，同他的朴实一样可爱的是他的笨拙，以及他那粗糙、骨节凸出的大手，不合身的衣服，皱纹纵横的脸庞，敏感的嘴角和温柔的眼睛。总之，林肯是维护他们利益的最佳入选。“如果我当选了，我会把桑格蒙（Sanyamon）全体人民看作我的选民，对反对和支持我的人一视同仁。”他们选他进入了州议会。

年轻的林肯学问浅薄但富有智慧。因为他已经历了生活的许多方面，当过农工、摆渡工、伐木工、小屠夫、皮匠、店主和测量员，以及替所有不会写信的邻居写信。他已学会理解并用自己简明诚实的语言，去再现他的同胞们内心深处的渴望与思念。他们辛勤劳作，含辛茹苦，失去了他们心爱的东西之后仍然继续勤劳不懈地工作。同他们一样，林肯也曾爱过、痛苦过。他失去了唯一的姐姐和母亲，以及即将与他结婚的姑娘。在安•拉特利奇（Ann Rutledge）死后的几个星期里，他悲痛得几乎精神错乱。在一个暴风雨之夜，他大声喊道："想到她一个人孤零零地躺在那里，暴风雨拍打着她的坟墓，我简直忍受不了！"

但他还是强打起精神，继续生活下去。

四

孩提时代，他在笔记本上写道："亚伯拉罕•林肯以及他的手和笔终将有所作为，上帝知道这一天。"现在他已经有所成就，并且比自己或其他人所期望的快得多。在由他的选民们专门为他举行的宴会上，主人提到他时说，这个年轻人"已经实现了朋友们的期望，也使他的敌人大失所望"。

普通人民的看法就是这样的，但经验丰富的政治家却不这样看。当林肯出现在州议院时，一个议员投之以迅速、审视的一瞥。这个人就是斯蒂芬•A•道格拉斯（Stephen A Douglas）。打量别人是他的习惯，只要有新成员加入，他总是少不了这一瞥。对任何一个将来可能成为自己的政敌的人，他都想进行品评。因为道格拉斯尽管身材矮小，但抱负远大，他那才华横溢的心灵里充满了参议员和总统梦。

他对林肯的迅速“鉴定”显然使他满意，林肯那里没有什么值得道格拉斯担心的。这位州议员得出结论，伟大的政治家不是由这种没有前途的材料做成的。他甚至没有结识林肯的意思。林肯也没有注意道格拉斯。他们两人都未能意识到他们的生活会多么密切地纠缠在一起，以及他们自己的命运将在美国的命运中扮演多么不可缺少的角色。他们的性格、抱负和外表方面的冲突，只是围绕林肯的生活编导的完善戏剧的另一种表现。

现在，舞台上又出现了一个人物，她导致了第一个复杂情节。一天晚上，两位议员遇到了一位来自南方的年轻的贵族小姐——她来斯普林菲尔德（Springfield）看望已婚的姐姐。玛丽•托德（Mary Todd）是位丰满、漂亮而肤浅的姑娘，她的心像气泡一样透明和空虚。由于自负加上极端的虚荣，这位小姐决心成为“她所看到的至高无上的女皇”。她舞姿优美，并要舞出一条通向美国最有前途的年轻人心里的道路。当她看到态度娴雅的道格拉斯和粗鲁笨拙的林肯时，她立即对他们进行了一番评判，粗野的力量比精心培养的华丽更接近美国人的心。尽管玛丽•托德的思想是肤浅的，但本能是健全的。她选择了林肯作为她获得最高荣誉的较有希望的候选人。这使道格拉斯大为恼怒，这种情感在后来他与“来自落后地区的闯入者”的敌对中将起很大作用。漂亮的年轻小姐把她的手给了林肯，或者更确切地说，她硬是把林肯的手放到了自己的手里并与他结了婚。

完婚后，林肯定下心来赚钱养家。他进了威廉•A•赫恩登（William A Herndon）的法律事务所，买了个摇摇晃晃、包着皮革的沙发，坐在上面，他可以伸展开他那六英尺四英寸长的全身，在梦想中消磨时光。让文件堆在桌子上，让灰尘在地板上厚积，直到革从地板缝里探出头来。林肯被公认为伊利诺斯州最邋遢、最古怪的青年。他坚决拒绝受理不道德的委托人的案子。有个人曾经告诉他如何通过钻法律条文的空子赢得600美元。林肯对这个人说："我不打算办理你的案子，在法律上你可能是对的，但在道德上你是错误的……而且，顺便说一句，你看起来像是一位精力非常充沛的人，你为什么不以诚实的方式去挣600美元呢？"

至于林肯本人，尽管良心上十分不安，却获得了相当满意的收入。也许正是因为他的自责，他才过上了优裕的生活，因为委托人欣赏他的坦率，法官则钦佩他的通情达理。他用善良弥补了自己有时在礼貌上的欠缺。对伊利诺斯朴实的百姓来说，善良就是他们衡量一个人品格的标准。

除了妻子之外，人人都喜欢他。他们的婚姻是不幸的，林肯不高雅的态度总是与玛丽那难以驾驭的脾气相冲突。她把丈夫当作一个早熟的但做了错事的中学生看待，不断地挑剔、指责他。因为他坐下吃饭时用衣袖做餐巾，出去挤牛奶时穿着拖鞋，用一根吊裤带提裤子，以及当来客人时跑到女宾的前面去开门，还有和他的时髦客人谈论猪、鸡、萝卜和马，"好像他是粗俗的乡下佬出身"。她为林肯的行为方式感到羞愧，并声明永远不请他的亲戚到家里来。她轻蔑地告诉他：你只配与工人，农民交往。简言之，他只是一个"普通人"。

林肯听着这些指责，微笑着——他那该死的令人发怒的微笑！她大发雷霆，他承认有罪，承认自己喜欢普通人。"我相信上帝一定非常爱他们，否则上帝不会造就这么多普通人。”

因为林肯并不为自己贫寒的出身感到羞愧。相反，他却引以为自豪。他的心朝向地位低下的人们，因为他就是这些人中之一员。那些热衷于研究林肯对黑奴的态度的许多历史学者，都忽略了他对白人中的辛苦劳动者的态度。林肯像憎恨黑人奴隶制一样，强烈地憎恨工资奴隶制。在他的一次早期竞选演讲中，他说：“由于大多数好东西都是由劳动者创造的，因此一切好东西都属于这些东西的创造者……保证每个劳动者获得他的劳动所创造出来的一切产品……是任何政府都应争取达到的目标。”

林肯是劳动者的朋友和自由的倡导者。但他谦慎区分两种自由——摆脱剥削的自由和剥削的自由。他在一次演讲中通过一个比喻阐明这种区分，“一个牧羊人把狼从羊群里赶走了……羊当然感谢牧羊人……但狼却指责他”。对羊来说牧羊人已给了它不被吃掉的自由；但牧羊人从狼那里剥夺了吃羊的自由。“不要让狼喊自由，因为它们自由的真正含义是残暴。”

在所谓上层阶级和下层阶级之间进行的一场论争中，林肯站在了后者这边。他不仅是劳动人民的支持者，而且是移民的朋友。他嘲笑那些把自己看作“美国人”，而把其移民邻居叫作“外国人”的人们的装腔作势。他说，我们所有人都是外国人，真正的美国人是那些“穿着围腰布，举着战斧”的土著人。我们的祖先都是移民，“他们把这些印第安人逐出了家园。因此，我们轻视那些不幸比我们或我们的祖先晚来的移民的行为是愚蠢的。

这就是1850年走在斯普林菲尔德大街上的丑小鸭，他长相奇特，有着非传统的观念。他全神贯注于自己的“有些独特的”思想，甚至从朋友身边走过时也常常视而不见。一天，林肯在寓所附近散步，身后拉着一辆儿童小马车，他的小儿子威利坐在里面。走着走着，威利从车里摔了出来，躺在地上大哭；但他的父亲完全没意识到发生的事情，仍然平静地拉着空空的马车。

然而，林肯用一个男人的温情爱着他的孩子，允许孩子们把他的办公室当作游乐场。赫恩顿说：“对孩子们绝对没有约束……他们从书架上把书拿下来，把笔尖弄弯，把痰盂打翻——但这从不会扰乱他们父亲的安详宁静。”对赫恩顿的所有建议，比如“拧他们的小脖子”，林肯只笑着回答：“让他们玩吧，等他们长大了，忧虑和苦恼会很多的。”

一个仲夏的午后，那时威利四岁，玛丽想给孩子洗澡，可小威利极不情愿。他从浴盆里挣脱出来，光着身子跑到大街上去了。林肯坐在门口，看着他那粉白的“小猴子”——他在栅栏旁滑倒，又爬起来向前跑——袒护地笑了。他的妻子愤怒地走过来：“别再傻笑了，去把你的儿子追回来！”林肯仍然笑着，去追威利，在半路上抓住了“小猴子”。他用自己长长的、温柔的双臂搂住儿子，吻着他那小小的躯体。然后，把威利扛到肩膀上，送给他那狂怒的母亲。

林肯把对孩子们的温情扩展到整个人类。他为其同胞的欢乐而欢乐，为同胞们的痛苦而痛苦。他的普遍的同情心不仅给予白人，也给予黑人。从很早，他就对解放奴隶感兴趣。年轻时，他曾到新奥尔良州旅行，在那里林肯目睹了奴隶市场，奴隶被卖给出价最高的买主。他看到一个年轻的姑娘像牲畜一样被赶来赶去，以便让可能的买主把她看个仔细。“如果我有机会，我一定会狠狠地打击这种事！”林肯把自己的整个生命指向了这个目标。他当选为国会议员后，起草了《在哥伦比亚地区废除奴隶制法案》。虽然这个法案未被通过，但林肯拒绝向失败低头，仍然继续奋斗。在堪萨斯州讨论关于奴隶制问题期间，他代表黑人发言。当共和党依据杰弗逊的民主平等原则建立时，林肯是它的一个最积极的组织者。那时道格拉斯为了当上总统，准备鼓励在南方扩大奴隶制，林肯因此向他挑战，就奴隶制问题展开了一系列辩论。

林肯与道格拉斯之间的这些辩论在美国政界是某种新东西，实际上是在美国人民的审理团面前进行精神上的决斗。决斗者使用的武器是美国的两条最犀利的舌头。

但在林肯的演说中有某种超出口才的东西。他用丰富的内心世界为自己那超群出众的口才增添思想和内容。

在与道格拉斯辩论时，林肯的眼睛有些看不清了，这是连续阅读历史和法律文件的结果。为了提高眼睛的视力，他到珠宝店去买了一副眼镜——花了 38 美分。他用当时通用的方式选择眼镜，即把各种眼镜全都试一遍，直到发现了合适的为止。同时为了加强自己的精神视力，他用了同样的方式，考察了人类的所有关系，直到发现一种能使人们友好相处的关系为止。他把这种关系概括在一句话中：“与正义的人相处。”

由于把伦理学运用到政治上，林肯变成了国家性的人物。南方曾议论过退出联邦问题，但林肯宣告，美国必须是一体的、“统一的和正义的”。一个裂开的房子不能再站立。美国不仅要部分的，而且必须完全地变成自由的。"这个政府不能永远忍受有一半奴隶、一半自由人。"

道格拉斯试图贬低这些话的意义和林肯的重要性，他说："林肯先生是位和善、温和、有才智的绅士，但不是国家的领导者。"老百姓却不这样想。他恰好是在 1860 年国家危急关头中他们想要的那种领导者。因此他们拒绝了道格拉斯，选林肯当了总统。

在他当选和就职典礼期间，朋友们成群结队地来祝福他一帆风顺。尽管日理万机，林肯还是能挤出时间与他们每个人都交换几句问候的话。在他的客人中，有一位是他在新塞勒姆（New Salem）开店时认识的老太太。这位老太太来访时，林肯正与几位杰出的政治家谈话，但他一看到她，就迎上前来诚挚地表示欢迎。她羞怯地打开一个草纸包着的包裹，递给林肯一双粗糙的毛袜子，"把袜子带到白宫，亚伯，这是我亲手纺线和编织的。"林肯深深地感谢她，收下了袜子。他对那几位正在吃惊的大人物说："先生们，这位夫人似乎已经知道了我的准确的尺寸，你们不是这样想吗？"

是的，他的朋友们已经知道了他的精确价值和"尺寸"——精神的和身体的。

五

林肯当选总统，意味着实现了玛丽的野心，也意味着林肯心灵平静的结束。南方的种植园主曾为道格拉斯的竞选呐喊，他们威胁说要在共和党胜利时发动叛乱。当时作为候选人的林肯清楚地知道将会产生的后果，他自己的当选对个人来说是个胜利，但对国家而言可能是个灾难。另一方面，如果道格拉斯当选，林肯会默默无闻，却可能避免一场战争的悲剧。但战争真的能避免吗？在这个历史时期最终依靠什么力量才能使已经降临于这个国家的席卷一切的仇恨的浪潮扭转方向呢？如果战争必然发生，那么道格拉斯能够驾驭这个国家安全度过暴风雨吗？他是否过于以自我为中心，太缺乏精神支柱，以至不能确切地代表自由与统一呢？事实上他的心不是朝向反叛者、脱离主义者和奴隶所有者一边吗？因此，林肯通过竞选取胜，在道德上不是合理的吗？总统之职位需要林肯的程度不是大于林肯需要总统职位的程度吗？

这些想法在竞选期间和当选之后一直折磨着林肯。在历史上几乎没有人经历过比这更痛苦的胜利。他厌恶冲突，1846 年对墨西哥宣战时，他曾提出过反对意见。看到他的国家开始军事征服——“在血雨中升起的漂亮彩虹”——他从心里感到难过。而现在，这位最温和的人却被迫把人民引向另一场血雨腥风。

但即使在这种情况下，如果下野的总统詹姆斯•布坎南(Buchanan)具有比较坚定的性格，那么战争也许可以避免，至少可以推迟。林肯刚一当选，布坎南就看到了正在聚集的暴风雨，但他没有做出任何努力去阻止它。让他的后继者为它焦虑吧——如果真的有后继者的话。他一次又一次悲哀地说：“我是美国的最后一位总统。”

所以他犹豫不决地坐在白宫，而南卡罗来纳州在林肯就职前两个半月退出了联邦。如果布坎南采取迅速、果断的措施，反对这个州在 1860 年的退出，就像杰克逊在 1833 年所做的那样，那么内战就可以在酝酿之时被阻止。但布坎南不仅没有劝阻南卡罗来纳，反而给它以鼓励。他不仅在自己的内阁中保留了像雅可布•汤普森（Jacob Thompson）这样曾帮助南卡罗来纳退出联邦的人，还允许军队从北方转移到南方。当其他六个州——密西西比、佛罗里达、亚拉巴马（Alabama）、佐治亚（Georgia）、路易斯安那和得克萨斯——在林肯当选与就职典礼期间退出联邦时，他冷漠地袖手旁观。1861年3月4日，林肯宣誓就职时，布坎南把内战作为就职礼物送给了他。

六

在整个战争中，林肯面临两种危险——外部的侵略、内部的不忠。"铜头蛇们"——铜头蛇是"搞突然袭击的致命毒蛇"——用种族仇恨的口号使战争问题更说不清楚了。但面对南方的反叛和北方的阻挠，林肯只有一个坚定的信念——保持美国的统一。他说："在这场战争中，我的最高目标就是保全联邦……假如不解放奴隶就能保全联邦的话，那我就不解放奴隶；同时如果通过解放所有奴隶才能保全联邦的话，我就会解放一切奴隶；如果通过解放一些而留下另一些能达到我的目的，我也会这样做。不管我对奴隶制和有色人种采取什么行动，都是因为我相信这些行动有助于保全联邦。"

在此我们看到了林肯的有声的思想。由于清晰、合逻辑的思考，他得出结论，保全联邦的唯一途径是解放奴隶。在林肯的哲学中，《解放宣言》必然是最后一段。

林肯的全部哲学可以概括在几个简单的词汇里：对美国统一大

家庭的公正无私的爱。甚至他对南方的态度也是温和和同情的。他提到反叛者时总是说："这些南方绅士。"他对奴隶制怀有强烈的恨，但对信仰奴隶制的人并不仇恨，"如果我们处于他们的位置，也会像他们一样。"他把奴隶所有者看作是与奴隶一样的有害制度的受害者，如果国家能够得救，这种制度一定要被清除出社会。林肯想实现双重自由——把黑人的身体从奴隶制枷锁下解放出来，把白人的灵魂从奴隶制的禁锢中解放出来。

林肯具有无限的忍耐力。他不仅忍受了麦克莱伦的侮辱，也忍受了他自己的"官僚家庭"——内阁成员的侮辱。西沃德（Seward）和蔡斯（Chast）咒骂他；斯坦顿（Stanton）把他看作"该死的、笨拙的长臂猩猩"。林肯既不非难他们，也没把他们开除出内阁，"过河途中换马是件危险的事情"。当转椅中的爱国者——他们极尽煽动之能事，但没参加过一次战斗——指责他不能胜任时，林肯的态度是让他们随便说下去，自己则平静地去工作。

对林肯的辱骂伴随于他生活的始终。他的难以理喻的政敌坚持认为，林肯所做的一切事情都是错误的，甚至连他的《哥底斯堡的演说》也被充满敌意的报纸指责为"愚蠢、感伤、没有价值的"。直到他被暗杀后，美国才领悟到林肯的伟大。似乎命运存心推起了一场通俗闹剧的高潮，目的是渲染他生命戏剧的美丽、辉煌。因为现在，林肯终于作为由儿童组成的国家中的一个男子汉而突出出来。亚伯拉罕……不恨任何人，且爱一切人。

亚伯拉罕·林肯生平大事简表

1809年——生于肯塔基州。

1831年——在伊利诺斯州的新塞勒姆被雇作综合商店的办事员。

1834年——被选入伊利诺斯州立法机构。

1835年——他的未婚妻安•拉特利奇去世。

1837年——开始开业做律师。

1842年——与玛丽•托德结婚。

1847—1849年——在众议院任职。

1854年——发表讲演反对扩展奴隶制。

1856年——加入新共和党。

1858年——与道格拉斯辩论奴隶制问题。

1860年——当选为美国第十六位总统。

1861年——作为联邦军队的总司令承担起内战的负担。

1863年——发表《解放宣言》，发表《哥底斯堡演说》。

1864年——再次当选为总统。

1865年——遇刺身亡。

杰弗逊·戴维斯

Jefferson Davis

（1808—1889）

一

他出生于一个棉花种植园，父亲根据伟大的“南方”总统的名字给儿子取名为杰弗逊。他在肯塔基的月亮下长大，周围弥漫着清新的泥土气息，回荡着摘棉花的黑人的歌声。

为了寻找有益于棉花生产的新棉田，许多种植园主像他们的拓荒兄弟们一样，已经向西、向南迁移到土地肥沃的边疆。

杰弗逊的父亲就是这些拓荒者中的一个。他把全家从肯塔基州搬到了西西比未开垦的棉花地里。在这里，他聚集了几个奴隶，并同他们一道辛勤劳作，为自己的晚年准备了一个小小的舒适的王国。他把最小的儿子杰弗逊送回肯塔基家乡，进入圣托马斯•阿奎那（Saint Tomas Aquinas）[①]学院学习。这个纤细、黝黑、敏感的年轻人，把自己的灵魂沉浸到香火的幽馨和描绘在玻璃窗上的传奇故事的优美之中。他的性格略带宗教神秘主义的色彩——一种模糊却很重要的殉

① 托马斯•阿奎那（1225—1274），意大利神学家，哲学家。

道本能。

杰弗逊从托马斯学院毕业后，继续在特兰西瓦尼亚（Transylvania）大学受教育。他对诗歌的兴趣此时已发展为对历史的热爱，尤其是古典历史。他钦佩罗马人炽热的爱国主义激情。罗马也是个南方国家，正是在南方太阳的照耀下，霍雷肖（Horatio）坚守大桥抵抗敌人，布鲁特斯（Brutus）挥舞他那正义之剑。这些罗马人是勇猛的十字军和进行崇高战争的勇士。

但在这里也有仗可打，边疆需要守卫，理想要得到保护。杰弗逊·戴维斯决心投笔从戎，奔向西点军校。

二

从军校毕业后，他被派往威斯康星州，负责边界岗哨。“在这里与印第安人的战争随时都可以发生”，但同被击败的印第安人的小小冲突没有多少刺激。“在附近为我们的国家而牺牲的大部分鲜血都被蚊子食用了。”沼泽地的热病和冬天的严寒所产生的困苦胜过硝烟弥漫的战场。但在这个哨所里最致命的武器是厌倦。经过这种荒谬的三年流放之后，杰弗逊·戴维斯调到了克劳福斯堡（Crawford）。在这个哨所，他长期以来第一次遇见了“未婚妇女以及非印第安女人”。

杰弗逊在这里触到了爱情。他的心被一位深色皮肤的年轻漂亮的欧洲姑娘吸引住了，这位姑娘的父亲是坚强的驻军要塞司令官。当老扎克·泰勒（Zach Taylor）得知女儿爱上了他手下的一名士兵时，他要为她的名誉进行决斗。杰弗逊·戴维斯很为难，他怎么能与自己的司令官决斗呢？另一方面，如果他接受决斗的话那怎能赢得他心爱的人呢？爱情要求无条件的投降，他从部队辞职并与泰勒的女儿结了婚。但当他俩穿过肯塔基种植园，前往他们在密西西比的家时，黄热病——南方的鞭子——猛烈地袭击着这对新婚夫妇，使他俩病倒了。一天早晨，杰弗逊挣扎着从床上爬起来，他听到了新娘从另一个房间发出的声音。她在精神错乱中唱起了歌，等丈夫来到她身边时，最后一句已永远地结束了。

这是我们的战士所遭受的第一次深重的创伤，第一场失败的战争。撕心裂肺的戴维斯开始退却了，他回到了布里厄菲尔德（Brierfield）种植园，这是大哥作为礼物送给他的，除此之外，还有三十六个奴隶和忧郁的孤独。他说："我的心，在新娘的坟墓中。"

戴维斯花了十年时间进行沮丧的"冒险旅行"，后来在一个圣诞节，一位具有北方血统的活泼年轻的姑娘步入了他在布里厄菲尔德的大门，在槲寄生[①]下为他的心提供了一个新的寄托地。

三

在杰弗逊自愿接受的那些流放年月里，他阅读和思考了许多与治理政府有关的东西。这种对政府的兴趣，是他先前对历史的热爱的自然发展。既然他又一次开始新生活，他原有的参与意识就又回到了他的身上。戴维斯决定进入政治舞台，并在他的国家命运里起到积极的作用。

① 槲寄生，树名。其小枝常用作圣诞节的装饰。

也许正如他曾经希望的那样，为了能在政界脱颖而出，他必须经过战场的艰难困苦。墨西哥战争爆发时，戴维斯组织了“密西西比手枪”志愿军团。他靠拐杖从布埃那威斯塔（Buenavista）回到家，感动了“老密西西比”的心，他被选为参议员。

他带着可爱的妻子来到华盛顿。当他在参议院发言时，所有人立即被他那音乐般的声音迷住了。但他的语言并没有通过他的思想的锻炼得到条理化。他已经成为把自己的灵魂与人民的灵魂联结起来的敏感环节——一个伟大活跃的灵魂，它在一望无际的棉田里展开、延伸。

戴维斯应邀在华盛顿宴会上发表演讲，作为“战斗英雄——密西西比手枪军团的勇敢指挥官”，他被介绍给别人。他的眼睛由于同情他们而变得温和了。他们永远也不会理解吗？他不是个勇士，而是个信徒，一个宗教诗人，思想的梦想者。这就是他准备穿上军装和献出生命的动机——为了保存祖国的美好声誉和沁人的芳香，以及对南方大地的抚爱。

在屋角处坐着一位从伊利诺斯州来的腼腆的国会议员，全神贯注地听着，那双在斧头上练就的大手，稍稍弯曲着。他用双手也能感受到思想，用感官呼吸它，为它而死。但杰弗逊•戴维斯的眼睛从未与亚伯拉罕•林肯的目光相遇……

戴维斯在参议院做了许多令人心醉的演说，又进行了一次不成功的密西西比州长的竞选活动。后来富兰克林•皮尔斯（Franklin Piercl）当选了总统，把他组进内阁，任美国陆军部长。

他热爱自己的国土，它一定要发展成幅员辽阔的帝国。必须建立一支庞大的军队来保卫国家的每一寸土地。为什么不吞并古巴——安的列斯岛的珍珠——以及墨西哥和中美洲？让命运显示出来吧！派黑人到那里去打开充满魔力的白棉花地毯……

他扩大了军队的规模，建议购买非洲骆驼作为运输南方棉花的交通工具，并为华盛顿设计了新的自来水体系。与此同时，戴维斯扩张国土的梦想也越来越大。后来他回到参议院，陷入了永不安宁的日常事务中。

因为美国那时是不安宁的。相同和相反的指控一次又一次地投向参议院的议员席。“打倒南方疯狂的奴隶制！”“不，打倒那些干涉我们南方权利的疯狂的北方人！”这些针锋相对的挑战逐渐促成为一个厄运的宣判，带着一个令人绝望的、悲剧性的感叹号，刺刀已经磨好。“一些愚蠢的人仍然大谈和解，好像我们不打一仗就情愿放弃我们的奴隶似的！”

奴隶？他有几个奴隶，确切地说是三十六个幸福的人。他从未惩罚过其中的任何一位，他们不是他的奴隶，而是他的帮手——他的种植园家庭的成员。来自非洲的詹姆斯•彭伯顿是他们的监工，他像其他人一样黑，“也一样白”。他到戴维斯先生的办公室时，戴维斯总对他说：“詹姆斯，拿把椅子坐下”。然后递过去一支烟。为什么叫这个正式的名字“詹姆斯”呢？为什么不叫他“吉姆”？因为彭伯顿可能会把它看作由于熟悉而流露出的轻视，称呼“詹姆斯”则不会对一个受到信任的老朋友有什么伤害……

一小部分人把来自伊利诺斯州的参议员选为总统，也许他们认为他是对的。但有些人不这样想，他们没有感到一定要由他的决定来“指引”他们的生活之路，迫使他们违背自己的意志留在联邦里。这些人决定和平地处理自己的事情，自己处理他们的南方问题。

1861年，当杰弗逊·戴维斯坐在美国参议院时，有消息说密西西比已决定脱离联邦。他的脸本能地转向联邦旗帜，“我爱这个原有的联邦。我的父亲为它流过血，我也曾为之战斗过”。但密西西比是他的故乡，南方的田野使父亲的身体逐渐衰竭；南方的大地是他爱妻的坟墓。他肉体的每一部分，记忆的每一片断都属于密西西比。

召引他回家的不是奴隶制哲学，也不是政治争端，而是父亲对儿子的呼唤。

他从参议院议员席上站起来发表告别演说。“总统先生……我已经服务了很长时间；已经发生了一些冲突；无论我将遇到什么打击，我都要离开这里，我没有带走任何不友好的回忆……我要做的只剩下对你们说一声‘再见’。”

戴维斯从议会大厅走出时，眼睛湿润了。

四

杰弗逊·戴维斯回家去了。他认为自己的冒险生活已经结束，此时他要回到他的田野和书本里去。上帝保佑他离开华盛顿时只有眼泪，而没有鲜血！

一天，他正在照料马时，信使找到了他。“先生，我们得到指示通知您，今天您被一致推举为美国联盟州临时政府的总统。”

这对戴维斯的政治生涯来说，是个多么出乎意料的转折点！接受这个历史性试验的总统职位是他的义务。他的人民曾在他们兴盛的时刻把他送到美国国会，现在在他们的试验期间，要求他来领路。在南方有其他人更有资格来领导他们，“但是您，先生，是个战士”，而现在要打仗了。他在马群里徘徊了一会儿，这些马都是红褐色的。对着托马斯•杰弗逊的画像，他宣誓就职，就像在梦中一样。

他望着人们。“真要发生战争了吗？不受任何利益与激情的驱使而侵略他人的权利；渴望与所有国家建立和平和贸易；即使我们不希望避免战争，我们至少可以希望子孙承认我们没有参加不必要的战争……”

慢性神经痛已使他闭上了一只眼睛。持续的头疼——曾夺走了他的新娘的那种热病的后遗症不会让他安宁。但戴维斯仍挺胸昂首，当他骑马走进里士满——联盟政府的所在地时，他的神态威武庄严。因为他意识到了比自己更重要的事情，为了它人们忍受着更大的痛苦。人们怀着一个希望，为了它甚至可以去死。

戴维斯一夜又一夜地在里士满的白宫里踱步。这就是战争。

将军们——约翰逊（Johnston）、博雷加德（Beauregard）、库柏（Cooper）来告诉他，为了比正在集结的北方力量抢先一步，现在应立即向华盛顿进军。但杰弗逊•戴维斯对这个建议感到震惊，“我们永远不要侵入北方……我们是在为人民退出侵略性政府的权力而打仗，不能把我们的军队用作侵略的工具。”

将军们摇着他们讲求实际的脑袋。“这个人是个理想主义者，上帝保佑南方！”人们发觉他能预示未来，并且非常悲哀。那些贵族在第一个疯狂的夏天里打仗，如同他们在歌剧院里一样兴奋。戴维斯尖刻地对他们说：“这将是一场长期的战争”，今后还有许多年——“没有香槟酒的数年”。在南方没有喝酒的高脚杯，只有牺牲的苦酒。人们被吓住了。

佐治亚的斯蒂芬斯（Stephens），新制度的副总统，以及朱达•本杰明（Judah Benjamin），联盟的国务卿，现在开始看到了被他们选为总统的虚弱、威严的戴维斯的精神。到这个时候他们还未真正了解他。在一切伟大人物的身上都蕴含着个性的种子，它们开花之前需要那种最天然的营养，然后开出色彩斑斓的出乎意料的花朵。“杰弗逊•戴维斯这个人参加战争与其说是出于绝对取胜的愿望，倒不如说是为了证实一种政治原则。”

当然，他以自己的方式战斗着。你无疑明白，在地图上，在军队的部署和战斗的命运方面，你可能未达到目的，但你的精神绝不能崩溃。不论战争的结局如何，他的战斗决不会失败的。

戴维斯来到人民面前，告诉他们：我们为了全面的自由而进入了全面战争。他的内阁成员大吃一惊，他想做什么？直接加重人民的负担？人民永远不会赞成赋税。他难道要求种植园所有者放弃种棉花，而去生产粮食吗？不会有一个内阁成员肯听这种“荒谬的思想！

他敦促通过征兵法案，以便聚集全部可以利用的人力。即使如此，北方军队还会以2 ：1的比例远远超过南方。但政治家们提出了奇怪的、老生常谈的理论，即这个法案会在人们为自由而战时导致军事专制。戴维斯的回答非常坚决，“在伟大的战争中，人民必须自愿放弃他的一些权利，否则，战场的命运在最后会剥夺他们的一切权利”。

当伟大的联盟军队开始撤退时，巨大的精神力量被逐渐动员起来，并开始汹涌向前。杰弗逊•戴维斯觉得自己不再是一个失败了的事业的领导者。尤利塞斯•格兰特（Ulgsses Grant）已把联盟分成了两部分，因为他给密西西比的维克斯堡（Vicksblurg）以沉重的打击。在哥底斯堡为时三天的激战中，“整整一代人流血牺牲”。谢尔曼（Sherman）将军带着他勇往直前的军队像一把镰刀一样穿过佐治亚州的田野。里士满内阁里的政治家们却惊奇地看到他们总统的眼里的兴奋之光。现在南方没有香槟酒，甚至没有咖啡、糖、蔬菜和水果，也没有肉和面包。但英国的格莱斯顿（Gladstone）理解这一切，他断言杰弗逊•戴维斯已经建立了一个“国家”。

不是由一纸宪法、一个参议院或一面旗，而是由苦难建立起来的国家。

虽然没有香槟酒，但在先知和人民之间终于建立起了强大而微妙的纽带。在一场伟大的悲伤的冒险中他们成了同伴，他们的和平超过了一切协议和条件。杰弗逊•戴维斯骑马到军营和医院去慰问新国家的公民们。从前线归来的人们缓慢地、恍惚地走着，眼睛被战场的硝烟弄瞎了。医院里的伤员不管伤成什么样都躺在光木板上，等待着外科医生。医生则太忙，因此不能处理所有伤员。年轻姑娘坐着为伤员喂水，如果他们死了，就把水徐徐地吹向他们的脸。马车拉着成堆的尸体嘎嘎作响地穿过大街，戴维斯看到一只僵硬的胳膊伸向天空，好像在发誓报仇。

他曾查看过地图，并因自己部队的处境和出路而大惊失色。他的梦想使他恍惚。戴维斯接到林肯的一封信，表达了“为了我们共同的国家的人民”而进行和平谈判的愿望，但戴维斯的回答使人迷惑——“为两个国家的和平”。这是他生活的高潮——对一个伟大思想的考验。当一个人已经放弃了幻想时，应该正确地经过最后阶段。如果事业像鲜花一样不久就要凋落，那会怎么样呢？

五

在经过五年令人厌倦的战争——它除了导致进一步的战争之外没带来任何东西。之后的一个春天，戴维斯交给妻子一把手枪，并向她示范如何装子弹和射击。他告诉妻子，敌人正接近里士满，让她赶快逃走。“如果我活着，”他以一种非常奇特、柔和、神秘的口吻对妻子说，“当战争结束时你可以到我这里来。但我不希望在我们的宪法自由的毁灭中活下来。”

“人民废除政府的权利……”当杰弗逊•戴维斯从林肯的军队中逃到南方时就是为了这个原则，现在这个原则已经成了幽灵。就在他到达山顶之前，他把自己交给了联邦骑兵——一个没有军队、没有政府、没有人民的总统，但他的头还是高高地昂起。当戴维斯被押送着走在通往门罗要塞的佐治亚大街时，一个小男孩惊奇地注视着他那张伟大而沉默的面孔。这个将来有一天要领导一个重新统一的国家的孩子慢慢学会了理解。

这个孩子就是伍德罗•威尔逊（Woodrow Wilson）。

杰弗逊·戴维斯生平大事简表

1808年——生于肯塔基州托德县。

1821—1824年——就读于特兰西瓦尼亚大学。

1828年——毕业于西点军校。

1835年——与萨拉•泰勒结婚，她在婚后3个月死去。

1845年——进入美国众议院。与瓦里娜•赫尔结婚。

1846年——在墨西哥战争中担任密西西比第一军团上校。

1847年——进入美国参议院。

1853—1857年——在富兰克林•皮尔斯内阁中任陆军部长。

1857年——再次当选为参议院议员。

1861年——辞别参议院，到退出联邦主义者中间去。当选为南方联盟州的总统。

1865年——在佐治亚州被俘，并被带到弗吉尼亚的门罗堡。

1867年——获得保释并得到允许去加拿大。

1881年——写作《联盟政府的盛与衰》。

1889年——在新奥尔良去世。

格罗弗·克利夫兰

Grover Cleveland

(1837—1908)

一

在白宫，克利夫兰刚刚坐下正准备饱享一顿丰盛精美的午餐，突然一缕熟悉的香味从窗外飘了进来。他用鼻子贪婪地嗅着。

"威廉，这是什么气味？"他问。

"很抱歉，先生，这是仆人的饭菜味。我把窗子关上好吗？"

"不，当然不要关！"呼吸了几下后他接着说，"他们吃的是什么，威廉，是腌牛肉和卷心菜吧？"

"是的，先生，请原谅。"

"要我原谅你只有一个条件，把我的饭菜换给仆人，把他们的拿来给我。"

格罗弗·克利夫兰——吃腌牛肉和卷心菜的总统。

二

小时候，他蛮横粗暴，是圣里查德·法利·克利夫兰（Riekard

Falley Clevelarid）九个孩子中最粗鲁、最倔强的一个。一天晚上，费耶特维尔（Fayetteville）（纽约）被学校的铃声从睡梦中惊醒。这铃声是什么意思？失火了？印第安人打来了？还是发生了地震？都不是，这不过是斯蒂维[①]•格罗弗•克利夫兰在学校的钟楼里捣乱。他从窗户爬进去并沿着狭窄的台阶向上走，想看看会发生什么事情。而发生的事情对这个小淘气来说太可怕了，所以他赶紧从最近的窗口爬出去，沿着水管滑到地上。

父亲并没揍斯蒂维，因为水管上的一些边缘不整齐的金属片已经惩罚了他。“调皮鬼”的腿划破了，被迫在床上躺了好几天。

他是个爱捣蛋的邋遢的小家伙。每次到学校时手都是脏的，并不是早晨妈妈没有给它们洗干净，而是在上学路上总有许多有趣的东西可以摆弄。最后老师警告他，如果再带这样的脏手到学校里来，她就要给他一顿鞭子。小斯蒂维第二天出现在教室里时，看样子显然没有留意老师的警告。“斯蒂芬，”老师说，“把你的手伸出来！”克利夫兰把手伸了出来。老师说道：“斯蒂芬，如果你能在这个屋子里再找到像这只手一样脏的另一只手，我就免去对你的惩罚。”“是，夫人。”克利夫兰说着并迅速把他的另一只手伸了出来。

老师遵守了诺言。

小克利夫兰不仅顽皮、邋遢，而且聪明、心地善良。他曾捡到过一条说不上属于什么种类的狗，并教给它几个把戏，诸如用后腿站立、肚皮朝天装死，以及爬梯子等等。一天，当它表演最后一个节目时，掉到了地上，把腿摔断了。人们都建议他把狗杀死，但克

---

① 斯蒂维：Stephen 的爱称。

利夫兰不听这些，他的眼泪像小溪一样顺着脸颊流淌。他用双臂把狗抱进他的卧室，笨拙地给狗腿上夹板。

斯蒂芬•格罗夫•克利夫兰的少年时代是好斗、兴趣广泛、喜欢思考的时期。无论对于什么，玩耍、学习还是干活，他都全神贯注。克利夫兰的老师曾告诉自己的学生们："我们应该勤奋、积极地利用我们的分分秒秒。"她要求同学们以此为主题写一篇作文。下面我们摘引克利夫兰作文的部分段落：

"……如果我们期望成为伟大、有用的人……我们必须趁年轻时合理地利用我们的时间。乔治•华盛顿还是个孩子的时候就很好地利用了他的时间，当他率领军队为他的国家打仗时，他并不感到惭愧。许多伟人都很贫穷……但是由于善于利用他们的时间……他们获得了很高的名望。杰克逊是个穷孩子，但他进入学校后，通过善于利用时间而使自己成为美国总统……如果我们希望成为这个世界上伟大而有用的人，我们必须好好地利用我们的时间……"

"我们必须善于利用我们的时间"这个想法不仅是贯穿于他孩提时代作文中的一个重复引用的句子，而且是贯穿他整个生命的主题。

三

他受的教育很少。十六岁时他的父亲死了，克利夫兰发现自己与众多的兄弟姐妹一起继承了一只空空的钱袋。幸运的是他在纽约盲人服务机构找到了工作，作为"书籍管理员和一般助手"。在这里，克利夫兰的工作辛苦乏味，偶尔为病人读读摩尔（Moore）和拜伦（Byron）的作品，放松一下紧张的神经（他们两人是他最喜欢的诗人）。此外，斯蒂芬还同一位教师打了一架，因为这位教师鞭打了一个失明的小孩。一年后，克利夫兰离开这里，要去西部碰碰运气。

他想到俄亥俄州的克利夫兰去。“我被这个地名吸引住了，似乎它是我的城市，因为它用了我的名字。”（实际上，克利夫兰不知道，这个城市是以他的一位旁系祖先的名字命名的）

年轻的格罗弗——他喜欢人们叫他中间的名字——没有到达目的地。他中途改道前往布法罗（Baffalo）去看他的叔叔，并长期留在了那里。叔叔刘易斯•F•艾伦（Lewis F Alled）在布法罗市郊拥有大片地产，他为格罗弗提供食宿，格罗弗则在他的农场里做帮手。

在一段时间里，克利夫兰作为一个“帮手”，干活很卖力。可后来，他告诉叔叔，如果可能，他宁愿把毕生的工作负担都放在自己的大脑和舌头上。

“这个想法不坏，”叔叔回答，“你已经具备了相当好的说服能力……至少，你已经说服了我。”

于是，叔叔为他在城里最有名的法律事务所里弄到了一份工作，这个事务所是罗杰斯（Rogers）、鲍恩（Bowen）和罗杰斯（Rogers）开办的。老罗杰斯先生是个脾气暴躁，爱惜人才的人，他递给克利夫兰一本布莱克斯通的著作，说：“年轻人，读完它。”克利夫兰开始运用自己的意志方钻研这本书。一天晚上，事务所的一个年纪最小的职员以为自己是最晚离开办公室的人，所以就把门锁上了。他完全忘记了年轻的学徒克利夫兰，此时他正坐在角落里的桌子旁专心思考。几小时之后，克利夫兰才发现自己被关在办公室里了。

他点上灯，打开书本，抿嘴笑了起来："对一个律师来说这是个很好的训练。现在我想知道，被锁进屋里会有什么感觉。"

第二天早晨，他们在办公室里看到他，他稍微有点疲倦，但这次体验使克利夫兰更明智了。

他在"自学法律课程"上花了三年时间，后来（1859 年 5 月）获得了律师资格。

现在他开始了日复一日的艰苦工作和激烈的竞争。照顾他的委托人——凭借真诚的握手和严阵以待的精神，他赢得了许多委托人；为民主党候选人做巡回政治演说，在投票处投票；开始与马侠、店主、挖沟者、医生、资本家结交——他的同情心像世界一样宽广；以及为了晚上的椒盐点心和啤酒而到酒店去。他被看作布法罗最聪明、最和善的年轻律师。

有时他过于"友善"了。比如有一次，格罗弗•克利夫兰和其他几位律师去伊利堡，他们被指定组成一个委员会，接待来美国访问的英国亲王阿尔伯特•爱德华（Albert Edward）。

他们正在"克里夫顿"号的甲板上消磨快乐的时光。在连续的祝酒中大家开怀痛饮，突然这位英国人发起怒来，他对美国人的不拘礼节感到愤怒并要求道歉。克利夫兰和蔼地看着他说："啊，胡说！"

"我绝不能忍受任何人这样说我！"英国人喊道。

"你想为此打一架吗？"克利夫兰伸出他那巨大、有力的拳头。

这时英国人不再固执己见了。格罗弗•克利夫兰差一点与这位亲王交换拳头。

四

他当过伊利（Erie）县的助理检察官。他说：“我希望自己永远不要由有德性的检举人沦为罪恶的迫害者。”克利夫兰常在友好的刘易斯•格茨的酒店里满足自己的口腹之欲（但从未超出他的心理平衡）。他接受了郡司法长官的职位，还主持审判了两个谋杀犯，最后被提名为竞选布法罗市长的民主党候选人。

他竞选获胜，接着给他的城市带来了一个令人兴奋的印象——一个不添麻烦、没有贪污的政府。克利夫兰清除了像藤壶一样牢固地粘在这个城市上的“强盗”和“害群之马”。他发现自己的前任曾过大地铺开了公共印刷出版、街道清扫和市政建设等许多方面的工作。现在他根据实际的经费压缩了此类事务，并把节支从政治家们的口袋转移到市财政部。他说：“这个城市是我的委托人，保护我的当事人的利益是我的法律责任。”

克利夫兰只为这个城市服务了几个月，就被对他充满感激之情的公众推选为州长。在这个职位上，他继续无畏地管好公共资金，作为一名“管家”而尽职尽责。克利夫兰只为有意义的工作拨款，而不为“良好的意愿”付钱。他是一位众所周知的说话直言不讳的人，常用清楚、简明、不顾及情面的语言否决各种各样的拨款议案。关于一项计划，他说：“我对此不予认可，因为我把它看作是违背人民利益的最公然最无耻的计划的典型。”对于立法机关已经通过的打算欺骗公众的法案，他行使了否决权：“在曾经送到我面前的所有有漏洞、卑鄙的法案中，这个是最恶劣、最不可原谅的。”

克利夫兰是个忠诚的十字军战士，但也是位精明的政治家，正如他的敌人沮丧地发现的那样。在那些“切割”他的政治野心的人中，有坦慕尼（Tammany）协会的领导人汤姆•格雷迪（Tom Grady），“一个具有二流口才和卑鄙心灵的人”；还有“诚实的约翰•凯利，这样称呼他的原因是他像公牛角一样弯曲、狡诈”。克利夫兰不仅接受了他们的挑战，而且还甚为得意。他说：“一个人不仅被与他在一起的人们所了解，也为把他拒之于门外的人们所了解。”就像他的一个追随者爱德华•S•布拉格（Edward S. Bragg）说的那样恰当，“人们不仅因为克利夫兰本人而爱他，而且主要是因为他所树立的敌人而爱他”。

尽管坦慕尼协会竭力反对，但民主党还是提名他为候选人。在这点上，布拉格的话起了很大的作用。共和党被提名的候选人是詹姆斯•G•布莱恩（James G. Blaine）。

在接下来的整个竞选过程中，克利夫兰只做了两次演讲。他很清楚地意识到自己的缺陷。他那臃肿的身躯、平凡的面孔、鼠眼、肥大的鼻子以及海象似的胡须同共和党“插羽骑士”那富有生气的容貌和迷人的微笑相比显得十分可笑。布莱恩充分利用自己的优势。他从国家的这一端到另一端做巡回讲演，“挥舞着血污的衬衫”，也就是说他利用了内战仍在酝酿的激情。他散布谣言，说克利夫兰当选后会“把黑人拉回到奴隶制”。这还不是全部。布莱恩的竞选经纪人——在他们的“友好敌人”，坦幕尼协会领导人的帮助下——已经从国家问题的争论转为个人攻击。他们指责克利夫兰是一个私生子的父亲——克利夫兰迅速而坦率地承认了这个指控。这次竞选，坦慕尼协会站在共和党一边，另一方是在公众谣言的泥泞中缓慢前进的克利夫兰的个人品质。似乎詹姆斯·布莱恩稳操胜券，他的经纪人已经准备向他祝贺了。布莱恩此时觉得他的敌人对他已没有任何威胁了。

但布莱恩的朋友们的一切都使他惧怕。其中之一是圣 S·D· 伯查德（Burchard），他不小心用善意的爱伤害了布莱恩，好心帮了倒忙。选举的前几天，伯查德在第五大街旅馆（纽约）发表演讲，他把布莱恩赞美成反对“由民主党候选人赞助的三种罪恶——酒、罗马主义和反叛”的勇士。由于这个演说既愚蠢又不公正，像旋风一样席卷着整个国家，把全部天主教徒的选票都刮进了民主党的阵营，因此克利夫兰以微弱的优势当选。这是二十四年来民主党的第一次胜利。

五

在白宫，克利夫兰继续在美国政治事务中固执地一口一个“不”字，成了一位嘴里永远“说不”的人。他否决了各种不必要的财政拨款。“公职是公众的信任。”他被选为一个营业情况良好的商行——美国公司的受托人，他的职责是保证国家这个“公司”的可靠地位——不仅通过增加其收入的分子，而且通过减少其消费的分母。克利夫兰取消了发给那些不符合政府抚恤规定的参加过内战的老兵们的所有养老金。其中一笔养老金是由来自俄亥俄州的国会议员提出的，这些生活津贴被说成是“对一个士兵的遗孀来说是公正而必要的解救，她的丈夫在纳什维尔战役中受了致命伤……她的四个儿子中有两个在联邦军队的战斗中被打死了……第三个儿子从战场归来时一只眼睛被打了出来……第四个儿子在父亲参加的同一场战斗中打断了胳膊……可怜的寡妇，由于缺少由国会通过又被克利夫兰否决的每月8美元的生活补贴，已被迫到县里的救济院寻求保护”。

人人都为总统“冷酷无情”的暴露而高喊“可耻！”然而当克利夫兰把他投否决票所基于的事实公之于众时，这种喊叫则变成了一种认可。简要说来，事实是这样的：寡妇不在救济院，相反，她受到两个儿子的供养。其中一个儿子偶然地从克利夫兰那里接受了俄亥俄州本顿维尔邮政总长的职务，就是他被说成在战斗中“一只眼睛被打了出来”。实际上，战争结束后很久他才失去了一个眼睛的视力，原因是他在修理的一只鞋中飞出的一个铁钉打中了他的眼球。另一个“打断了胳膊”的儿子现在两只胳膊完好无损，而且得到了充分使用。那两个被说成“在联邦军队作战中牺牲了的”儿子从未在战斗中受过伤。他俩都死于战后，一个染上了黄热病，一个是从悬崖上掉下来摔死的。至于“在纳什维尔负重伤”的寡妇的丈夫，事实上已经死于这场战斗之前——“在饮酒作乐狼吞虎咽时让一块牛肉给噎死了”。

克利夫兰为了使国家的财富不被骗取而否决的错误要求都是这样的。通过仔细调查每一种情形，他能够表明有很大一部分要求是不合理的。一些人曾要求为他们的“爱国主义服务”颁发生活津贴，实际上这些人当初为了逃命宁愿去监狱干活，而没有在前线为军队服务。

对于真正合理的要求，克利夫兰比前任签署了更多的救济金议案。他从未拒绝过公平，但时时刻刻不允许受到欺骗。

作为公众的仆人，他的主要目的是保护个人，反对他的不公正或贪婪的邻人；保护弱者，反对强者——与当时政治家们的一般习惯相反，他们保护强者欺压弱者。克利夫兰是被压迫者的卫士。正如提倡资本获得公正的利益一样，他提倡劳动应得到合理的补偿。他对共产主义持憎恶的态度——不论站在劳动者一方，还是站在资本家一方。克利夫兰断言，共产主义是“可恶的东西，对和平和系统的政府是个威胁。但是把财富与资本结合起来的共产主义，过分贪婪与自私的自然发展——它们潜在地腐蚀着正义和自由制度的廉洁——并不比贫困、艰苦的共产主义——它因不公正和不满足而愤怒，用野蛮的无秩序攻击统治阶级的堡垒——的威胁小”。

他信仰权利的普遍法则——尤其是每一个人的权利。把每个人都视为高贵的，有尊严的，不管他属于哪个种族，有何种信仰和何种肤色。当时法国皇后约瑟芬拒绝接受安东尼•M•凯利（Anthony M•Keiley）作为美国大使前往奥地利，因为凯利的妻子是犹太人。于是作为一种谴责和抗议，克利夫兰让奥地利的席位空着。这并非克利夫兰为拉犹太人的选票而采取的讨好策略，那个时期（1885 年）美国的犹太人太少，还不能在国家的选举中起到多大作用。

克利夫兰把自己看作整个美国人民——少数、多数、各阶层群众的代理人。他总是力图在美国相互冲突的不同团体利益之间造成公正的平衡。在对国际贸易问题进行了研究之后，他发现提高商品价格、高额关税只能为富人带来更多的利润，却使穷人负担过重。当制造商在大学教授的支持下，开始解释经济理论——“保护富人意味着穷人的富足”时，他以一句名言作答：“我们面临的不是理论而是事实。”因此他支持一个导致关税削减从而获得制造商们永久仇恨的法案。

老百姓们对他怀着诚挚的“友谊”，对此他亦真诚地回报了。来自各地的人们都想看一眼他们的好总统。一天，克和夫兰与医生**S•B•**沃德一起去钓鱼，途中，这两位疲劳的“渔夫”正坐在一块圆木上休息，又走过来一个人同他们坐在了一起。互相谈论了几句之后，新来者主动告诉他们，他要去“希望之宫”与克利夫兰总统“握手”。临走时他说：“我的名字叫萨姆•帕金斯。您怎么称呼？”他问克利夫兰的医生。

“沃德医生。”

“坐在您边上的那位和蔼的胖子是谁？”陌生人低声问医生。

“格罗弗•克利夫兰。”

六

格罗弗•克利夫兰尽管性情温和，却由于他的政治诚实树立了过多的敌人。就在担任总统职务之前，提到他的党的领导人时，克利夫兰说：“他们迟早会发现，并且最好是尽早发现——我不是被印在雪茄烟盒前面的傀儡”。

希望成为政府的看不见的线的操纵者的人很快地发现了这一点。克利夫兰结束了政党分赃制；解雇了老恶棍，并拒绝用新恶棍来代替他们。他把为公民服务而不是政治上的溜须拍马作为衡量一个人是否有资格担任一项工作的标准。那些自以为是他的朋友而“失去偏爱”的政治家们极为愤怒。

铁路的投机商人也是如此，他们像追求公职的人一样，依赖于政治家们的“慷慨施舍”。这些铁路投机商人从前一届政府机关接受了十万英亩公用土地的“礼物”。现在克利夫兰把这些土地还给公众，供个人土地开拓者使用。另一股敌视的力量严阵以待，准备扼制克利夫兰未来的野心。

在 1888 年的总统竞选中，所有敌视克利夫兰的力量决定联合起来对付他。除了合理的不满之外，他们还造谣中伤，称他为“布法罗的野兽”——酒徒、奸夫、打妻子的人。（克利夫兰是在白宫里结婚的，即使他的政敌在非政治场合也承认他是个温和、大度的丈夫）这次的恶语中伤成功了。克利夫兰未能连任总统。

他又回到了私人开业的生活中。他相信自己已尝够了公众的帮助和公众的辱骂。恰巧在克利夫兰从白宫退出前，一位朋友来看他，还带着他五岁大的小儿子。克利夫兰对这孩子说：“孩子，我对你有个希望，你以后要牢记在心。上帝保佑你永远不要成为美国总统！”

然后，克利夫兰转身问他的朋友：“这个孩子叫什么名字？”

“富兰克林，”孩子尖声说，“富兰克林•德拉诺•罗斯福。”

七

很奇怪，人们很少能听从忠告，甚至是自己对自己的忠告。1892 年克利夫兰再一次竞选总统，而且重新当选了。

如果他第二次没有当选，对他作为一个政治家的名声来说也许会更好。因为在第二个任期里克利夫兰面对着两大障碍——1893 年的经济恐慌和 1894 年的普尔曼罢工。他的力量没有强大到足以克服这些障碍的程度。

当然，1893 年的经济恐慌并不是克利夫兰的过错。像其他大多数恐慌一样，它应归因于单纯的经济因素：一方面是产品过剩，另一方面是低消费。制造商们付给工人的工资不足，结果工人无法购买他们自己生产的数量充足的商品。这意味着过剩存货的不断积聚，工厂的关闭，千百万工人的失业，以及现代工业制度最羞耻的疾病——富足中的饥饿。克利夫兰与这种情况没有任何关系，但他却因此接受了一切指责。从 3 月 1 日到 10 月 1 日，有八千多起商业破产，损失总计达三亿美元。每个人都把克利夫兰看作这场灾难的“祸根”。

虽然克利夫兰在这件事上确属冤枉，但至少应该部分地为普尔曼罢工的爆发负责。因为在这次罢工中他做了一些很不寻常的事情——他失去了理智。乔治•普尔曼（Teorge Pullman）是“皇宫客车”的发明者，他为自己公司的雇员建了一个“模范村”。后来他提高了它们的租金，并把雇员的工资减低到他们不能活下去的程度。工人在尤金•V•德贝斯的领导下，抱怨他们两头受挤。他们要求乔治•普尔曼把争论的问题摆出来供大家仲裁。许多商人和劳动者都认为这个要求是非常合理的，更不用说一般公众了。他们说：“把它交给仲裁人，是美国运动精神的本分。”

但乔治•普尔曼想以他自己的方式玩这个游戏。他说：“我们没有什么需要仲裁的”。因此德贝斯鼓动美国铁路系统的工人进行总罢工，事态非常严峻，罢工可能会使全国的交通以及美国邮政运转失灵。克利夫兰发现自己面临作出一个至关重要的决定——而他的决定是个致命的错误。他没有要求在双方之间直接仲裁，而是直接向一方——工人——发出了禁止令。这个禁止令在劳工历史上是第一个。它禁止罢工工人以任何方式——不管是直接的还是间接的——扰乱普尔曼公司的正常营业。怨恨的浪潮在工人阶级中蔓延，他们指责克利夫兰偏袒普尔曼公司。铁路协会的总部所在地芝加哥已经成为罢工者和破坏罢工者之间的战场。普尔曼公司要求克利夫兰出动联邦军队进行援助。伊利诺斯州长约翰•P•奥尔特盖尔德则坚持依靠州民团就能很好地控制势态。但克利夫兰听信了普尔曼公司的一面之辞，派了两千联邦战士去镇压罢工。罢工者愤怒的火焰又一次燃起。“他这是用子弹来填饱我们饥饿的肚子！”罢工者与士兵之间发生冲突，一些工人被打死，罢工崩溃了，德贝斯被关进了监狱，罪名是“阴谋阻碍合法企业”。

当罢工结束时，克利夫兰派出一个调查组去调查事情的是非曲直。这就像先杀死一个人，然后又想救他。调查组报告工人是对的。但乔治•普尔曼幸亏激起克利夫兰作出了头脑发热的决定，才得到了强权的支持。强权战胜了正义。

克利夫兰一生都是工人的朋友，令人费解的是他在这个问题上怎么能如此彻底地丧失了理智。如果我们注意一下他当时的身体状况，也许就不会对他那鲁莽、失常的行为感到震惊。1894 年克利夫兰身体不佳（尽管一般公众不知道这件事）——他刚刚经历了在上颚切除恶性肿瘤的大手术，上颚的大部分已被硬化橡皮取代。荷马提醒我们：“神也会犯错误，当他们处于极端痛苦中时。”

八

尽管在判断方面偶尔失误，不少人还要求他参加第三任期的竞选。在那个时期的政治动乱中难得遇到一位精明而诚实的战士。克利夫兰拒绝再次竞选，“我要离开政界，永远离开”。

他退休后到普林斯顿大学当教授。在那里他成了学生们的偶像，也是城里孩子们的偶像。在孩子们的迫切要求下，他再一次接受一个“公”职，成了“儿童自然俱乐部的名誉总统”。

他至死都有一颗孩子般的心。一天晚上，克利夫兰正款待几位应邀而来的客人，出现了一位不速之客——一只爱尔兰长毛猎狗，它跟着一位客人进了屋子。狗的主人要把它赶出去。“不，不要这样，我们烤火时不要让它留在外面的寒冷中。这个房间足够我们所有人待在这里。”

有一个装得下他们所有人的房间。我还可以加上一句，也有一颗温暖着我们一切人的仁慈的心灵。当他躺在临终的床上时，虽然虚弱得无法去看望他的朋友们，但还可以勉强与护士说话，护士此刻正试图使他感到舒服些。“请不要打扰我，快到花园里去救救那些鸟，别让猫给吃了。”他向窗外瞥了一眼，看到猫正潜伏着准备向那长着羽毛的受害者进攻。这就是他的遗训——保护弱者反对强者。

格罗弗·克利夫兰生平大事简表

1837年——生于新泽西州的考德威尔。

1855年——成为布法罗律师事务所的办事员。

1859年——获得律师资格。

1863年——担任纽约州伊利县的助理检察官。

1869年——被选为伊利郡行政司法长官。

1881年——当选为布法罗市长。

1882年——当选为纽约州州长。

1884年——当选为美国第二十二位总统。

1888年——再次竞选总统失败。

1892年——再次当选为总统。

1893年——废除《谢尔曼银币购买条例》。

1894年——派军队镇压芝加哥的普尔曼罢工。

1895—1896年——平息委内瑞拉—英国边界争端。

1897年——退出政界。

1897—1908年——担任普林斯顿大学的受托人。

1908年——死于新泽西州的普林斯顿。

西奥多·罗斯福

Theodore Roosevelt

（1859—1919）

一

由许多不同种族的血液汇成的小溪注入了西奥多·罗斯福的血管里。荷兰人一丝不苟的坚定性与法国新教徒热爱自由的冲动，以及莱茵河平原新教徒的大无畏的蔑视权威精神，三者混合构成了其中的一部分，还有一部分是好斗的苏格兰高原人的血液和曾经抵抗过英王的凶猛的阿尔斯特（Ulster）爱尔兰人的血液，此外，他的血管里还有为自由事业而被杀死的成千上万的威尔士教友派信徒的精神以及曾经公平地对待美国印第安人的宾夕法尼亚教友会信徒的精神。综合起来看，西奥多·罗斯福的血统是叛逆者的血统，人类抗议者的血统。

在西奥多直接的家庭背景中，融洽的关系中偶有冲突。他的童年在内战的骚乱中度过。父亲是个北方人，心向着联邦；母亲却来自南方佐治亚州的一个显赫的家族。儿子从父亲那里获得了对南方的厌恶；可当他在祈祷中为北方祝福时却遭到了母亲的斥骂。

他那矮小的身躯与强健的心灵很不协调。西奥多眼睛视力不好，语言能力较差，胸部因气喘病而疼痛。他身体太弱，以至不能上学，只能通过自己的生活，体味着自己的痛苦和虚弱，并对其他所有同病者怀有同情。

但与此同时，他怀着对肉体力量的夸张的、几乎狂热的崇拜逐渐长大。“锻炼你的身体，泰德。”父亲曾鼓励他。从一开始，他就想成为一个自我奋斗的人——新世界的勇敢骑士。他练习举重、拳击、引体向上。少年时代的每个晴天他都是在户外度过的，使肌肉变得结实，增强肺部的健康，增添生命的活力。等他稍微长大一些后，就与父亲一起沿森林小道和山路旅行，并到海上航行，还钓鱼、打猎，练就一副强健的躯体，以保护那活跃的心灵。

当他于十八岁进入哈佛大学时，他的身体已为生活做好了准备。“他是个身高五英尺半的小个子”，但西奥多的朋友们对他那娇小的身材不敢小瞧。一包炸药也是很小的。

二

在哈佛，“奥伊斯特湾的罗斯福先生”赶着马和狗拉着的车——在大学里是独一无二的——随意花钱，属于最不愿意吸收新分子的社团。罗斯福是带着这样的认识开始他的教育的：我永远不会被迫自己挣钱养活自己。在那个时代绅士们的时尚中，他可以选择一个最吸引他的职业，或者只要他愿意，也可以不选择任何职业。对于闲散的生活来说，西奥多的精力过于充沛了，他一度曾想成为像洪堡或达尔文那样的自然主义探险家。在哈佛上高年级时，西奥多爱上了一位年轻的小姐，他用“蛇与爬虫刀”这样生动的语言向她求爱，他把它们藏在教室里，吓得那位小姐惊慌失措。

但不久之后，他把自己的想象力从狮子的丛林转到了法律的迷宫。这里也是富有刺激性的冒险领域，可对他的过剩精力来说，其刺激程度还不够。做什么呢？因为他必须做些事情。这个在舒适的环境中长大的年轻人对工作产生了饥饿——那种最艰苦的工作。矛盾只能通过适当的职业选择来克服。

结婚后，西奥多同新娘一起前往欧洲大陆旅行。回家时，在他的眼前，一个新的视野正在展开。原有的儿童时代的穿着闪光盔甲的骑士梦已开始升华。不仅存在着身体的圣战，也存在着精神的圣战。经济上的错误需要修正，社会的非正义现象应该受到打击。在富人与穷人之间进行的工业斗争中，要活下去的利己热情使每个人都失去了判断力。难道不需要一位精力充沛、富有教养、公正无私、强调公平合理精神的加拉哈德（Galahad）[①] 爵士吗？他，西奥多•罗斯福就想做现代的加拉哈德爵士。他要在政界杂草丛生的荒野中寻找“圣杯”[②]。

当他告诉朋友们自己心里的想法时，他们大吃一惊。“政治是适合于选区政客的走卒和操纵集团的核心人物的肮脏的事务。绅士是不受欢迎的。”但罗斯福以合逻辑的顽固性坚持自己的想法。为什么一个绅士就应该从政府的责任中退出？“如果我们正与外敌打

① 加拉哈德：亚瑟王传奇中的圣洁骑士，他通过圣杯看见上帝显圣。
② 圣杯：传说耶稣在最后的晚餐所用的杯子。

仗，我丝毫不会想到雇一个人为我打枪。我要在政界的肮脏战争中自己打枪。也许我能以这种方式洗去某些污秽。”

他决定从自己所在城市的大人物的沙龙里开始清洗工作。“我将在纽约开始帮助政府的正义事业”。

三

西奥多•罗斯福参加了纽约第二十一区共和党俱乐部。这是坦慕尼协会和特威德（Tweed）集团的纽约。共和党的头头们打量了一眼“这位戴着眼镜，穿着晚礼服，具有哈佛口音的年轻人”，大笑不止。“他梳头的方式，他讲话的方式，整个都符合一个花花公子！”

但当他们开会时，罗斯福端坐在自己的座位上，便立即博得了大家的尊敬。他让他们知道，他不打算把他们当作怪物，而是作为人来判断，同时自己也希望从他们那里得到同样的对待。

党的首脑们很快被他的精力和战斗精神镇住了。他们忘记了他的哈佛腔，提名他竞选纽约州议员。当罗斯福在沙龙主人中间为选票而奔走时，遇到了一位身材魁梧，为酒税而抱怨的家伙。“罗斯福先生，当您到纽约州的阿尔巴尼城时，我们希望您能为我们做些事情。”

“我为什么要这样做？”年轻的候选人回答，“我猜想您的税金并不十分高。”

他胜利当选了。新闻界和公众感到这个新的立法者很可笑。“纽约优雅的罗斯福先生，玉肤金发，留着英国式的络腮胡子，说话慢条斯理，作为一个演说家他做了初次尝试……”

罗斯福接受新东西很快。世界是他的牡蛎，当他把它打开时，发现里面已经变坏了。他得知，教导他长大成人的那些道德观念是不合时宜的。合时宜的政治家们忠告他：“一个人的全部责任在于使自己达到最佳状态……但与其他人一起试图通过控制少数人的不正常的过度的发展而使事情更有利于多数人，这不是他的本分。”

现在，阿尔巴尼的新闻界和公众惊奇地发现“优雅的罗斯福先生”已经变成了一只咆哮的狮子。他视察了贫民窟，提出了改善劳动者居住环境的法案；引导一个调查组调查了一位高级司法官员的腐化行为；冲击了纽约“高架铁路”部门为削减税金向司法机构行贿的企图；揭露州里的大商业公司的贪污受贿行为。他主张把“个人美德带到公职中去”——在当时的政界圈子里这几乎是闻所未闻的。

后来家庭生活中突然降临的沉重打击使他为“较好政府”的奋斗暂停下来。在二十四小时之内罗斯福失去了妻子和母亲。这个打击使这位斗士精神低落、萎靡不振。他在尽可能远离文明的达科他州（Dakotas）买了一个牧场，默默地离开了纽约城。二十一街区的朋友们理解他，让他走了。“你不能同他提起他的不幸，你立即能看出那是深深的悲伤……他脸上有一种从未曾有过的忧愁……他不要任何人来同情他。”

在达科他州的“不毛之地”，罗斯福开始重新恢复自己的情绪。他放牛，与郡里的法官们聚会，用他的枪帮助维持和平。经过两年艰辛的冒险生活，他明白正义只能像用来保护它的武器一样强大。罗斯福怀着至高无上的信仰转向西部：个人的勇气和决心决定社会的目标。他回到大城市继续战斗。从现在开始，没有什么能使他停下来。人民知道他肯定会成就大事的。

四

他像与风车拼杀的堂吉诃德（Don Ouixote）[①]一样冲进了政治场景。他已经改变了风向，但心怀叵测的政治家们仍坚持一个幻想：他是刻在厚硬纸板上的骑士。他们推荐罗斯福担任美国文官考试委员会委员。当纽约的改革市长任命他为市警察局长时，这些政客们更是松了口气。因为这里远离选举机构，他们相信，罗斯福会在微不足道的改革的鸭池里玩水，最后沉入满足于生活的默默无闻中。

他们根本不了解罗斯福。他满腔热情地投入了新的工作，为警察队伍增添了活力。他清除了警察队伍中的腐败，把它洗刷得像警服上闪光的铜扣一样干净。罗斯福带着“扫帚上街，扫荡歹徒的旅店”。他成了纽约的英雄。在任期结束之前，整个纽约的警察风气大为改观，同时在美国没有一个人物能比罗斯福局长更富有色彩了。

由于他给共和党人带来了声望，他们为他喝彩，同时也担心地注视着他的下一步。

这一步是从“鸭池”到大海。麦金莱（Mckinley）总统任命罗斯福为助理海军部长——他的声音立刻响彻海军战舰的舷侧上方。当人们问他，如果我们遭到袭击该怎么办时，他嚷道：“让战舰进入每一条河流！”现在，年轻的战士终于得到了自己应该得到的东

① 堂吉诃德：西班牙作家塞万提斯所著同名小说的主人公。

西——他的眼睛随着大海的浪花闪烁着。

他要求国会拨款 50 万美元购置军火。几个月之后他又要求追加 80 万美元。国会想知道第一笔款子的使用情况，“用于射击练习了。”他回答。那么第二笔经费打算如何使用呢？“跟第一笔一样。”最后他得到了钱。

然后，罗斯福压抑已久的精力全面爆发了。他与命运挑战。美国已与西班牙宣战，骑士的舞台是在战场上，而不是在扶手椅里。罗斯福抛开地图和会议记录，挑选“善骑野马”的人组成了志愿军团，到古巴的沼泽和山地追剿西班牙人。他不仅坚持铲除邪恶，而且总是亲自与之斗争。

他募集的军队是由凶猛的战士组成的，因为他喜欢用坚定的纪律之手使最粗野的人得到驯服。在枪林弹雨中，他跳上马背——冲锋的刺激使他勇往直前，通过战争、和平，径直冲进纽约州长的职位。罗斯福军事功绩的价值相当于一百次的竞选演说，他已运用自己精湛的枪法，击中了美国人的想象力。

同时罗斯福也击中了政客们的痛苦情感。他们恰恰应付不了这位不是援引白朗宁的诗句，就是驯服野马的怪人，这个写过许多学术著作的“安德鲁·杰克逊”。在普拉特领导的共和党的激烈竞争的历史上，还没有像他这样野蛮的才子参与进来。他们做了最后的努力，试图把这个“具有学者的心灵和狮子的心肠的怪兽”赶回到他的笼子里去。当罗斯福的州长任期已满时，他们迫不及待地准备在美国政界的墓地里埋葬他。在共和党大会上，麦金莱被再次提名作为党的掌旗人，进行第二任期的竞选。一些嫉贤妒能的共和党员急中生智地想出了一个主意，提名西奥多•罗斯福为副总统候选人。“这种可敬、体面的四年隐居生活将使他失去公众的好感，并使我们能永远把他排挤出去。”

然而马克•汉纳，共和党竞选的经纪人，在选举的晚上，当投给罗斯福的大多数选票正在统计时，他颤抖地举起了双手：“我不知道你们是否都明白，在这个疯子与白宫之间只存在着一条生命。”事隔不久，那“一条生命”①（可怜的麦金莱）被一颗无政府主义者的子弹夺走了，“疯子”成了总统。

五

经过一个不合逻辑的复杂过程和富于刺激性的道路，罗斯福已从哈佛的绅士的闲差事提升为美国总统。幸运女神在命运的纸牌中发给了他一张王牌。现在他成了全体人民——他们曾经经常地被交付给爱开玩笑者和胆小鬼，也曾在洗牌时偷偷地把王牌放到自己的袖子里——的统治者。出入于达科他州的“不毛之地”时，罗斯福总随身携带一支枪，设法使每个人获得公平待遇。如今在白宫，他将运用一切可以得到的政府机构来为同样的目的服务。在企业家与工人、公共利益与私人利益、农民、银行家与中产阶级之间进行的民族工业竞赛中，在世界不同国家之间进行的国际贸易的竞争中，“在待遇上不应有任何不公平”。

① 1901年9月麦金莱在布法罗泛美博览会上遇刺，四十二岁的副总统罗斯福便成了美国历史上最年轻的总统。

这就是他的圣诫。无论走到哪里，他都展示了他那“少量的胜利的微笑”，鼓舞并使人民相信，他的圣诫将付诸实践。

他成了为“公平对待”而斗争的英勇战士。“只有在一定程度上成功地使国家值得所有人生活于其中，才能有那种使所有人愿意并渴望为祖国而献出生命的真正爱国情感。曾经参加过西班牙战争并准备牺牲的罗斯福，此刻把他的致命的炮火转向由个人垄断者组成的团体，这些人使他们的美国同胞难以生活下去。他决心“击碎”那些巨大的“企业托拉斯”，它们在对一切竞争性贸易的限制中靠垄断价格和过多的利润而繁荣起来。罗斯福建立了“州际商务委员会”，任务是监督主要铁路的“自私的集结”。他使威胁公众健康和安全的罢工停止，还邀请黑人种族的领导者到白宫与他一同进餐。他支持保护国家自然资源的计划——不仅反对空气污染，而且反对“为了他们自己的利益贪婪地掠夺地球”的劫掠者。

他告诉人民，他正在建设一个更大、更好、更幸福的国家，最终还可能为建设这样的世界指明道路，“因为这是每个伟大国家的命运”。他反对孤立主义者，这些人鼓动他们的同胞继续“囚禁”在舞台的一个小角落里，对整个世界舞台互相依靠的戏剧中的其他演员和行动闭目塞听。“我们不是，不能，并且永远不会成为这样的国家：站在伟大的世界潮流之外，从一个世纪进到下一个世纪，无所作为，麻木不仁。”

他认为，我们必须遵循活跃、无畏的外交政策。没有任何和平的愿望能使我们放下手中的剑。他双手叉腰去对付和平主义者的辱骂——“支持好战政策、恐吓者、战争贩子”。即使那些寻找圣杯的骑士们，除了敏捷地挥舞长矛与短剑之外，也从未能够遵守基督的誓约。罗斯福坦率地承认，他“喜欢在正义的事业中拔出鞘中的青色的铜制武器”。1902年，“门罗主义”[①]接受考验，凯泽•威廉（Kaiser William）[②]要求委内瑞拉政府的财政赔款。一支德国海军舰队实际上已经出发，为了封锁委内瑞拉海岸。罗斯福的眼睛眯成了一条缝，他担心德国舰队在美国海域不仅仅为了搜刮钱财，他相信凯泽打算永远占领委内瑞拉海岸，要把它作为将来侵略美国的牢固跳板。所以罗斯福要求德国把它的财政赔款要求提出来仲裁，并把战舰撤回去。德国人怀着典型的普鲁士人的傲慢自大，拒绝了这个要求。因此罗斯福把美国舰队聚集在海军上将杜威（Dewey）的旗帜下，命令他准备战斗。然后他给凯泽发了一个最后通牒：“除非你撤出委内瑞拉，否则我们就开火。”凯泽撤退了。但罗斯福却由于对普鲁士人心灵的难得的直觉，赢得了凯泽•威廉的尊敬。德国侵略者终于遇到了一个能猜透他、胜过他的人。

罗斯福无所畏惧。他把舰队集结起来，让它到世界各地进行“友谊”的旅行。当大炮在每个港口掠过，海军陆战队穿过许多国家的首都时，他冷酷地宣告：“这，在我看来，就是我给予和平的最重要贡献。”

他的和平是“行动的和平”。他真正认识到必须修建一条穿过大陆狭窄处把两个美洲连接起来的运河。罗斯福论证说，如果这个国家面临两个大洋之间的战争，“例如太平洋的日本和大西洋的德国”，我们的太平洋和大西洋舰队将会被环绕着南美的长途旅行给

① 门罗主义，参见前而“门罗”一章。

② 凯泽•威廉，第一次世界大战前德国和奥国的皇帝。

分开。他选择巴拿马地峡作为开掘运河的最佳地点。当哥伦比亚政府拒绝修建运河时，他鼓励巴拿马行政区进行独立革命，并派战舰援助革命者。巴拿马共和国正式宣告成立时，罗斯福迅速承认了它。

整个国家为他的决策程序缺乏精确性感到震惊。但罗斯福用他的诚恳和坦率为自己的行为辩护："我有两个行动方针。我可以把问题提交参议院讨论，在这种情况下我们会对这个问题进行多次发言，可能直到现在还在继续，于是巴拿马运河将仍处于模糊的未来中。我们会讨论半个世纪，而我宁愿先有巴拿马运河，然后再讨论半个世纪。"他的眼睛闪着光。

运河建成了，但美国感到世界是和平的，甜蜜的繁荣把她哄睡了，进入了一个不实际的梦境，意识不到她在世界各国为了生存而进行的真实斗争中所占据的重要地位。罗斯福的警告像夜里拉响的警报器一样不受欢迎。人们在继续做着梦。

罗斯福两届任期结束后，就到非洲丛林去打猎了。他的许多美国同胞松了口气，说："那里才是他该去的地方。"

六

进入丛林，后来又出来了。罗斯福正在尝试欺骗他们所有人的最大游戏——理解他自己。他要减少自己的好动性，揭示心中那永远不会给他平静的驱动力的意义。

但他奋力争取的东西避开了自己。当罗斯福在非洲丛林里打猎时，他知道家里还有许多野蛮的非正义的政治仍未被杀死。对他来说不存在和平。他必须再次成为总统，于是罗斯福回到了家里。他的野心的精灵——不是为了荣耀而是以服务为目的的野心——拒绝躺下，但他的血肉在四年前就把这个野心遗传给了塔夫脱（Taft）[①]。共和党不再需要罗斯福。这个永不安宁、刁钻古怪的精神——它敢于从另一个世界获得入场券——难道没有意识到西奥多•罗斯福已于1909年3月（他告别白宫的日子）死去了吗？

但罗斯福不会在政治上保持静止的状态。被共和党大会拒之于门外的罗斯福建立了他自己的“进步党”，又一次在这个国家昂首挺胸地做演讲，追逐选票。但这是劳而无功的，人们不再理睬他了。民主党员伍德罗•威尔逊被选为国家的首脑。西奥多•罗斯福只好拿起书和枪离开美国，进行新的探险旅行。在巴西，当他沿着热带河逆流而上到它的源头时，他总是急于找到事物的源头，丛林热病的袭击使他倒下了。处于危险中的生命可能会敲响丧钟，因为许多天以来他一直精神错乱，躺在灼热的阳光下。他渐渐地挣扎着站了起来，对于拒绝倒下的幸福的勇士来说这又是一次胜利。

罗斯福又回到了家，他笑的时候眼睛还像以往那样闪光，但他失去了原有的力量。

老骑兵艰难地进行着最后的旅行。突然，一百万戴着钢盔的德国士兵穿过公海，在前往巴黎的途中向比利时发起猛攻。世界大战爆发了。

罗斯福从床上起来，四处寻找他的盔甲，但美国政府拒绝接受

---

① 威廉•H•塔夫脱（1857—1930），1909年3月继罗斯福之后任美国第二十七届总统。

他服役。有上百万的年轻人和强健的勇士渴望占据他的位置，其中就有他最小的儿子昆廷——一个勇敢的空军士兵。后来有一天，他们把关于儿子的消息带给了父亲——“在执行飞行任务时牺牲了”。

仁慈的上帝，但这是生命，千百万个昆廷的牺牲。父亲平静地坐在奥伊斯特湾的家中。他已准备好，要在“伟大冒险”中成为他们的灵魂的伴侣，“只有那些不怕死的人才适于活着”。

西奥多·罗斯福生平大事简表

1858年——生于纽约城。

1880年——从哈佛大学毕业。

1881年——被选入纽约州立法机构。

1889年——被哈里逊总统任命为美国文官考试委员会委员。

1895年——任纽约市警察局局长。

1897年——被麦金莱总统任命为助理海军部长

1898年——率领“善骑野马者”参加美国—西班牙战争。

1899年——担任纽约州州长。

1901年——（由于麦金莱被刺）成为美国第二十六位总统。

1902年——发起“人民反对托拉斯运动”。制定“公平对待”政策。

1903年——派巡洋舰去巴拿马，保护用于修建巴拿马运河的土地。

1904年——再次当选为美国总统。

1905年——谈判并签订《朴次茅斯和平条约》，从而结束了日俄战争。

1907年——派美国战舰巡视世界。

1908年——为保护国家土地和资源召开州长会议。

1912年——作为进步党提名的候选人竞选总统，结果失败了。

1919年——死于纽约城。

伍德罗·威尔逊

Woodrow Wilson

(1856—1924)

一

1916年11月7日，选举之夜。形势已对威尔逊不利，他此时正在竞选第二任期。东部和中西部正迅速倒向查尔斯·埃文斯·休斯（Charles Evans Hughes）——共和党的总统候选人一边。9时30分，威尔逊最强大的支持者《纽约世界》又投了休斯的赞成票。威尔逊默默地待在新泽西州安静的休养所里。午夜时分，他的秘书约瑟夫·P·塔马尔蒂打来了电话："很抱歉，总统先生，似乎我们被打败了。"

"感谢上帝！"这就是威尔逊的回答。

第二天早晨，他正在刮胡子，女儿玛格丽特轻轻地敲着浴室的门。"爸爸，《纽约时报》出了号外，西部已经支持您了。您已经获胜了！"

"去把这个消息告诉海军陆战队全体官兵。"威尔逊边说边继续刮胡子。

威尔逊对在白宫继续连任的前景感到恐惧。因为这意味着他必须率领他的国家进入战争，而他对战争怀有像燃烧在古代先知心中的仇恨一样强烈的厌恶。不论从所受的教育，还是从本人的气质上，他都习惯于建设性的和平生活。伍德罗是个克尔特人(Celt)、幻想家、诗人、词汇的编织匠、梦想者。他热爱他的同类，信仰公理的强权，反对强权的公理。孩提时代，他曾看到过内战造成的破坏；青年时，他目睹了战争余波导致的堕落。他懂得，当一个国家投入战争时，它威胁的不仅是肉体的生命，还有其灵魂的生命。成尔逊曾对《纽约世界》的主笔人弗兰克·I·科布（Frank I.Cobb）说过："一旦引导美国人民投入战争，他们就会忘记曾经存在过宽容这样的东西。要打仗，你就必须是野蛮、残忍的。残酷无情的精神会浸入我们民族生活的真正结构中……"

因此他怀着沉重的心情允许自己竞选连任。"他使我们免于战争"，这是他的竞选经纪人的一句口头禅。并且，如果上帝愿意，他将使他的国家摆脱战争。但是，他知道，这只是一线希望。在由德国军事机器造成的雪崩中，在保证美国不参加战争上，任何人的力量都无济于事。

二

托马斯·伍德罗·威尔逊——他自称"汤米"，直到他在普林斯顿大学上高年级时都是个恬静的孩子，他喜欢美丽的传说而不喜欢打仗。当军人在大街上列队走过时，他总是孤独、冷漠地呆坐着。汤米身体虚弱，但精神强健，而且脾气暴躁。他牵制着父母，而他们反过来把他当作婴儿看待，"可怜的汤米，如此娇弱，我们切不可伤害他的感情”，淡黄色的头发，脸上生有雀斑，戴着眼镜，他命中注定——就像父亲开玩笑时说的那样——要去精神的健身房，而非身体的健身房。在阁楼里，汤米组织了一支由九人组成的“少年棒球队”，他既不任队长，也不是教练，而是他们的“国会领导人”。他教给“队员”们如何根据罗伯特的《会议规划》主持会议。多年后，威尔逊回忆说：“每个小家伙都非常准确地知道前面的问题是什么，以及对一个提案只能提出两个修正，它们将以颠倒的次序得到表决。”

从最早的童年时代起，他就成了精通会议法规与程序的人，也是个维持纪律的人。这两方面他都得益于作为印刷商和布道者的苏格兰—爱尔兰的祖先。对语言文字的热爱和尊敬已经渗入了他的血液。尽管直到九岁他才开始学习读书和写字——父母希望使这个儿子尽可能晚一些遭受常规教育之苦，但他学得很快。他贪婪地读书，每天晚上他床上的灯光一直亮到九点钟——规定的就寝时间之后。汤米的父亲约瑟夫•威尔逊牧师说：“读书是我愿意允许他做的唯一消耗精力的事情。”

父亲鼓励他阅读以及写作。父子俩都对精确词汇有偏爱，他们以词汇的击剑运动为乐。“你必须使英语成为闪光的剑。”威尔逊牧师反复地向儿子建议。牛顿•D•贝克（Newton D. Baker）写道，有一次，汤米拿着一篇论文——在它上面他花了许多时间和精力——走进父亲的书房。“威尔逊牧师慢慢地读着文章，然后转向儿子，‘在这篇文章里你究竟想说什么？’汤米做了解释。‘那么为什么要说这些？’儿子一句话也没说，把手稿撕成碎片，扔进了废纸篓里。”

但是，如果说父亲对儿子是吹毛求疵的，儿子对父亲也同样苛刻。他听威尔逊牧师讲道时，注意力极为集中，当然也很自豪。每当布道结束后他都要向父亲指出应该如何通过插入一个不同的短语、一个更生动的比喻或一个更能引起共鸣的词汇来改善其中的一段。

像父亲一样，汤米渴望成为一名雄辩的演说家。星期天，他常常去教堂对着空空的墙壁“讲道”。一天下午，当他“布道”完后回家时，他惊奇地发现大街上的黑人都向他深深地鞠躬。最后，好奇心战胜了羞怯，汤米忍不住问一个黑人：你们为什么突然对我这么尊敬。被吓坏了的黑人说：“我们向您鞠躬，因为您是个伟大的、不可思议的布道者，我们透过窗户看见了您。”

三

威尔逊生于（1856 年 12 月 28 日）弗吉尼亚，一岁时父亲移居佐治亚，因此，他是在南方长大的，所受的教育也是南方式的。他首先目睹的是战争失败后的痛苦景象。他同反叛的老兵——那些愤怒、不服从的人们交谈，用他们自己的话说，他们“被征服了但并不懊悔”。威尔逊怀着压倒一切的抱负——帮助创造一个没有征服、控制、奴役和仇恨的世界——长大成人，为了这个目的，他培养训练自己的口才和写作能力。汤米心目中的英雄是林肯，“当我想起林肯，再看看自己所拥有的极为优越的物质生活环境时……我就觉得我将来一定是个无所作为的人，即使天下没有别的天才，我也不能为生我养我，令我如此热爱的祖国做一些建设性的工作”。

“即使没有天才”这句话困扰着他。他能具有祖国绝对需要的，为建设性的工作所必需的才智吗？中学时代，汤米是个中等生——“既不突出，也没有糟糕到受责难的程度”。1873 年 9 月他进入戴维森（Davidson）学院，第二年春天休学回家——由于身体和精神的消化不良症。

威尔逊回到了他的房间——此时他父亲是北卡罗来纳州威尔明顿（Wilmington）的一个长老会教堂的牧师——把自己埋在了书堆里，尤其是关于历史、哲学、宗教和政府学方面的书籍。他在寻找理智信仰的圣杯。一天早晨，他终于发现了它。那天，他一直坐到凌晨三四点钟，“胳膊肘放在膝上，盯着一本论格莱斯顿（Gladstone）[①]的书”，突然他苦苦寻找的确信降临于他。他冲进牧师的书房，“爸爸，我已经找到了它！”

“找到了什么？”

“找到了心灵。一个能够思想、能够创造的心灵。”

父亲从烟斗里吸了一口烟：“如果这样的话，你最好去普林斯顿。”威尔逊牧师确信自己的母校普林斯顿是能把儿子的智慧渴望变成实际成就的唯一机构。甚至在那时，他就预感自己的孩子注定要干一番伟大的事业。

威尔逊与父亲有同感。一个同学回忆说：“汤米似乎神秘地预感到他将接受天降之大任……他总是装备着自己，总是期待着他被召唤去做出伟大贡献的那一天。他独自散步正如他自己解释的那样，是为了有机会冷静的思考。”用另一位同学的话说：“汤米•威尔逊在大学时代只表现出了对三件东西的热爱：格莱斯顿、政府和上

① 格莱斯顿（1809—1898），英国伟大的政治家。

帝。”

他喜欢社团，尤其是由那些喜欢精神游戏、不愿意参加体育运动的人们组成的社团。“精神的游戏对于他就像身体活动对于运动员一样令人兴奋。”他加入了大学辩论俱乐部，在那里，他的驾驭语言流畅自如的技巧使其他学生耳目一新。“他说的话就像彩球一样——并且，他从不忘掉标点符号。”

然而，他的辩论不是为了哗众取宠，而是为了说服敌人。有一次，汤米被挑选出来为保护关税政策辩护，他直截了当地拒绝了。“我的原则是只支持我所信仰的东西。”

同学们嘲笑他，同时又钦佩他的顽固的诚实。“汤米是个与众不同的人，但他能与所有的人相处得很好。他参加学校里许多重大的活动，加入合唱团，编辑《普林斯顿人》，参加运动协会（作为顾问，而不是运动员），此外还管理一支大学棒球队。他“不断地学习”其中最有兴趣的游戏——交朋友。普林斯顿，如威尔逊牧师期望的那样，在完成汤米的教育方面起了不小的作用。

四

伍德罗·威尔逊——现在他从名字中去掉了“汤米”——决心成为国家公众生活中的“重要人物”。在普林斯顿大学时，不论何时在辩论中遇到顽固的对手，他都风趣地说：“等我在美国参议院里遇到您时，一定会同您见个高低。”现在，作为迈向参议院的基本步骤，他决定从事法律。在弗吉尼亚法学院学习一年后，他又一次同在戴维森学院一样被迫离开，学业未能完成。这次还是老毛病，消化不良症。

他回去后继续自学法律。挫折并没使他烦恼，他就像扔掉旧衣服一样把它抛开了。威尔逊用了两年时间取得了律师资格并在亚特兰大开设了法律事务所。

事务所不太景气。一天，威尔逊等去野餐，当同伴们到达目的地时，威尔逊却失踪了，与他在一起的是埃利•卢（Ellie Lou），塞缪尔•爱德华•阿克斯顿牧师的年视貌美、富有诱惑力的女儿。午饭时间到了，每个人“饿得像一只熊”。伍德罗到底在哪儿呢?

“我知道，”一个喜欢饶舌的孩子插嘴说，“他正在那边的山毛榉树上切割另一个人的心。”

野餐后不久，他们就宣布订婚了。埃利•卢向她的兄弟透露:“伍德罗•威尔逊是世界上最伟大的人，也是最好的人。”

但这位“最伟大、最好的人”无法使法律事务所继续营业。令人不安的是，他喜欢正义却不喜欢法律的方式，这对一位律师来说是致命的错误，律师的工作是打赢官司而不是去改变世界。埃利•卢建议：“你的才能适合于教室，不适宜法庭。”

因此威尔逊决定为学院生活做准备。“有许多条路通向为公众服务的职业，而不是别无选择。”他进入约翰•霍普金斯研究院，以一篇关于“国会的政府”的论文获得了博士学位。

他与埃利•卢结婚后，开始在布兰茅尔（Bryn Mawr）——一所为“男性化的女人”新开办的大学教书。在这里威尔逊并不幸福。他喜欢与女性化的女人交往，而他的学生们则愿意同有男子汉气概的男人交往。她们对这位年轻的教授很少尊敬，因为他没有练就出运动员的身体，却形成了运动员的精神。当从威斯里安（Wesleyan）大学接受聘请时，威尔逊为能离开布林茅尔大学而高兴。

威尔逊理解人们，人们也理解威尔逊。他们不介意他的笨拙、长腿上的生硬的躯体、大耳朵、北爱尔兰的“马脸”“地包天”式的下巴和大嘴。他们的主要兴趣在于从他那勇敢而朴实的嘴里发出的智慧的金块。同时，也宽恕了他不能踢足球的“罪过”，因为他具有不可思议的才能，为足球队设计出获胜的阵容。威尔逊尽管从未成为大学队的一名队员，却被任命为足球副教练，并指导威斯里安足球队获得了冠军。

作为一名教师，他赢得了全国性的声誉。1890 年春，普林斯顿大学邀请他回母校任政治学教授，威尔逊大受鼓舞：“即使我不能领导人们，至少我能教他们如何领导。”

五

他在普林斯顿的工作开始是成功的，后来失败了，然而这个失败导向了更大的成功。威尔逊的命运就是这样，他是个从不向失败屈服的人。甚至在他生命结束时，正如我们将要看到的那样，不是威尔逊输了，而是世界输给了他。

威尔逊教授来到这所“令贵族们快活的”普林斯顿后，开始把它改造成“热爱民主的”学校。除了几个出身高贵的势利小人外，学生们都以年轻人的激情响应他，他们被诱导进行理智的冒险。连续好几年，高年级学生选他为学院里最受欢迎的人。他们怀着类似崇拜的情感听他讲演，那是在 1896 年 10 月，普林斯顿学院正式更名为普林斯顿大学，“教父威尔逊”应邀发表了命名的演说。在那个场合，他说：“世界的责任不在于个人的成功，而是它自身的改善、加强和在精神洞察力方面的成就。”这是美国教育的新声调，是对美国人信条的更明智、更富有人情味的解释。《独立宣言》的意义不亚于《互相依赖宣言》。

六年后，当威尔逊当选为普林斯顿大学校长时，他重复了这个思想。“我们必须关心人的精神，而不是人的财富。”普林斯顿将不再是青年的“农村俱乐部”，从现在开始它将变成民主生活的精良艺术的实验室。他提出并加强了学校的校规，结果有一百多名“游手好闲的绅士”由于未完成学业而被开除了。

当这些丢了面子的年轻人的父亲们磨刀霍霍时，威尔逊又往校园沉闷的学术空气中投放了另一颗炸弹。他建议废除贵族的大学生协会，以及他们独用的餐厅和豪华的俱乐部。威尔逊设计了平民学生宿舍草图，这些宿舍要建在贵族们原先占用的哥特式的方庭内。这样大家可以同吃同住，从而消除社会差别，使人们享受同等的爱。

威尔逊的炸弹爆炸了。整个大学骚动起来了，“什么？！要让绅士和下等人一起吃饭？”

威尔逊为下等人而斗争，但他失败了。学校拒绝采纳他的把普林斯顿民主化的建议，然而这场战斗的失败却促使他获得了一个更伟大的胜利——美国民主化。当他们留意这位有一副无畏的心灵和无敌的口舌的苏格兰爱尔兰血统的教授时，他们在他身上看到了卓越的政治家的素质。一些政治理想主义者已经在追随他了。他们提名威尔逊为新泽西州长的候选人，他接受了，并当选为州长。

六

新泽西州的政治理想主义者把威尔逊推上了州长的宝座，现在新泽西州的政界要人们希望他能忠顺于他们。“当然，他表示要同政界的贪污亵职作斗争。不过，我们了解他们这些当教师的，很有口才但不付诸行动。”当他们发现学院的威尔逊博士不仅能够“行动”，而且还干得很漂亮时，他们是多么惊讶啊！作为被选出的州长，他的第一个行动就是揭发正在竞选美国参议员的新泽西州的吉姆•史密斯。“您不能对我这样做，威尔逊先生！”但威尔逊先生勇往直前，终于使吉姆•史密斯的参议员的梦想破灭了。人们吃惊地擦亮眼睛，这真是太阳底下的新鲜事儿——一个遵守诺言的政治家！但政治理想主义者们发现，他们的幻想又向前迈进一步，增强了实现的可能性。对这位威尔逊来说，“民主政治”一词不仅是竞选口号，而且是宗教信仰。他是个总统的材料——一个正直、清廉、无畏的领袖。

而且他还有抱负。幸运的是，对美国的进步来说，伍德罗•威尔逊自私得足以渴求荣耀，也足以渴求领导者的责任。他没有圣人的谦恭，却有先知的骄傲。为了成为伟大的政治家，他知道自己必须成为一个明智的执政者。

正是机敏的政治策略和可靠的治国之才这双重的品质使威尔逊在 1912 年当选为总统。也正是这双重品质使他能够左右国会的意见，从而颁布了几个为帮助弱者反对强者而制定的法规。他从杰克逊、林肯和西奥多·罗斯福曾经停步的地方走下去。他削减了关税；制定了分等级的所得税法案，“根据每个人的能力纳税”；把银行利益的集中势力分散为十二个联邦单位；对自私的公司和不合法的垄断扩张予以法律限制；此外还通过使贸易联合体与联合抵制行为合法化、配备罢工纠察员并规定不能对工人发出罢工禁止令，除非故意造成财产损失等措施，这加强了劳工的地位。威尔逊不是激进主义者，而是自由主义者。“我们将重建，而不是破坏”，在就职演说中他宣布。如果下等人得到了多汁的骨头的话，他愿意把适当的肉留给上等人。但骨头必须是多汁的，其营养应足以维持生活、希望和摆脱受压迫者地位的精力，“这就是我们国家的生活方式”。

同国内政策一样，威尔逊的国际政策也是基于公平的竞争原则。在公平对待的原则中，他仅仅看到了“金箴”①的现代应用。他赞成那些尊重被统治者的权利和观点的政府。他承认中国的孙中山政府，拒绝承认墨西哥的韦尔塔（Auerta）独裁政府。他认为人民的幸福比统治者或投资者的贪心更为重要。对于用美国士兵的生命保护美国资本家的对外投资的倾向，威尔逊强烈反对。他想摧毁阻挡人类进步之路的两条虚假原则——资本统治国家的神权，炸药统治世界的神权。

他是和平国家的幸福的领导人。然而1914年他遭受了双重打击：妻子去世，欧洲爆发战争。从那时开始，对威尔逊来说就不存在幸福或平静了。

---

① 指《马太福音》第七章第十二节，例如：“以期望别人对你之心对待他人。”

第一枪刚一打响，他就知道，除非战争迅速结束，否则美国一定会被卷进去的。地球对孤立主义者来说变得太小了。人类的需要已变得太复杂，世界商务贸易变得过于相互依赖，每个个人的活动变得过于紧密地与他人相联系，因此当其他国家陷入火灾时，这个国家不可能保证不受损害。当威尔逊接过第二任期的重担时，他就如同一个不情愿的士兵被拉进了他所讨厌的战争，但工作必须得干。也许，如果他掌舵的话，他会使这场战争成为结束战争的战争。这是一个可以为之牺牲的神圣事业——一个爱好和平的人的伟大远见。

1917 年 3 月 2 日，威尔逊要求国会宣战。作出这个决定的不是威尔逊，不是美国政府，也不是美国人民，而是德国军事机器的残酷无情。或者说，是人类命运的不可改变的进程。

在华盛顿那个灰色的春天的早晨，威尔逊成了悲剧性人物，一个先知变成了斗士。像古代先知一样，威尔逊曾向上帝祈祷，宣布那个悲惨的消息不要成为他的负担。他一度曾想辞去总统职务，但战士决不能逃跑。

在那个悲惨的日子里，当他骑马回到华盛顿时，宾夕法尼亚大街上排列着兴奋的群众。但在总统的心里没有丝毫喜悦，“为宣战的消息而喝彩，多么奇怪。对我们的年轻人而言，宣战就意味着死亡。”他评论道。

七

同盟国赢得了战争。威尔逊提出了他的“十四点原则”——是一艘处于复仇的风暴和自私的仇恨中的勇敢的和平商船。内容包括：公平地达成公开的协议……结束秘密外交……公海的绝对自由……各平等种族之间的自由贸易……削减军备……所有国家管理自身的权利……使战争永远成为过去的联合国等。国内外一些缺乏眼光的要人们把"十四点原则"撕成纸屑抛进心怀不满的欢呼胜利的游行队伍中。他们疯狂地为威尔逊起哄、喝倒彩，拒绝他的梦想。他们把他的没有胜利的和平败坏为没有和平的胜利。当时的愤世嫉俗的政治家们犯了两个致命的错误：对德国人民太苛刻，对德国的军事机器却又太宽容。他们堵死了德国人诚实地谋生的途径，却允许德国人通过不诚实的力量维持生计。《凡尔赛条约》是历史上最富有悲剧性的矛盾，它既为敌人留下了产生毒液的食物，又为敌人准备了产生毒刺的工具。

威尔逊预见了这一点，他知道"十四点原则"的撕毁只是另一场战争的序幕。世界输给了他，那些战胜国的首脑们辜负了他的希望，也辜负了他们自己国家的人民的希望。威尔逊的国际性出于具有善良意志的《新约》，这对于 1919 年的精神亮度来说是过于刺眼了。克里孟梭（Georges Clamenceau）[①] 坦率地嘲笑道："控制我们的是我们的脑袋。"

但威尔逊明白，他的伟大洞见将由生活来作出判断。威尔逊是对的。经过了另一场毁灭性的世界大战之后，人类才意识到它的教训。在历史性的 1945 年，建立他的乌托邦梦想——联合国的基石已经安放好了。

---

① 克里孟梭（1841—1929），法国政治家。

伍德罗·威尔逊生平大事简表

1856年——生于弗吉尼亚的斯汤顿。

1879年——毕业于普林斯顿大学。

1886年——从约翰•霍普金斯大学接受哲学博士学位。

1888年——担任威斯里安大学的历史和政治学教授。

1890—1910年——在普林斯顿大学开始担任政治法理学教授，然后担任校长。

1910年——当选为新泽西州的州长。

1912年——当选为美国第二十八位总统。

1912—1916年——设法通过国会制定《联邦储备银行法》、建立联邦贸易委员会，颁布反对垄断的《克莱顿法案》。

1916年——再次当选总统。

1917年——要求国会对德宣战。

1918年——起草《十四点原则》并去巴黎参加和平会议。

1919年——回国并向国会提交《凡尔赛条约》，为“国际联盟”去各地巡视寻求支持。由于国家未能接受这个盟约而心碎。

1924年——死于华盛顿。

富兰克林·德拉诺·罗斯福

Franklin Delano Roosevelt

（1882—1945）

一

由于距离太近，我们常常只能看见树木而很难看到成片的森林。同样，离得太近也很难看清一个人的性格。所以，为了能对罗斯福的个性做出最后的评价，就有必要在时间和空间上保持一定的距离。我们中间那些与他同时代的、试图评价他的人，很可能滑进他的过于热心的崇拜者的危险圈套中，他们把罗斯福称为政治上的圣弗兰西斯；也可能陷入他的过分严厉的敌人的同样危险的圈套中，他们则把罗斯福视为一只披着羊皮的恶狼。对于一个公正的观察者——在这样一个不平静的时代里没有一个观察者是完全公正的——来说，罗斯福似乎是一台受正义的本能支配的能量发动机。他的能量常常驱使他犯错误，但他的正义又常常把他带回到正确的方向上来。罗斯福是个热爱战斗的人，也是个为了爱而战斗的人。

二

他继承了罗斯福家族祖先的对斗争的爱和爱的本能。罗斯福家族是个奇特的部族——由强大、富裕的冒险家组成，他们对那些强壮得不足以为财富去冒险的人们怀着友善的怜悯心。罗斯福生于哈德逊（Hudson）河畔，长大后把人类视为逆流而上和顺流而下的旅行者的河流——互相依赖的运动的无限的活生生的整体。父亲同罗斯福家的其他人一样，既是个成功的商人，又是位实际的哲学家，他理解并强化了在自己成长着的儿子身上的这种美国人的积极的相互依赖感。此外，他还向小罗斯福解释每个人对自己的生活、自由和对幸福的追求都具有合法合理的权利。每到星期天，他都让儿子注意那些载着富人巡游作乐的快艇和载着工人游览的客船，“上帝为我们所有人创造了同样的河流和同样的天空，他想让我们一切人都来分享他的施舍物”。

小罗斯福是父亲第二次结婚后生下的唯一的孩子——他有个同父异母的哥哥，是父亲头一次结婚生下的。小时候，富兰克林就表现出一种对友谊的渴望，他的父亲鼓励而不是阻碍这种健康的渴望。尽管父亲在家里对儿子进行教育，却允许儿子结识农村少年——农民、屠夫、马车夫、杂货商和海德公园花匠的孩子。富兰克林惊奇地发现，这些孩子除了他们的衣服和这类不重要的外表之外，他们也像富人的孩子一样有人情味，一样可爱。詹姆斯•罗斯福身上没有任何自命不凡的东西，是位单纯、友善、主张人人平等、富有人情味的父亲。他具有一种罕见的才能——懂得如何把一个敏感的孩子训练成明智的男人。

年轻的罗斯福从父亲和伙伴们那里获得了对人类的爱，又从母亲那里学到了对大海的爱。她告诉儿子，他的外公如何驾驶自己的商船从中国把茶叶运回来。她还是个孩子时，便乘父亲的船出海，有一次遇到了暴风雨，她差点丢了性命。但母亲接着说，她从不害怕。

他的家庭环境极其适合敏感性格的发展。父亲是他的优秀教师，母亲则是个理想的玩伴。她与儿子的年纪相差不大——富兰克林的父亲和母亲之间年龄相差三十岁。罗斯福的一家代表了三代人而不是两代人——对富兰克林来说有很长跨度的时间、有很长跨度的经验可以吸收。

富兰克林•罗斯福从父辈那里继承了如下特点：渴望看到活跃的人类；热爱普遍的同伴之谊；渴望冒险，对危险无畏地一笑置之。他正在形成一种适合于做一船之长或一国之主的性格。无论富兰克林将来从事何种职业，他都会表现出必要的勇气和魄力。

同时他也受到了适当的教育。父亲对此倍加注意。为了对书本知识做些补充，詹姆斯•罗斯福让儿子去旅行、研究世界和人。从七岁到十四岁的八年时间里，每年罗斯福都要在父母的陪伴下去国外度假。因此他了解了欧洲的人民、他们的语言和习俗，也逐渐了解到自由国家与那些受到控制的国家间的差别。在伦敦，一天，他和自己的家庭教师路过肯星顿博物馆，他们打算进去看看。可门卫说：“对不起，您不能进去。威尔士亲王正在里面。”于是罗斯福出示了他的自然协会会员证——一次闹着玩的时候父亲决定让他参加的。门卫说：“那么，好吧，您可以进去了。”几分钟后，罗斯福发现自己与未来的英国国王面对面地相遇了。

然而，罗斯福在德国的经历却是另一个样子，在那里他曾与家庭教师一起骑自行车跑了整整一天。当他们穿过临近斯特拉斯堡的乡下时，一天之内竟被人家逮住了四次：一次是偷摘了樱桃；一次是因为把自行车带进了火车站；其他两次是由于不小心触犯了一般的德国禁令。罗斯福笑道；“德国人的信条是——禁止生存。”

三

由于经常在甲板上度过假期，他心中渐渐萌发了像外祖父一样到大海里去的愿望。但他的父母忠告他，必须首先完成教育。他们决定送儿子进入一个优秀的大学预修班和一所名牌大学，最后选择了格罗顿（Groton）和哈佛。

罗斯福进了格罗顿预科学校。在这里，他那诚恳的声音和英俊的面孔立即给人们留下了“好人”的印象。他对任何人，除了傲慢自大的，都没有表现出丝毫的傲慢。对那些“镀金的咆哮的铜钹”他没有一丝同情，由于他们吹嘘自己父亲的收入，罗斯福对他们嗤之以鼻：“你父亲的收入船上你的品格的价值是多少？”

然而罗斯福不是个沾沾自喜的人，即使他批评别人时，脸上也带着温和的微笑。如果一些同学偶尔做了蠢事，他会说：“我们所有的人在大部分时间里都是愚人。”对那些真心诚意与他结识的人，他总是伸出真诚的友谊之手。“他是个真正的经过严格训练的人。”格罗顿的同学们认为。

到了哈佛大学之后，同学们选他加入他们的协会，向他倾吐他们的秘密，还任命他为《哈佛紫红色报》的主编。在这里也像在格罗顿一样，罗斯福坚持以一个人是什么，而不是以他有什么来对待他。恰巧在选举“级日长”之前他写了一篇社论，认为应基于能力而非根据友情来选举这些干部。“有比支持个人的朋友更重要的责任，那就是让真正应该得到整个年级领导人的位置的人得到它。比如，让年级的诗人和演说家从那些具有最高才能而不是从那些拥有显赫的门第的人们中选出。”

大约就在这时，罗斯福的兴趣已明确地集中于政治，而绝非当一名海军。他的第五个表兄西奥多•罗斯福刚刚被选为美国总统，这如同召唤富兰克林的号角一样。表兄西奥多是个为正义而拼搏的战士，一生都在追求正义。他是个可以与之竞争的好人，他的职业也是可以选择的好职业——一个可以改正他的同胞的错误的职位。

但在开始时，这种召唤并不连贯。富兰克林是个刚走出大学校门的年轻人，个人的收入每年有5000美元。父亲刚刚去世，留给他一份相当可观的遗产，还有一种健康的对生活的渴望，而且他生活于其中的世界辉煌又惬意。他是个逍遥自在、随意花钱的迷人王子，小姐们崇拜他，男人们羡慕他。总之，他是个幸运儿，注定会早早结婚，过着心满意足、安逸舒适的生活。

富兰克林结了婚，但并未静下心来过一种安逸的生活。因为新娘同他一样也是个罗斯福家族的人，一个为正义战斗的战士，一个修正错误的人。埃利诺•罗斯福，西奥多•罗斯福的侄女，像富兰克林一样敏感。是她的敏锐感觉转换成了思想而不是行动。她代表了人类追求正义的诗歌，他则代表了人类追求正义的散文。同富兰克林一致，她是生活的热诚的观察者；但与丈夫不同的是，她是书籍的同样热心的读者。富兰克林注意到了社会的某些疾病，埃利诺则研究并找到了它们的治疗方法。当她还是伦敦一所时髦学校的学生时，就曾到贫民窟里去查看穷人是怎样生活的。她看到了他们的困苦，听他们诉说不满。此外，埃利诺研究过亨利·乔治[1]和卡尔·马克思的劳工文献，还参加过工人的游行。她的责任感已被唤起，为了使穷人过得好一些，必须做些事情，“而你，富兰克林就是做这些事情的人。”

因此，罗斯福通过社会服务之路，开始向政治声誉进行艰难的攀登。

四

1910 年他开始第一次政治竞选——在共和党人地区作为民主党员竞选州议员。他胜利了。投票人说：“罗斯福的微笑是不可抗拒的。”

但参议院的同事们迅速而惊奇地发现，他的独立自主也是不可抗拒的。“那个年轻的罗斯福有他自己的思想。”“是的，而且是危险的思想。”罗斯福让自己与自己党内的政治要人们作对——他们认为这对一个在公职上刚刚起步年轻人来讲，是个糟糕的先例。最糟糕的是他不能被贿赂，因为他有钱。他又不能被赶走，罗斯福太受人欢迎了。政党要人们试图同他斗争——秘密的和公开的，但

---

① 亨利·乔治（1839—1891），美国经济学家。

都不能使他有任何改变。他笑道：“没什么，我喜欢真正的战斗。”他们究竟要对这位“初出茅庐的大学生”采取什么手段呢?

与此同时，“初出茅庐的大学生”把自己投入到另一场斗争中去——为了把纽约州工人的工作时间缩短到每周五十四小时，结果他取胜了。

罗斯福带着同样的充满战斗力的独立精神，作为反对坦慕尼的威尔逊的代表参加了1912年举行的民主党全国大会。在这次大会上，正如一位坦慕尼要人所形容的那样，“两位受过教育的家伙”——威尔逊和罗斯福——吸引了人们全部注意力。富兰克林•罗斯福在促使伍德罗•威尔逊的提名和当选方面起到了很重要的作用。

威尔逊当选总统后，提供了三个职位供罗斯福选择，纽约港的税务官、助理财政部部长和助理海军部长。富兰克林毫不迟疑地决定与海军同甘共苦，因为他心在海军。

罗斯福立即开始倡议建立一支规模较大、效率更高的海上巡逻船。因为正如他在旅行中体会到的那样，世界只是一群贸易站，它们不是相互分离的，而是通过大洋的共用的主要航道被联系起来了。对商人而言的通畅水路，对侵略者也同样畅通无阻。因此，一个大陆上发生的战争会对其他大陆的和平构成直接的威胁。甚至在第一次世界大战前，罗斯福就看出了现代地理这个事实。他主张，美国必须建立一支足够强大的海军，以对付可能突然来自任何方向的侵略。

尽管那些目光短浅的人反对，他还是继续加强海军的力量。当美国参战时（1917年），年轻的助理海军部长成了政府中除总统之外的工作最勤奋的人。罗斯福夫人告诉我们，有时，他接连几天不睡觉。他详细审查船只的修补、燃料和武装情况，修建和加固了供应基地、军火库和训练基地。并且为应付急需、避免烦琐的手续或时间造成的浪费而拨出了专款。正如他自己开玩笑时说的那样，在他努力发挥作用的过程中，他所触犯的法律足以使他在监狱里待上 999 年。举例来说，纽约承包商艾略特·C·布朗曾对罗斯福的传记作者讲述过一件事：1917 年 6 月 27 日罗斯福为在纽约城建一个接收船营地而选择地点；28 日他命令承包商前去工作；29 日计划正在进行中；7 月 6 日打好地基；8 月 4 日工作结束；8 月 11 日，有 6800 人在这个新营地用早餐；两个月之后，罗斯福才从政府得到建营地的官方许可！尽管“不合法”，却令人钦佩。

但罗斯福并不满足于作为一名政府官员而活动。他想上战场。当成千上万年轻的美国人在冒着生命危险时，年轻、健康的罗斯福也渴望去冒同样的危险。他恳求总统解除他的职务，但威尔逊拒绝了这个请求——罗斯福在他的职位上太有用了。不过总统允许自己的这位年轻的下属去视察处于战区的五十几个美国海军基地。这是一项危险的工作，而罗斯福正喜欢冒险。他在潜艇成群出没的大西洋上航行，参观了亚速尔群岛、科孚岛、奥克尼群岛，在伦敦拜访了乔治国王，在巴黎拜访了克里孟梭（Clemenceau）。返航途中，罗斯福染上了流行性感冒，回到家时身体已非常虚弱。

但他很快就恢复过来了，并开始另一次到法国的旅行——这次与和平会议有关。不过他不是作为会议的成员，而是去监督遣散国外的海军基地。他又有一次机会见克里孟梭，这次克里孟梭的一番高论使罗斯福陷入了沉思。“你想知道我们为什么用这样一种严酷的和平来结束这场战争吗？不要忘记这个悲惨的事实——前一个半世纪里，每一位年近七十的法国人都被迫参加了反对德国侵略者的斗争。”

罗斯福第二次旅行归来时乘的是“乔治·华盛顿号”，正是这艘船把战争的胜利者、和平的受害者威尔逊带了回来。罗斯福一路上看到威尔逊非常悲哀，但仍是位充满希望的老先知——首领。有人把威尔逊起草《国际联盟盟约》时用过的桌椅指给他看，罗斯福便向总统恳求这个“伟大的历史事件的纪念品”，总统大方地送给了他。

于是，富兰克林·罗斯福继承了伍德罗·威尔逊的桌子和梦想。

五

1920年罗斯福辞去在海军里的职务，得到民主党提名竞选副总统。他用通常的力量、忠诚和热情来参加竞选活动。他进行演讲旅行，走遍了联邦的每一个州，平均每天发表演说十一次，竞选的主题是保存威尔逊的“正义盟约”。结果证明对于那个自私的时代来说，这个盟约太高尚了。罗斯福被击败了。

接着突然降临了另一个更大的打击。那是1921年夏季，他在坎波贝洛（Campobello）跳进海水里，放肆地泡了一个小时，海水太凉，罗斯福感到一阵阵轻微的寒战，然后他在麻痹症的折磨中沉默了一年，这种病似乎执意要杀死他。但罗斯福具有更大的毅力活下去。他带着虚弱的四肢、坚强的灵魂从悲剧中站了起来。疾病是最好的哲学教师。世界给一个被迫从病人的枕头上研究它的人以许多不寻常的角度。古希腊哲学家有一句恰当的格言——“智慧来自痛苦。在生病之前，罗斯福是个诚实的从政者；病愈后，他变成了热诚的政治家。

当罗斯福为了生命而与疾病搏斗时，阿尔弗雷德•E•史密斯（Alfred•E•Smith）已上升到民主党的顶峰。既然罗斯福已经战胜了疾病，他便同史密斯合作以求美国政治生活的更新。这是贫穷的富孩子和富裕的穷孩子之间的合作，是哈佛与波威里（Bowery）街（纽约市小饭馆和流浪汉集中的地方）的特征结合为一种新的美国人的辩证法。因此一个无名而崭新的政党产生了。这个新政党，可以叫作 1928 年的贵族—民主党。它使原有的两个党出现了深深的裂隙，它把民主党和共和党两个阵营中的进步力量联合起来了。它虽未能把史密斯选为总统，却成功地使富兰克林•罗斯福进入了纽约州议会。四年后，又使他走进了白宫。

六

罗斯福带着一个幻想入主白宫，他把这个幻想概括为几个字——更富足的生活。作为一个曾在佐治亚州温泉疗养的病人，他经历了肉体的痛苦。在恢复的过程中，他把自己一半多的财产用于缓解这些痛苦。现在，在沮丧之时，他目睹了整个国家的经济萧条，并决心把自己的全部力量都用于缓解国家的这种痛苦。

当罗斯福执掌政府时，他发现自己的国家处于一种没有前途、没有力量、失去了生命力的状态。罗斯福使国家恢复了希望和生命力，并逐渐使她重新恢复了力量。

他的纲领在开始时是混乱的。不过，在紧要关头，从容而谨慎的计划是不切合实际的。当拯救者就乘船还是游泳去救溺水者的问题进行周密的考虑时，可怜的受害者可能早死了。在这种紧急情况下，所需要的首先是为了活下去而迅速行动，然后再慢慢地为重新恢复而筹划。

这就是罗斯福总统想要做的。整个银行系统把经济的生命血液泵入国家机体的心脏，正处于崩溃的边缘。他迅速采取紧急行动，公布了一个银行假日，关闭国家的所有银行，使它们服从彻底检查。然后除去那些不健全的机构，并重新开放那些运行状态令财政部满意的银行。

他的下一步是试图为饥饿的人们提供食物。1933 年 3 月 4 日，当罗斯福步入他的总统行政办公室时，全国还有一亿五千万人在挨饿。第二天早晨，吃早餐时，一位朋友询问他眼下的打算。罗斯福回答：“我已经看到了年老体弱、贫困潦倒的人们，一连数小时地站在领救济品的队伍里，等待着他们的面包皮和清汤。我要做的第一件事是让他们不再排队领面包了，使他们恢复正常的生活，给他们饭吃，让他们重新得到幸福。当一个国家的人民处于匮乏之中时，这个国家就不可能有所成就。”

这是贯穿于他的前两个总统任期里的基本目标，为了满足美国人民的需求。为了实现这个目标，他提出了“新政”。在一定的意义上说，它对于我们的时代而言，是智慧、愚蠢、激情、正义、混乱、矛盾和错误的错综复杂的集合。然而，它的总方向，似乎是朝向正义和光明的——为公共利益保护国家资源；美国各种利益团体间的和谐的平衡；整顿最高法院；为地方需要而动用联邦补助金；发展与西半球的睦邻友好关系，以便实现泛美国际联盟的最高目的。最重要的是使每一个美国人都享有“四大自由”的权利——言论自由、宗教自由、摆脱匮乏的自由和免于恐惧的自由。

但是一个简要的概括——实际上任何概括——不能完全充分地包容被叫作“新政”的永久法律与紧急情况法规结合在一起的迅速变化的范围。为了回答“什么是新政”这个问题，伦敦《经济学家杂志》的编辑们写了一本一百五十页的有思想、有事实的书——最后还承认“这个回答仍然是不完全的”。因为“新政”蓝图绝不亚于一种为达到伦理、社会和经济各方面的公平对待而铺设新路基的尝试。

但是还未等工作开始，一伙国际强盗就挡住了道路。罗斯福不得不把注意力从建立国家的正义转移到了建立国家防御事务方面。人民意识到他是导引国家通过危险水域的称职的领航员，因此人民继续让他当总统，尽管他的共和党政敌温德尔•威尔基（Wendell Wiukie）的能力也是无可挑剔的。

一年以后，战争爆发了。珍珠港遭到了富有教育意义的袭击。在袭击之前，我们的国家已被分裂——我们的敌人认为是不可调和的分裂——既在国内事务上，也在总统的对外政策上。激进派抱怨他在救援的道路上走得太慢了；保守派则认为他正迅速地滑向永久的毁灭。雇主们认为他与劳工煽动者结成联盟反对老实的企业；工人阶级却觉得他同贪婪的剥削者抱成一团反对诚实的工人。干涉主义者断言他正用绥靖政策帮助和安慰侵略者；独立主义者则声称他正在给予我们无关的交战国以不必要的刺激。

但珍珠港事件（1941 年 12 月 7 日）产生了奇迹。它把国家统一到一种激情上来，这就是决心打败邪恶势力。再也没有什么激进派与保守派、工人和雇主、干涉主义与孤立主义者、共和党与民主党——只有美国人，他们都渴望并决心在总司令的领导下打击敌人。

从战争开始起，到他去世止（1945 年 3 月），罗斯福作为一名司令站在前面，人民则怀着最高的信任跟随着他。因为他是世界政界的一个能控制局势的人，是个具有不可征服之勇气的战士。对他来说，“失败”这个词简直不存在。应该说，他已经参加过一次比希特勒更可怕的战争，而他胜利地走过来了。医生曾断言他的麻痹症或者会置他于死地，或者使他的余生失去希望。但罗斯福顽强地拒绝了死亡，也不屈服于绝望的生活。他已经同命运搏斗了许多年——最终他脸上浮现的是胜利的微笑。在病重期间，他一直在鼓励他的医生们——而他们对他从未说过一句鼓励的话。他一次又一次地告诉他们：“不要害怕，我会打败它的！”

就是这个人把美国人团结起来了，就是这句话给了美国人以赢得战争的力量。

富兰克林·罗斯福生平大事简表

1882年——生于纽约的海德公园。

1904年——毕业于哈佛大学。

1907年——获得律师资格。

1911—1912年——在纽约州立法机关任职。

1912年——在威尔逊总统手下担任助理海军部长。

1920年——作为民主党的副总统候选人竞争失利。

1921年——身患麻痹症。

1924年——征服了疾病。

1928年——当选为纽约州州长。

1930年——再次当选为纽约州州长。

1932年——当选为美国第三十二位总统。

1933年——在佛罗里达，行刺他的尝试没有成功。

1933—1936年——在美国经济和政治生活中实施“新政”。

1936年——第二次当选总统。

1940年——第三次当选总统——在历史上尚无先例。

1941年——与丘吉尔起草《大西洋宪章》。作为美国统帅率领人民参加对德、意、日的战争。

1944年——第四次当选总统。

1945年——死于佐治亚的温泉。

图书在版编目（CIP）数据

限制与自由：美国著名政治家传 /（美）亨利 · 托马斯 (Henry Thomas) ,（美）黛娜 · 莉 · 托马斯 (Dana Lee Thomas) 著；劳马等译．-- 南京：江苏凤凰文艺出版社，2019.10
ISBN 978-7-5594-2020-6

Ⅰ．①限… Ⅱ．①亨… ②黛… ③劳… Ⅲ．①政治家 – 列传 – 美国 Ⅳ．① K837.127

中国版本图书馆 CIP 数据核字 (2018) 第 090432 号

限制与自由：美国著名政治家传

（美）亨利 · 托马斯　（美）黛娜 · 莉 · 托马斯　著　劳马　等译

出 版 人　张在健
责任编辑　张　倩　王　青
特约编辑　王美元
装帧设计　书心瞬意
出版发行　江苏凤凰文艺出版社
　　　　　南京市中央路 165 号，邮编：210009
网　　址　http://www.jswenyi.com
印　　刷　三河市人民印务有限公司
开　　本　880 毫米 ×1230 毫米　1/32
印　　张　9.5
字　　数　202 千字
版　　次　2019 年 10 月第 1 版　2019 年 10 月第 1 次印刷
书　　号　ISBN 978-7-5594-2020-6
定　　价　48.00 元
